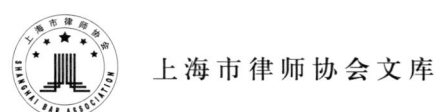 上海市律师协会文库

"网络用户隐私权"
在跨境电商中的侵权法律适用研究

李旻 著

——北京——

图书在版编目（CIP）数据

"网络用户隐私权"在跨境电商中的侵权法律适用研究 / 李旻著. -- 北京：法律出版社，2025. -- （上海市律师协会文库）. -- ISBN 978-7-5244-0330-2

Ⅰ. D922.294

中国国家版本馆 CIP 数据核字第 20253GX211 号

"网络用户隐私权"在跨境电商中的侵权法律适用研究 "WANGLUO YONGHU YINSIQUAN" ZAI KUAJING DIANSHANG ZHONG DE QINQUAN FALÜ SHIYONG YANJIU	李　旻著	责任编辑　彭　雨 装帧设计　李　瞻

出版发行　法律出版社　　　　　　　　　　开本　710 毫米×1000 毫米　1/16
编辑统筹　法律考试·职业教育出版分社　　印张　11.75　　字数　187 千
责任校对　王晓萍　　　　　　　　　　　　版本　2025 年 6 月第 1 版
责任印制　胡晓雅　　　　　　　　　　　　印次　2025 年 6 月第 1 次印刷
经　　销　新华书店　　　　　　　　　　　印刷　北京建宏印刷有限公司

地址：北京市丰台区莲花池西里 7 号（100073）
网址：www.lawpress.com.cn　　　　　　　　销售电话：010-83938349
投稿邮箱：info@lawpress.com.cn　　　　　　客服电话：010-83938350
举报盗版邮箱：jbwq@lawpress.com.cn　　　　咨询电话：010-63939796
版权所有·侵权必究

书号：ISBN 978-7-5244-0330-2　　　　　　　　定价：41.00 元

凡购买本社图书，如有印装错误，我社负责退换。电话：010-83938349

上海市律师协会文库
第十二届编委会、第十二届评审委名单

第十二届编委会

编 委 会 主 任：邵万权

编委会执行副主任：聂卫东

编 委 会 副 主 任：张鹏峰　廖明涛　黄宁宁　陆　胤
　　　　　　　　　韩　璐　金冰一　徐宗新

编 委 会 委 员：倪正茂　陈乃蔚　黄　绮　鲍培伦
　　　　　　　　杨忠孝　孙志祥　洪冬英　蒋红珍

第十二届评审委

评 审 委 主 任：聂卫东

评 审 委 委 员：陈乃蔚　黄　绮　鲍培伦　杨忠孝
　　　　　　　　孙志祥　洪冬英　蒋红珍

学 术 顾 问：倪正茂

总　　序

在法治的光辉照耀下，法律不仅是维护社会秩序的基石，更是推动社会进步的重要力量。上海市律师协会自诞生之日起，已历经四十多个春秋，见证了上海律师行业为促进经济社会发展、保障人民群众合法权益、维护社会公平正义、推进社会主义民主法治建设作出的积极贡献。

为深入学习贯彻习近平总书记重要讲话精神，引领全市广大律师进一步明确时代和国家赋予律师的功能定位和责任使命，始终坚持"做党和人民满意的好律师"，不断提高学术理论素养和法律实践能力，进一步提升专业化水平，努力以高质量的法律服务为高质量发展、高水平开放保驾护航，上海市律师协会致力于引导律师著书立说，鼓励百家争鸣，积极打造"上海市律师协会文库"品牌，营造上海律师行业特有的文化氛围。2006年年初正式启动"上海市律师协会文库"出版工作，2009年又推出了"上海律师文丛"系列。已经问世的作品，汇聚了上海律师的智慧结晶，展示了上海律师的精神财富，也印证了上海律师在高速发展的转型期中始终立于时代的前沿。

"上海市律师协会文库""上海律师文丛"系列图书，聚焦当代中国法律实践中的热点问题，内容涵盖公司、劳动与社会保障、财税、房地产、金融、教育等多个领域，既有对法律理论的深入剖析，也有对法律实务的精准解读。

搭建律师思想碰撞之平台、畅通律师信息传播之渠道、铺设律师学问切磋之道路、营造律师形象展示之舞台、创建律师文化交流之大厦，始终是上海市律师协会推动律师发展的出发点和追求目标，也是广大上海律师共同憧憬的理想之境。我们期待，"上海市律师协会文库""上海律师文丛"系列图书的出版，能够为法律职业人士的成长和发展助力，为上海乃至全国的法治建设贡献一份力量。

最后，我谨代表所有参与本系列图书编写的作者和工作人员，向一直以来支持和关注"上海市律师协会文库""上海律师文丛"系列出版物的读者朋友们表示衷心的感谢。

愿法治之光照亮每一个角落，愿法律之舟承载梦想扬帆远航。

上海市律师协会

2024 年 4 月

序

　　近年来,跨境电商作为公司营销和商务的媒介手段已经悄然兴起。面对激烈的市场竞争和复杂多变的网络环境,许多电商平台通过不断收集用户数据信息来扩大自己的市场份额及影响力。从传统国际私法的角度来看,涉外侵权一般是通过"侵权行为地法"或"共同属人法"来确定相应的准据法。但互联网所具备的虚拟化及无国界化等特征,使"侵权行为人""侵权行为实施地""侵权结果发生地"等因素难以固化,这也为连结点及准据法的判定标准和选择方式带来了诸多不确定性。从世界各国的司法实践来看,各国涉外侵权法律适用的基本原则、立法现状、司法实践及技术保护程度和方式各不相同,在发生法律适用的冲突时,除涉及"国家安全""公共利益"等情形外,各国往往仅根据各自不同的立法价值取向做出判断,故而在面对涉外"网络用户隐私权"纠纷时,只能各自为政,法律适用规则无法达成一致,进而导致其适用效力极其低下。因此,在涉外侵权的法律适用规则上,尚未形成一套统一且有效的破局对策。

　　跨境电商的出现,使"网络用户隐私权"逐渐成为国际私法领域的一个热点问题。美国是世界上第一个通过颁布一系列实体法令来全面保护公民隐私权的国家,在面对侵权法律适用的冲突时,其更倾向使用法律选择的方法来确定准据法。在经历了两次冲突法重述后,美国相继涌现出了如"政府利益分析说""法院地法说""最密切联系原则"等一系列独具本国特色的法律选择方法。然而,面对跨境电商这个新型产业,美国也逐渐意识到上述理论体系在调整跨境电商"网络用户隐私权"侵权法律适用时,已难以解决这种新型侵权问题。因此,在适用传统法律选择方法的同时,美国积极引入和推进行业自律的规范化建设,意图在法律规则和行业规范双重调整下,尽可能减少触发法律适用冲突的可能性。

　　与美国不同的是,欧洲一些大陆法系国家则更强调侵权法律适用规则的制定。数百年来,欧洲已经形成了比较成熟的国际私法理论,如"法则区别说""国际礼让说""法律关系本座说"等经典理论学说。近年来,欧洲一些国家也在积极面对与解决以互联网为核心的各类法律适用所产生的新问题。原有的法律选择规则显然也存在一定的局限性,致使其不得不通过侵权法律适用的改革来设法应对。为此,欧盟积极采取行动,通过立法形式来统一成员国所适用的侵权法律适用规则,同时考虑到"国家安全"和"公共利益",还设立了"预先评估制度",对各成员国境内个人数据保护的技术手段提出了较高要求。目前,美国和欧洲一些国家在这些新领域的法律选择与适用问题上仍然存在很多差异。随着全球科技水平的不断发展,以及各国立法和司法实践的不断交流,从法律适用和选择方法的发展趋势来看,欧美立法的差异正在减少。在面对跨境电商"网络用户隐私权"侵权法律适用问题时,有望逐渐从互相博弈进而走向共融。在涉及"国家安全"和"公共利益"有关问题时,美国与欧盟达成的"隐私盾协议"就是一个很好的例证。

"网络用户隐私权"在跨境电商中的侵权法律适用,其特殊性主要在于"跨境电商行业数据保护的技术要求"、"合同和侵权竞合适用规则"以及适用"强制性规则"这三大方面。首先,除了立法差异外,各国跨境电商行业内有关数据保护的技术要求各不相同,可能会产生跨境数据流动受限的客观状况,进而导致司法协助的阻却,也不利于各国间判决承认与执行;其次,"合同和侵权竞合适用规则"的模糊和差异也会在处理跨境电商"网络用户隐私权"的法律适用中产生不确定性;最后,在"强制性规则"方面,虽然同其他国家签订的国际条约和双边协定一样,我国在《网络安全法》以及《个人信息和重要数据出境安全评估办法(征求意见稿)》中均就重要数据(指与国家安全、经济发展,以及社会公共利益密切相关的数据)跨境提出了相关强制性规定,但由于"重要数据识别指南"的缺失,该规则在跨境电子商务领域中的具体适用仍存在操作上的困难。

在我国,目前施行的《涉外民事关系法律适用法》(以下简称《法律适用法》)及其司法解释中有关跨境电商"网络用户隐私权"侵权法律适用的规定,仍存在立法缺陷和空白。在司法实践层面,连结点适用的随意性使法院习惯性地选择"法院地法"作为准据法,其结果是大量适用中国法。因此,本书希望通过梳理英美法系和大陆法系国家"网络用户隐私权"在跨境电商侵权法律适用上的立法现状、司法实践、基本原则以及历史演进,进而总结归纳出在该领域侵权法律适用的特殊规则,以涉外侵权法律适用的再突破为切入点,结合我国立法及现实情况,对我国跨境电商"网络用户隐私权"侵权法律适用的立法与司法提出完善建议。

值得一提的是,随着互联网对各国法律适用规则的影响愈演愈烈,国际私法原有的法律选择方法和规则存在一定局限性,其已不再能够适应与解决以互联网为核心的各类侵权法律适用问题。因此,本书结合我国实际情况,分析判断出未来侵权法律适用规则的发展趋势,对现行立法提出若干修改建议,并从行业技术要求不同、合同和侵权竞合适用规则的不同以及适用"强制性规则"这三个方面,比较我国与他国之间的立法差异,强调"网络用户隐私权"侵权法律适用的特殊规则的重要性。在此基础上进一步探讨符合我国跨境电商"网络用户隐私权"保护路径的相关制度。最后,本书还将从互联网的特点出发,从国际法上的司法协助和互惠原则理论探讨跨境电商"网络用户隐私权"的国际司法协助及互惠原则在司法实践中的重要意义。

综上,为了促进跨境电商行业的持续发展,"以制定法律为主,行业规范为辅"的改革模式已经迫在眉睫。如果对个人隐私数据保护不当,现实中可能还会危害到"国家安全"和"公共利益"。因此,在这一私法保护领域应建立并严格遵守一些特殊规则。例如,通过"国家安全审查制度""本地存储制度""跨境数据流动规范"等一系列制度来先行审查侵权行为的违法性,并引入"强制性规则"予以调整。在不损害"国家安全"和"公共利益"的前提下,再行制定相应法律适用规则予以施行。就法律适用的具体规则而言,除涉及"国家安全"和"公共利益"等极个别的情形外,应区分不同类型的侵权行为,通过以"侵权行为地"为主,以"当事人意思自治原则""最密切联系原则""区分原则""有利原则"为辅的法律适用基本原则予以灵活处理,这将契合和满足目前网络发展的现实情况和需求。探讨这些具体规则更具有现实意义和理论价值。

全书共五章,20余万字。各章主要内容如下:

第一章为跨境电商"网络用户隐私权"保护的产生与发展。本章先阐明本书研究对象"网络用户隐私权"的概念和特征,并通过跨境电商"网络用户隐私权"侵权的表现形式梳理,总结归纳出跨境电商"网络用户隐私权"在法律适用层面的特殊性,为后文的写作进行铺垫。

跨境电商作为一种以互联网为技术依托的新型商业模式,近20年来发展迅速。人们在享受电商带来的快捷服务的同时,也面临新的法律问题。其中"网络用户隐私权"的出现就是最为引人注目的问题之一。由于"网络用户隐私权"既包括了网络用户对隐私数据在一定范围内的自决权,又包括了一定司法求偿权和收益权,同时还具有一定的人格权属性,因此"网络用户隐私权"受到国内法与国际法的关注,甚至可以把"网络用户隐私权"的侵权法律适用问题视为国际私法的一个重要研究领域。本书研究的基本思路是,虽然"网络用户隐私权"是从"隐私权"演化而来的产物,但"网络用户隐私权"与"一般隐私权"却是截然不同的两个概念,两者相互依存,又相互独立。因此,应平衡和解决跨境电商的商业利益与"网络用户隐私权"之间的关系,在保障隐私权的同时又能尽可能减少对跨境电商行业发展的阻力。本书还特别关注到,跨境电商"网络用户隐私权"相较于一般意义上的"网络用户隐私权"而言具有一定的特殊性,尤其是在法律适用领域,因"跨境"而导致各国间法律适用上的冲突,进而导致一国的判决和执行不被他国所承认。此外,这一特殊性还在于"网络用户隐私权"保护还要兼顾国家安全和公共利益,私法领域要考虑国家利益、社会责任和个人权利等各方利益的平衡。

第二章为跨境电商"网络用户隐私权"侵权的法律冲突。本章主要是在介绍网络隐私侵权新发展的基础上,提出跨境电商"网络用户隐私权"保护对侵权法律适用的影响和挑战,并总结出未来侵权冲突规则在跨境电商中的发展趋势以及"网络用户隐私权"侵权的法律冲突特点。

在跨境电商上进行购物的网络用户可能拥有多元化的文化背景,他们来自不同的国家,有着不同的法律信仰。因此,"网络用户隐私权"侵权案件在跨境电商中具备互联网和涉外性的双重特点。此外,国与国之间关于数据流转规则、法律和技术保护要求、电商行业发展政策以及司法主权认识方面的显著差异,都加剧了侵权法律冲突的产生。作为判定侵权法律适用的方法,连结点可以称得上是国际私法法律适用规则中重要的一环。在传统冲突规范中,为尽可能使法律适用更为稳定和科学,连结点的选择往往是单一的。然而,倘若在跨境电商中单纯将侵权主体的国籍或者住所地作为连结点的认定标准,准据法的选择将变得没有任何现实价值和意义。因此,侵权连结点在跨境电商中不断地嬗变和革新,出现了"网址""服务器所在地""网址访问"等多元化的侵权连结点选择方式。此外,侵权准据法在跨境电商中也同样存在挑战和寻求变革的机遇,包括国际公法私法化以及"非国家法层面"的侵权准据法适用等也在不断被热议。综上,侵权法律适用规则和方法的趋同化、成文化、多样化以及实质正义和形式正义的衡平将成为未来侵权冲突规则在跨境电商中发展的必然趋势。有鉴于此,深入了解跨境电商"网络用户隐私权"的侵权法律冲突将为侵权法律适用规则的完善奠定理论基础和研究价值。

第三章为跨境电商"网络用户隐私权"侵权的法律适用规则。本章主要通过研究比较欧盟与美国在"网络用户隐私权"保护方面侵权法律适用的规范演变和司法实践，介绍"网络用户隐私权"侵权法律适用的特殊规则，并寻求跨境电商"网络用户隐私权"法律适用从一般侵权到特殊侵权的发展以及特殊侵权法律适用的再突破。

传统上，大陆法系国家习惯通过对侵权法律适用规则的制定来选定准据法，从而逐渐发展形成了"法则区别说""国际礼让说""法律关系本座说"等经典理论学说。面对侵权准据法的选择问题，虽然法院地法规则具有更早的历史渊源，但侵权行为地法规则却是处理涉外侵权法律冲突的主要规则。此外，英国在前述两者的基础上，采用了较为革新的双重可诉规则，也起到了非常显著的效果。美国冲突法发展的本源是欧洲一些国家的国际私法理论，在相继经历了两次冲突法重述之后，从"法院地法说"到"政府利益分析说"再到"最密切联系原则"等一系列独具其本国特色的法律选择方法不断涌现，为侵权冲突法的解决提供了另一条可资借鉴的路径。伴随科技的进步以及越来越多跨境电商侵权案件的出现，美欧等国开始逐渐意识到原有的法律选择规则和方法与现实社会已经发生偏离和脱节。因此，国际私法的理论研究也在不断更新和发展，但这并不意味着传统法律选择规则和方法的法律理念将被完全淘汰。实际上，经过数百年来的积累和沉淀，这些法律理念已经完全深入人心。人们需要做的只是通过互联网的视角对这些法律理念进行相应的改造，以使其能够适应当今世界的变革和发展。虽然各国关于特殊侵权的种类和范围尚未在国际私法领域达成共识，但是许多国家仍倾向性地认为互联网侵权的准据法选择需要通过适用特殊性规范予以确定。例如，1988年瑞士《联邦国际私法》就首次提出了将侵权行为划分为一般侵权和特殊侵权两种类型进行准据法的选择。可见，各国对其侵权冲突法规范的研究正逐渐从一般侵权向特殊侵权进行转变，特别是对跨境电商"网络用户隐私权"侵权案件而言，美欧国家在司法实践中，更是不断在已有规则上寻求新的创新和突破。笔者根据一些国家及国际组织的立法实践，总结出了跨境电商"网络用户隐私权"侵权法律适用的特殊规则，即"以信息自由传播原则为基础""以有限当事人意思自治原则为前提""以有利原则为衡平""以来源国原则为补充""以区分原则为例外""以技术优先适用原则为参考"。

第四章为跨境电商"网络用户隐私权"侵权法律适用的例外。本章主要从"国家安全"和"公共利益"的重要性出发，提出适用"强制性规则"的必要性，进而凸显"国家安全审查制度""本地存储制度""跨境数据流动规范"等一系列规则创设和适用的意义和价值。同时,通过对"强制性规则"、"公共秩序保留"以及"法律规避规则"在跨境电商"网络用户隐私权"中的适用关系进行对比和说明,能够使我们对"强制性规则"在该领域中的适用选择有更清晰的认识。

　　在当代国际私法领域,强制性规则在一些法律关系中已被普遍引入。例如,在产品责任、反垄断、外汇管制、消费者保护和劳动合同中大多数国家在国际私法立法中都规定了强制性规则。可以肯定的是,强制性规则在跨境电商"网络用户隐私权"侵权法律适用中的例外作用是不可替代的,其既能避免"国家安全"和"公共利益"在法律适用中遭受损失,又能促进跨境电商行业的发展,同时为国家间的司法协助创造有利基础和条件。首先,我国应当积极建立"国家安全审查制度",以欧盟的"预先评估制度"为例,其设立的初衷是确保合同的有效性。"国家安全审查制度"也是衡量一国"国家安全"和"公共利益"是否容易遭到侵害的一项重要指标。其次,"本地存储制度"是世界各国在互联网领域适用较为广泛的另一类特殊规则。由于其主要创设目的在于对隐私数据的安全保护,因此可以预计,"本地存储制度"的适用趋势势必将在跨境电商等互联网新型产业在世界经济中的占比趋于稳定后变得更为严格。对于我国而言,《网络安全法》虽然对"本地存储制度"进行了一定程度的规定,但相较于短暂的经济增长,我国更应当重视互联网对"国家安全"和"公共利益"的冲击和影响。与此同时,我国也应当注意到国际社会对我国跨境数据流转政策的质疑,有必要在国家政策层面深化和改革出更具现实意义以及更具可操作性的"本地存储制度"规范,或通过立法形式对"个人信息""个人网络数据""重要数据"之间的关系进行梳理和明确,来规范"本地存储制度"的适用。最后,还有一项重要规则是跨境数据的流动规则。从世界范围内跨境数据流动规则形成的地点和时间来看,不难发现跨境数据流动规则在一些互联网技术高度发达的地区和国际组织之间发挥了关键作用。例如,《通用数据保护条例》中关于跨境数据流动规则的规定就是沿用了欧盟约束性规则中的规定。但跨境数据流动规则的适用难点在于各国很难在跨境数据的自由流动和数据保护技术规范间找到平衡点,也很难理顺跨境数据流动规则与国家主权、个人隐私与贸易承诺之间的关系。

　　第五章为我国跨境电商"网络用户隐私权"侵权法律适用的完善。本章先就我国侵权法律适用的立法与实践进行梳理,并进一步探讨我国跨境电商"网络用户隐私权"保护的路径,对我国跨境电商"网络用户隐私权"侵权法律适用规则进行完善,就法律冲突的避免及减缓,加强国际司法协助以及提高我国与他国互惠原则的适用率等问题提出可行性的方案和建议。

虽然我国对跨境电商"网络用户隐私权"有着特有的保护方式,在侵权法律适用上也已自成体系,但是我国法院仍习惯于沿用传统法律适用规则去解决类似案件。此外,数据保护治理的匮乏、行业规范的脱节也是当下我国跨境电商"网络用户隐私权"侵权制度存在的弊端。在完善侵权法律适用规则的过程中,我们需要深刻认识到涉及"网络用户隐私权"的跨境电商中的侵权案件是不可能被完全规避的,因此,有必要通过跨境电商行业规范的引导,来指引和平衡跨境电商对跨境数据保护和流动的合规治理工作。我国应当积极投身有关国际条约的制定过程,并将互惠原则作为案件选择准据法的处理方针,以使中国特色的国际私法理论体系能在世界上占有更多席位和权重。另外,在完善现有立法及侵权法律适用的相关规则的前提下,我国还需要对"强制性规则"的适用条件和范围以及跨境电商"网络用户隐私权"侵权案件作为特殊侵权行为之债的法律地位予以明确,并通过对法律适用规则的确定进而达到兼顾和平衡"国家安全"和"公共利益"、跨境电商的成长性、当事人间的合法权益以及国际协调的目的,尽可能将侵权冲突法的功能和作用发挥到最大。

本书可能的创新点有以下三个方面。

第一,研究方法的创新。笔者通过向社会公众发起微信投票,调研社会公众对于我国跨境电商"网络用户隐私权"保护的关注程度,并进一步印证跨境电商"网络用户隐私权"侵权的危害性和严重性。

第二,跨学科的交叉视角。跨境电商"网络用户隐私权"侵权的法律适用问题有别于一般的"网络用户隐私权",其研究需要依托行业特色,需要结合电商行业的特点梳理技术保护要求以及行业规范,找准差异并突出行业规范的重要性,以此对标国际标准,进一步缩小我国与他国在该领域法律适用的差距,加强国际互惠合作。

第三,提出"网络用户隐私权"侵权法律适用的特殊规则。本书比较全面地分析了"强制性规则""公共秩序保留""法律规避规则"在跨境电商"网络用户隐私权"领域的适用特点,提出适用"强制性规则"的建议。此外,还分别就"国家安全审查制度""本地存储制度""跨境数据流动规则"等问题进行了深入分析和论证。笔者不仅建议引入这些特殊规则,还进一步对这些规则适用的流程和要求进行了梳理总结,使其更具可操作性。为此,本书还对我国《法律适用法》第 46 条提出了修改意见,拟定了修改条款,进一步明确了跨境电商"网络用户隐私权"侵权法律适用的确定性和可预见性。

原条文:"通过网络或者采用其他方式侵害姓名权、肖像权、名誉权、隐私权等人格权的,适用被侵权人经常居所地法律。"

拟订的修改条文:"通过网络或者采用其他方式侵害姓名权、肖像权、名誉权、隐私权等人格权的,适用侵权行为地法律,但当事人有共同经常居所地的,适用共同经常居所地法律。侵权行为发生前后,当事人协议选择适用与案件有密切联系地的法律,按照其协议,但该法律不得违反当事人所在国法律的禁止性规定,中华人民共和国缔结或参加的国际条约另有规定的除外。"

目 录

导 言 ·· 1

第一章 跨境电商"网络用户隐私权"保护的产生与发展 ·········· 4
　第一节　跨境电商"网络用户隐私权"的理论基础 ················ 5
　　一、跨境电商"网络用户隐私权"的概念和内涵 ·················· 5
　　二、跨境电商"网络用户隐私权"的特征和范围 ·················· 9
　第二节　"网络用户隐私权"的起源与发展 ···························· 11
　　一、"隐私权"保护的起源 ··· 11
　　二、"网络用户隐私权"保护的发展沿革 ······························ 12
　　三、"一般隐私权"与"网络用户隐私权"的关系 ·················· 42
　第三节　跨境电商"网络用户隐私权"的法律保护 ················ 43
　　一、跨境电商的出现与"网络用户隐私权"的保护 ·············· 43
　　二、跨境电商"网络用户隐私权"保护的特殊性 ·················· 44
　　三、跨境电商"网络用户隐私权"侵权的表现形式 ·············· 46
　本章小结 ·· 49

第二章 跨境电商"网络用户隐私权"侵权的法律冲突 ·········· 51
　第一节　"网络用户隐私权"法律冲突 ·································· 52
　　一、法律冲突的产生原因 ·· 52
　　二、法律冲突的表现形式 ·· 55
　第二节　跨境电商对侵权法律适用的影响 ···························· 58
　　一、对侵权连结点的影响 ·· 58

二、对侵权准据法的影响 ……………………………………… 65

三、对侵权法律适用原则的影响 ………………………………… 69

第三节 "网络用户隐私权"侵权的特点 ……………………………… 70

一、侵权法律适用规则的趋同化 ………………………………… 71

二、侵权法律适用规则的成文化 ………………………………… 72

三、侵权法律适用选择的多样化 ………………………………… 72

四、形式正义与实质正义的衡平 ………………………………… 73

本章小结 …………………………………………………………… 74

第三章 跨境电商"网络用户隐私权"侵权的法律适用规则 …… 75

第一节 一般性规范与实践 …………………………………………… 76

一、法院地法规则 ………………………………………………… 76

二、侵权行为地法规则 …………………………………………… 80

三、双重可诉规则 ………………………………………………… 85

第二节 特殊性规范与实践 …………………………………………… 88

一、从一般侵权到特殊侵权的延伸 ……………………………… 89

二、对特殊侵权法律适用的再突破 ……………………………… 95

三、"网络用户隐私权"侵权法律适用的特殊规则 …………… 99

本章小结 …………………………………………………………… 116

第四章 跨境电商"网络用户隐私权"侵权法律适用的例外 …… 118

第一节 强制性规则的确立 …………………………………………… 119

一、避免国家安全和公共利益受损 ……………………………… 119

二、避免阻碍跨境电商行业的发展 ……………………………… 121

三、避免国际司法协助的低效和无序 …………………………… 121

第二节 强制性规则的适用 …………………………………………… 122

一、强制性规则的适用范围 ……………………………………… 122

二、强制性规则与其他规则的关系 ……………………………… 124

第三节　其他例外规则 …………………………………… 127
　　　一、国家安全审查制度 …………………………………… 128
　　　二、本地存储制度 ………………………………………… 132
　　　三、跨境数据流动规则 …………………………………… 136
　　本章小结 …………………………………………………… 138

第五章　我国跨境电商"网络用户隐私权"侵权法律适用的完善 ……… 140
　　第一节　我国跨境电商"网络用户隐私权"侵权法律适用的立法
　　　　　　与司法 …………………………………………… 140
　　　一、法律适用的立法形式 ………………………………… 140
　　　二、法律适用的基本类型 ………………………………… 141
　　　三、法律适用的司法实践 ………………………………… 143
　　第二节　我国跨境电商"网络用户隐私权"法律规则之缺陷 …… 143
　　　一、"网络用户隐私权"保护的立法缺陷 ………………… 143
　　　二、《法律适用法》及其司法解释的缺陷 ………………… 145
　　　三、数据保护法律制度的匮乏 …………………………… 147
　　　四、司法实践的游离 ……………………………………… 148
　　　五、行业规范的脱节 ……………………………………… 151
　　第三节　我国跨境电商"网络用户隐私权"侵权法律适用规则的
　　　　　　完善 ……………………………………………… 157
　　　一、重视国家安全审查制度 ……………………………… 157
　　　二、制定跨境数据流动规则 ……………………………… 158
　　　三、区分一般侵权与特殊侵权的法律适用规则 ………… 159
　　　四、厘清侵权与合同之竞合关系 ………………………… 160
　　　五、明确法律适用的确定性和可预见性 ………………… 160
　　第四节　我国跨境电商"网络用户隐私权"保护的路径选择 …… 163
　　　一、选择综合治理的路径 ………………………………… 164
　　　二、及时修改现行法律 …………………………………… 166

4 "网络用户隐私权"在跨境电商中的侵权法律适用研究

  三、提升个人数据保护的技术监管 …………………………… 167
  四、积极参与相关国际条约的制定工作 ………………………… 167
  五、倡导国际司法协助与互惠原则 …………………………… 168
  本章小结 ……………………………………………………… 168

结　论 ……………………………………………………………… 170

附录　部分大陆法系国家侵权冲突法中连结点的选择对比表 …………… 172

导　言

随着互联网的飞速发展,尤其是进入20世纪以来,跨境电商作为公司营销和商务的媒介手段悄然兴起,全世界越来越多的网络用户逐渐习惯在跨境电商平台上购物消费。面对激烈的市场竞争和复杂多变的网络环境,许多电商平台通过不断搜集用户数据信息来扩大自己的市场份额及影响力。互联网信息传送的自由化及便捷化,也在一定程度上使"网络用户隐私权"侵权行为变得更为便利和严重。从传统国际私法的角度来看,涉外侵权一般是通过对"侵权行为地法"或"共同属人法"的选择来确定相应的准据法并予以适用。但互联网所具备的虚拟化及无国界化等特征,使"侵权行为人""侵权行为实施地""侵权结果发生地"等因素难以固化,使连结点及准据法的判定标准和选择方式发生了变化,也带来了诸多困难。此外,从世界各国的司法实践来看,各国涉外侵权法律适用的基本原则、立法现状、司法实践及技术保护程度和方式各不相同,在发生法律适用冲突时,除涉及"国家安全"和"公共利益"等情形外,各国往往仅根据各自不同的立法价值取向做出判断,故而在面对涉外"网络用户隐私权"纠纷时,只能各自为政,且法律适用的效力极其低下。因此,在涉外侵权的冲突法适用规则上,尚未形成一套统一且有效的破局对策。

美国是全世界第一个通过颁布一系列实体法令来全面保护公民隐私权的国家,而在面对法律适用的冲突时,其更倾向使用法律选择的方法来确定准据法。不可否认,美国冲突法发展源于欧洲的一些大陆法系国家。但在经历了两次冲突法重述之后,美国相继涌现出了如"政府利益分析说""法院地法说""最密切联系原则"等一系列独具其本国特色的法律选择方法。然而,面对跨境电商这个新型产业,美国也已经逐渐意识到其对传统侵权法律适用的冲击不可小觑,上述理论体系在调整跨境电商"网络用户隐私权"侵权法律适用时,已然难以解决现实问题。因此,在适用传统法律选择方法的同时,美国还积极引入和推进行业自律的规范化建设,意图在其境内尽可能减少触发法律适用冲突的可能性。

与美国不同的是,欧洲大陆法系国家则更强调法律适用规则的制定。因此数百年来,不断发展形成了"法则区别说""国际礼让说""法律关系本座说"等经典理论学说。与此同时,欧洲大陆法系国家也发现了在面对与解决以互联网为核心的各类法律适用问题的冲突时,原有的法律选择规则显然也存在一定的历史局限,致使其不得不通过冲突法改革加以应对。因此,欧盟通过立法的形式统一成员国所适用的冲突法规范,同时考虑到"国家安全"和"公共利益",还设立了"预先评估制度"对各成员国境内个人数据保护的技术手段提出了较高要求。目前,美国与欧洲大陆法系国家在法律选择与适用问题上仍存在诸多差异,随着全球科技水平的不断发展,以及各国立法和司法实践的不断交流,虽然二者各自所适用冲突法的规则与方法没有发生颠覆性的变革,但从冲突法发展的趋势上来看,双方的差异显然也在不断地减少,在跨境电商"网络用户隐私权"侵权法律适用的问题上,有望从互相博弈进而逐渐走向共融。例如,在涉及"国家安全"和"公共利益"有关问题时,美国与欧盟达成的"隐私盾协议"就起到了良好的作用和效果。

"网络用户隐私权"在跨境电商侵权法律适用中的特殊性在于"跨境电商行业数据保护的技术要求"、"合同和侵权竞合适用规则"以及适用"强制性规则"这三大方面。首先抛开立法差异,各国跨境电商行业内有关数据保护的技术要求不同,可能会产生跨境数据流动受限的客观状况,进而导致司法协助的阻却,也不利于各国间侵权法冲突的解决。其次,"合同和侵权竞合适用规则"的模糊和差异也会在处理跨境电商"网络用户隐私权"的法律适用过程中产生不良影响。最后,在"强制性规则"方面,虽然同其他国家签订的国际条约和双边协定一样,我国在《网络安全法》以及《个人信息和重要数据出境安全评估办法(征求意见稿)》中均就重要数据(是指与国家安全、经济发展以及社会公共利益密切相关的数据)跨境提出了相关强制性的规定,但由于"重要数据识别指南"的缺失,该规则在跨境电子商务领域中的具体适用过程仍存在相当大的问题。

在我国,目前施行的《涉外民事关系法律适用法》(以下简称《法律适用法》)及其司法解释中有关跨境电商"网络用户隐私权"侵权法律适用的规定,尚存在一些立法缺陷。就法律适用的司法实践而言,连结点寻找的障碍使得法院习惯性地选择"法院地法"作为准据法。通过比较法的分析与研究,笔者能够梳理并摸索出符合我国国情的跨境电商"网络用户隐私权"正确保护模式。长期以来,对于越来越多的跨境电商"网络用户隐私权"侵权纠纷,我们该如何选择准据法?又该如何保障"国家安全"和"公共利益"不受侵害?现有的法律不足以解决这些新问题。如何保障我们选择的准据法可供境外判决和执行?我国跨境电商"网络用户隐私权"保护模式的路径是什么?立法和司法实践方面需要如何进一步改进和完善?这些问题都鲜有学者进行深入研究。因此,这也正是本次研究的出发点,其希望能够通过梳理英美法系和大陆法系国家"网络用户隐私权"在跨境电商侵权法律适用上的立法现状、司法实践、理论原则以及历史演进,进而总结归纳出在该领域各国侵权法律适用的特殊规则,以涉外侵权法律适用的再突破为切入点,结合我国立法及现实情况,对我国跨境电商"网络用户隐私权"侵权法律适用流程和规则方面的立法与司法提出完善建议。

第一章 跨境电商"网络用户隐私权"保护的产生与发展

众所周知,1969年是互联网时代元年,但直至20世纪末期,互联网才真正作为一种营销手段和商务媒介被社会广泛接纳并使用。亚马逊和雅虎两家跨国公司均成立于1995年。其中,雅虎于1996年就获得了上市资格,其在上市首日的股价较前日翻了3倍。1999年,亚马逊创始人杰夫·贝索斯(Jeff Bezos)对外宣称亚马逊市价已过100亿美元。2000年,20家互联网公司为争夺在"美国超级碗开幕夜"播出的一次30秒电视广告席位,累计支付了约300万美元的宣传费用,这一数字也远超当时的同业价格。时间步入21世纪,随着2006年谷歌以16.5亿美元收购油管(YouTube)网站,[1]默多克报业以5.8亿美元收购聚友(MySpace)网站,[2]包括跨境电商在内的诸多互联网新兴领域逐渐开始积聚力量,大有取代传统产业成为主流之势,而早在2008年6月,我国网民的数量也已经超越了美国,一举夺得世界第一。[3]无论是互联网技术的变革,还是网民数量的激增,都预示着21世纪的互联网产业,将毫无疑问地成为提升现代商业和服务贸易效能和质量的重要着力点。跨境电商有着相对实体零售更为灵活、高效的特点,其可以利用互联网的优势接触来自世界各国的消费者,基于可复制和可推广的模型特点,其还能够为在售商品和服务提供更具市场竞争力的价格。虽然,跨境电商都创设了自己的网站用以发布广告、展示商品、订立合同、联系客户以及支付结算。但是,由于各国法律体系及行业技术要求都各不相同,绝大多数的跨境电商甚至都不清楚在不同国家发布广告和分析数据所依据的准据法为何。另外,对个人网络数据的深入挖掘,可以推演出网络用户的生活习惯、性格爱好、家庭住址等个人隐私,而对这些个人隐私合法、正当、必要地使用,也往往能为跨境电商带来巨大的利润。正是出于持续牟

---

[1] See *Google Buys YouTube for* $1.65bn, BBC News(Oct. 10, 2006), http://news.bbc.co.uk/1/hi/business/6034577.stm.

[2] See *Has the Dotcom Boom Returned?*, BBC News(Oct. 10, 2006), http://news.bbc.co.uk/1/hi.business/6036337.stm.

[3] 参见中华人民共和国国家互联网信息办公室:《第23次中国互联网络发展状况统计报告》,载中华人民共和国国家互联网信息办公室网站,http://www.cac.gov.cn/2014-05/26/c_126548676.htm.

利的目的,加之异地监管的商业模式,跨境电商滥用"网络用户隐私权"的情形尤为严重。2014年,索尼(Sony)、家得宝(Home Depot)和塔吉特(Target)3家公司在美国相继发生了若干次大规模的数据泄露事件,其中,仅索尼公司一家,就直接导致近5万名员工的个人信息、邮件记录、工资情况被泄露。因此,在不同国家法律冲突的情况下,如果缺乏较为统一的法律适用规则以及减缓冲突的路径,"网络用户隐私权"在跨境电商中的侵权就很有可能会对个人权益乃至国家和公共利益构成极大威胁和侵害。为规范本书研究范围及用词,阐释跨境电商"网络用户隐私权"的内外成因,并明晰跨境电商与"网络用户隐私权"两者的关系,特撰写本章内容。

第一节 跨境电商"网络用户隐私权"的理论基础

2020年是全球跨境电商走过的第25个年头,自亚马逊和易贝等跨境电商上线以来,跨境电商在全球各国呈爆发式的增长。以阿里巴巴为代表的一批中国跨境电商也在崛起并已经进入了世界知名领军企业的队伍。阿里巴巴研究院在其2017年发布的《全球跨境B2C电子商务趋势报告》[①]中指出,全球跨境B2C电子商务将在未来保持年平均27%的高增长率,由此可以使全球市场交易规模达到1万亿美元,而跨境电商所能覆盖的网络用户将在全球范围直接增加3.09亿人,增长率为21%。报告还预测跨境电商将推动中国境内形成一支强大的消费军,中国将处于亚太区域的经贸核心地位。基于跨境这一特性,在巨大的市场购买力面前,如何既保证跨境电商行业的生态发展,又杜绝"网络用户隐私权"受到不法侵害,问题的关键在于对跨境区域的法律冲突解决,而在解决法律冲突之前,就必须先深刻理解和认识"跨境电商"与"网络用户隐私权"的界定以及两者之间的关系。

一、跨境电商"网络用户隐私权"的概念和内涵

(一)跨境电商

跨境电商起源于20世纪末的美国,作为一种以互联网为技术依托的新型商业模式,基于便捷、高效、低成本的特点,其迅速在世界各国站稳了脚跟,因此也受到了网络用户的广泛关注。各国关于跨境电商的经营模式和范围要求各有不同,导致了国际上至今也没有对跨境电商的界定标准达成统一的认识。欧

---

① 参见埃森哲咨询顾问公司、阿里研究院:《全球跨境B2C电子商务趋势报告》(2015年6月),载阿里研究院官网,http://i.aliresearch.com/file/20150611/20150611113848.pdf。

洲共同体(以下简称欧共体)理事会曾将跨境电商归纳为"直接跨境电商"和"间接跨境电商"两种。"直接跨境电商"指在世界范围内提供网上订购、支付和交付无形货物或者提供服务的电子商务模式,而"间接跨境电商"指在世界范围内提供网上订购、支付和交付有形货物的电子商务模式。世界贸易组织则将跨境电商界定为通过电子方式进行的商品和服务生产、销售和交付的活动。① 韩国的《电子商务基本法》规定,跨境电商是全部或者部分运用电子通信技术达成的交易。② 另外,澳大利亚的一些学者在《电子商务:法律框架的构造》中认为,跨境电商包括了任何电子方式达成的交易活动。2000 年,英国颁布的《消费者保护(远程销售)法案》将跨境电商定义为合同签订时或合同签订前,商户(电子商务经营者)与网络用户利用预先设定好的一种或多种远程沟通方式,达成货物与服务的交易活动。③ 需要指出的是,该法将网络用户定义为除商家之外的自然人,而将商户定义为交易机构或行业组织。④ 因为规定得过于详尽,就该法案关于网络用户与商户界定的法律适用问题,还引发了多起判例。⑤ 除此之外,我国于 2019 年 1 月 1 日生效的《电子商务法》则认为跨境电商是通过互联网等信息网络销售商品或者提供服务的经营活动⑥,但考虑到一些特殊行业的实际情况,我国将"金融类产品和服务""利用信息网络提供新闻信息""音视频节目""出版以及文化产品"等内容排除在了跨境电商的经营范围之外。

不难看出,目前世界各国关于跨境电商界定的争论点无外乎是内涵和范围两种。在跨境电商的内涵方面,有的国家认为跨境电商所使用的技术仅指通过互联网所构建的平台,而有的国家则用电子手段予以广义上的概括。另外,在跨境电商的范围方面,一些国家将为网络用户提供服务的经营行为排除在跨境电商之外,而有的国家则将服务贸易一并纳入跨境电商的范围中。

相较于其他国家,我国关于跨境电商的界定较为特殊,无论是在跨境电商内涵还是在范围方面,我国均选择了较为宽泛的标准,这足以证明我国政府促

---

① 参见王秀英:《电子商务对国际私法传统管辖权规则的挑战》,载《延安大学学报(社会科学版)》2006 年第 1 期。

② 参见韩国《电子商务基本法》第 2 条第 4 款。

③ 参见英国《消费者保护(远程销售)法案》第 3 条。

④ See Twigg Flesner, *Companies "Dealing as Consumers"-A Missed Opportunity?*, Law Quarterly Review, 2005, p. 41-43.

⑤ See Feldaroll v. Hermes Leasing, EWCA Civ 747(2004).

⑥ 参见我国《电子商务法》第 2 条。

进和支持跨境电商发展的决心。但我国将四类特殊行业排除在跨境电商的范围之外,这一区分方式目前除少部分国家或区域外显然也并不多见。综上,出于行文目的的考虑,笔者拟采用狭义的解释标准,将本书的跨境电商定义为"注册在一国境内的电子商务经营者,通过互联网构建的平台向他国网络用户提供商品或服务,并进而促成或直接达成交易的商业活动[既包括自营,也包括非自营的企业对个人模式(business to consumer,B2C)]"。

(二) 网络用户隐私权

"网络用户隐私权"的出现并不是突如其来的,它是近年来随着科学技术不断进步慢慢演化而成的产物。可以说,"网络隐私权"是公民权利边界的一种延伸,也是公民隐私权权属的再细分。虽然"网络用户隐私权"这一独立的民事权利目前并没有被纳入我国的法律体系之中,但早在19世纪80年代,我国学者就已经开始对"网络用户隐私权"进行了一定范围内的关注,部分人民代表大会代表也曾于2008年[1]和2015年[2]先后两次通过宪法和法律委员会向全国人民代表大会提出立法议案,要求对"网络隐私权"进行立法,以明确其保护范围、适用界限以及救济方式。此外,司法部还于2004年发布了第34号和第42号公告,获准了对"网络隐私权"法律研究的课题立项工作。因此,"网络用户隐私权"的概念及内涵一直以来都被学界所广泛热议。有的学者将"网络用户隐私权"的概念定义为"网络用户在互联网上所拥有的个人隐私权",[3]这样的定义显然不够全面。

其实,"网络用户隐私权"的内涵大致可以分为九个方面。一是知情权。因为网络用户的隐私权具有一定的权属特征,因此网络用户有权知晓网络服务提供者收集了其哪些信息、如何使用这些信息、和谁分享这些信息、何时披露这些信息等。二是合理的访问权,即网络服务提供者应该向网络用户提供平台,便于网络用户随时修改和删除个人信息,以保证信息的完整和准确。三是选择权,选择权的概念最初是由德国学者迪特尔·梅迪库斯在他的《德国民法总

---

[1] 参见《全国人民代表大会法律委员会关于第十一届全国人民代表大会第一次会议主席团交付审议的代表提出的议案审议结果的报告》,载中国人大网,http://www.npc.gov.cn/cwhhdbdh/c4186/c7994/c7999/201905/t20190523_392213.html。

[2] 参见《全国人民代表大会法律委员会关于第十二届全国人民代表大会第三次会议主席团交付审议的代表提出的议案审议结果的报告》,载中国人大网,http://www.npc.gov.cn/zgrdw/npc/xinwen/2015-12/28/content_1957327.htm。

[3] 参见袁琴武:《网络隐私权保护的民事立法完善》,载《现代商贸工业》2017年第24期。

论》中提出的，①具体指的是具备完全民事行为能力的网络用户，有权自主决定是否向网络服务提供者提供有关个人信息。需要指出的是，为保障网络用户的选择权不受侵害，我国的《数据安全管理办法（征求意见稿）》第 11 条特别规定："网络运营者……不得因个人信息主体拒绝或者撤销同意收集上述信息以外的其他信息，而拒绝提供核心业务功能服务。"丹麦《个人数据处理法》也规定了网络用户有权随时撤回其已经作出了的有关数据使用的授权。② 四是支配权，这也是网络用户隐私权的核心，即网络用户可根据个人的实际情况，对自身的个人信息进行编辑，并利用这些个人信息对外开展各类活动而不受侵害。五是限制权，即网络服务提供者必须将"网络用户隐私权"限定在合理范围内加以使用，不然则可能会被认定为侵权。六是安全保护权，它要求网络服务提供者应当采取必要的措施，保障其掌控网络用户个人信息的安全，防止他人未经授权进行访问。七是保密权，"网络隐私权"本身属于隐私权的一个分支，因此，网络服务提供者应当采取措施对其予以严格保密。八是收益权，"网络隐私权"作为一种人格权的权属，完全可以和电子商务经营者约定对个人网络数据进一步开发所得经济利益的分配和归属。九是司法救济权，在面对侵害"网络用户隐私权"的诉讼时，网络服务提供者应当配合提供一切必要材料，以协助网络用户的司法救济得以落实。

　　基于互联网的跨国性，"网络用户隐私权"具备了国内法与国际法的共同特征。另外，基于互联网的传播属性，其还可能涉及国际民事法律关系。因此，也可以把"网络用户隐私权"视为国际私法的一个分支。通过对"网络用户隐私权"内涵的分析，可以看出"网络用户隐私权"是一个较为抽象和复杂的概念，一切通过互联网为媒介与网络用户形成的法律关系，都可能涉及"网络用户隐私权"保护的相关话题。因此，只有将"网络用户隐私权"问题放在特定环境之下进行讨论才具有一定的法律价值和意义。这也是笔者选择跨境电商作为分析"网络用户隐私权"侵权法律适用问题的初衷。综上，"网络用户隐私权"既包括了网络用户对隐私数据在一定范围内的自决权，又包括了一定的司法求偿权和收益权，同时还具备一定的人格权属性。因此，笔者将本书中的跨境电商"网络用户隐私权"概括为，网络用户在跨境电商上所享有的私人信息和生活安宁依法受到法律保护，且不被他人非法侵扰、知悉、收集、使用和公开的一种人格权。需要指出的是，既然"网络用户隐私权"是一种人格权，同英国

---

① 参见[德]迪特尔·梅迪库斯：《德国民法总论》，邵建东译，法律出版社 2018 年版，第 810 页。
② 参见周汉华主编：《域外个人数据保护法汇编》，法律出版社 2006 年版，第 192 页。

的《消费者保护(远程销售)法案》一样,网络用户也仅代表除电子商务经营者以外的自然人。①

二、跨境电商"网络用户隐私权"的特征和范围

(一)跨境电商"网络用户隐私权"的特征

由于跨境电商是通过互联网技术搭建平台运行的,因此跨境电商就当然享有全球性、即时性、虚拟性、交互性、客观性、去中心化、电子化等互联网的基本特点,②显然,这些特点都足以体现跨境电商与传统线下交易的不同之处。但是随着交易规模的不断壮大,跨境电商的弊端也逐渐显现。例如,跨境电商使得网络用户既无法同电子商务经营者近距离接触,也无法在第一时间看到或感受到所需购买的商品或服务。这直接导致当交易风险发生时,网络用户无法将存在缺陷和瑕疵的商品予以退还,也无法及时进行投诉。另外,在线支付的安全性和"网络用户隐私权"侵权也是跨境电商所面临的棘手问题。通过对跨境电商的交易模式进行分析,可以总结出四个基本要素,其有助于进一步解析跨境电商"网络用户隐私权"所具有的特征。第一,跨境电商的标的物应该是提供商品或服务。第二,在跨境电商上达成交易的主体应该是网络用户与电子商务经营者。第三,跨境电商达成交易运用了互联网技术,如果涉及了线下交易则应被排除在外。第四,跨境电商上达成的交易应当具有一定的普适性,而非单纯的一次性销售。据此,跨境电商"网络用户隐私权"应该具备6个特征。

1. 仅存在于互联网

跨境电商"网络用户隐私权"仅存在于互联网中,其必须依托互联网才能真正确立和保有。在这样一个特殊的形态下,一般的民事法律规定很难完全涵盖跨境电商"网络用户隐私权"的相关问题。

2. 技术性保护

跨境电商"网络用户隐私权"不仅包括个人的网络空间权,还包括网络用户对信息数据的自决权。美国查尔斯·福瑞德认为,每个人都有权控制自己个人信息的使用方式和去处。③ 王泽鉴也认为,"资讯自主已成为隐私权的主要保护范畴"④。因此,针对跨境电商"网络用户隐私权"的保护需要通过技术手

---

① 参见英国《消费者保护(远程销售)法案》第3条。
② 参见宋一兵主编:《计算机网络基础与应用》(第3版),人民邮电出版社2019年版,第2-4页。
③ See Charles Fried, *Privacy Moral Analysis*, Yale Law Journal, 1968, p. 475-493.
④ 王泽鉴:《侵权行为法》,中国政法大学出版社2001年版,第123页。

段予以实现,不能仅依靠民事法律的规定。

3. 具有动态权能

一般意义上的人格权仅仅是一种静态的权能,在侵犯一般人格权的情况下,可以通过单一法条予以维权保护,但是跨境电商"网络用户隐私权"的保护包含了关于数据的收集、存储、使用和公开等内容,任何一个阶段都是动态的过程,对其构建的保护举措必须确保所有动态过程中的衔接不存在任何问题。

4. 涵盖面更广

电子商务经营者通过跨境电商将聊天软件账号、网购地址、聊天记录、浏览记录等原本不属于一般隐私权范畴的个人网络数据进行了扩充,成为有别于一般隐私权的跨境电商"网络用户隐私权"独有客体。

5. 群体特征属性

一般意义上的跨境电商"网络用户隐私权"的所有者仅代表除电子商务经营者以外的自然人。但是,一旦跨境电商所掌握的个人网络数据足够多,则可能涉及某一类社群。此外,互联网虚拟性、去中心化以及电子化的特点,使得个人信息资料、域名、网名等都可以成为跨境电商"网络用户隐私权"的数据主体。[1] 因此,与普通的个人隐私权相比,跨境电商"网络用户隐私权"的主体则更为宽泛。

6. 受到国际私法的保护

一般隐私权的侵权往往通过一国国内法就可以予以适用解决,而跨境电商"网络用户隐私权"因为通过互联网这一虚拟媒介进行传播,因此其还可能涉及国际民事的法律关系,需要受到国际私法的保护。

(二)跨境电商"网络用户隐私权"的保护范围

跨境电商"网络用户隐私权"的保护范围划分,可以运用德国法学家罗伯特·阿列克西提出的外部理论和内部理论予以解决。所谓内部理论指的是将跨境电商"网络用户隐私权"的权利构成自始划定限制的范畴,即将权利和限制看成一个问题予以统筹区分。应该说,内部理论的区分方式可以预先将跨境电商"网络用户隐私权"设定在一个合理的使用范围之内,在一定程度上排除其与权利限制方面的冲突,但缺点在于可能由于权利边界设定过窄而影响权利的有效行使。对于外部理论而言,其需要先对跨境电商"网络用户隐私权"的权利主体和客体进行分析总结,并结合司法实践加以综合衡量其与其他权益之

---

[1] 参见钱力、谭金可:《"互联网+"时代网络隐私权保护立法的完善》,载《中国流通经济》2015年第12期。

间的关系,当发生权利与限制的冲突时再从外界加以干涉,进而确定权利范围。相较之下,显然外部理论更适合归纳跨境电商"网络用户隐私权"的保护范围。

首先,跨境电商"网络用户隐私权"的保护范围包括了对可识别个人网络数据的保护,它不仅包括传统意义上一般隐私权的内容,还包括聊天软件账号、网购地址、聊天记录、浏览记录、网站、域名等数据的保护。

其次,跨境电商"网络用户隐私权"的保护范围还包括了对个人信息系统的保护,即任何人都不得对个人网络数据系统进行破坏和攻击,违者将承担相应不利法律后果。

再次,是对个人私生活的保护,包括网络服务提供者不得利用已经获取的个人网络数据对网络用户进行不当窥视和干预,更不得主动泄露这些信息数据。

最后,同时也是最为重要的是对个人生活秩序的保护,即具备完全民事行为能力的网络用户有权在跨境电商交易活动中合法、合理使用其个人网络数据,而不受电子商务经营者的干涉或支配,但使用其个人网络数据还必须保证没有损害"国家安全"和"公共利益"等特殊情况发生。

第二节 "网络用户隐私权"的起源与发展

一、"隐私权"保护的起源

"隐私"一词来自古拉丁语,原指"马丁",意思是行为人有权将自己的个人信息从团体和社会中予以区别,从而有选择性地对该信息加以使用。通常认为,"隐"指保密,而"私"是本质。在大多数情况下,"隐私"具有相当强烈的私密属性,它具有行为人不希望其个人信息被暴露在社会公众视野之下的含义特征。因此,也有学者把人与人之间的秘密沟通、生活状态以及财产情况都视作"隐私"的一部分。

"隐私权"是"隐私"派生出来的一种权利。就"隐私权"保护的起源而言,法学界存在两种截然不同的观点。其中较为主流的观点认为"隐私权"的理论源于美国。持这种观点的学者依据的是美国法学家沃伦和布兰迪斯于1890年在《哈佛法律评论》上发表的一篇名为《隐私权》的文章,该文章第一次提到了"隐私权"的相关问题。[①] 沃伦和布兰迪斯认为,"隐私权"是不被干扰的权利,它的构建应当重在保护个人著作和具有知识产权的相关作品的权益不受侵害。

---

① 参见张民安主编:《隐私权的性质和功能》,中山大学出版社2018年版,第102页。

虽然该定性与当代"隐私权"的认定标准存在较大差距,但基于当时的社会背景和理论基础,沃伦和布兰迪斯能够就人格权进行一定革新已然实属不易。另一种观点则认为,"隐私权"保护的起源问题长期以来一直被学界所误传,实际上法国才是真正的起源国,它比美国沃伦和布兰迪斯提出的"隐私权"理论甚至还要再早一个世纪,即使是法国形成的类似判例也要比沃伦和布兰迪斯提出的理论早 30 年。持有该观点的学者认为,法国法学家雅各宾于 1791 年提出的新闻自由权应当设定必要限度,而不应该覆盖到公民私人生活,这就是其有关"隐私权"的描述。同时,这一理论研究也为法国随后 1791 年《宪法》以及 1804 年《民法典》的颁布与修订提供了重要理论支撑。① 此外,学界长期对"隐私权"保护的实现问题也有所争论。法学家嘉韦逊认为,个人"隐私权"的保护只有在特定的环境下才能实现,该理论被后人称为"限制接近说"。然而,持"控制说"主张的学者却认为,个人"隐私权"的保护实现不应附加任何条件和限制,个人可以自由控制和使用自己的隐私数据。不难看出,两类学说将"隐私权"保护的实现问题分成了"广义"和"狭义"两种解释。笔者认为,"隐私权"的权能主要包括"保密权能""支配利用权能""知情权权能""维护权能"四类。通常来说,行为人虽然对其隐私数据的使用享有自决权,但是在该自决权行使的过程中,应当保证并不能对他人的合法权益有所侵害。另外,当自我隐私数据自决权行使与"国家安全"和"公共利益"产生矛盾时,也应当及时对"隐私权"保护的实现予以必要限制,以达到社会各方利益的平衡。可见,相较于"控制说"的绝对性,"限制接近说"显然更加符合当代"隐私权"保护的实施举措和要求。

二、"网络用户隐私权"保护的发展沿革

(一)英美法系国家"网络用户隐私权"保护的发展沿革

经过了百年变革和传承,尽管英国尚未将公民的基本自由和权利纳入其成文宪法之中,但这并不意味着英国对公民权利的忽视,因为其一直是在非法典化道路上成长起来的。自 1852 年颁布《普通法诉讼程序条例》以来,英国法就将侵权行为分为七类,但凡产生新的侵权行为,就通过适用"无限多重原则"予以解决。② 有趣的是,英国的"隐私权"和"网络用户隐私权"保护的相关制度是在同一时间颁布的。1998 年,英国议会相继通过了《人权法案》和《数据保护法案》两部法案。其中,《人权法案》首次明确了英国境内对隐私权的保护,而《数

---

① 参见法国《宪法》(1791 年)第 2-10 条;法国《民法典》(1804 年)第 7-16 条。
② 参见杨立新:《侵权法论》,人民法院出版社 2013 年版,第 90 页。

据保护法案》的出台对"网络用户隐私权"的保护更为至关重要,其通过制度的建立,为公共机构或者私人所掌握的数据信息提供了保障。根据该法案的相关规定,英国议会还特意批准设立了"信息管理办公室"用以接收掌握数据信息的机构提出的注册申请。在未成年用户保护方面,《数据保护法案》规定了网站需要严格确保未成年人用户的隐私和网络安全不受他人侵犯,并要求网站对未成年人的善意不当行为及时提出意见等。此外,英国信息管理办公室还于2007年发布了一份使用网站收集个人信息的应用指导意见,旨在规范一些网站收集儿童的个人网络数据行为。英国信息管理办公室认为,儿童应被视为与其他网络主体一样的主体予以公平对待,并同时被加强保护。该意见明确,网络隐私声明应该以书面、便于儿童看懂的形式表现出来。如果一家网站想要获得或显示儿童的个人信息,甚至有意将数据传送给第三方,那么他必须得到儿童父母的认可。若在得到儿童父母同意的情况下,网站实施了与父母授权不相符的相关行为,那么该行为应该尽快被叫停。2010年6月,针对网上铺天盖地的弹窗广告[①]以及"行为性广告"(网站可以监视网络用户的网上行为,获悉网络用户所光顾的网站,以此建立档案,进而向网络用户定向推送广告)的出现,英国议会进一步颁布了《关于行为性广告的指导性意见》,其中涉及了一些在当时亟待解决的问题。例如,是否禁止对儿童进行广告行为分析等。[②] 当然,在保障"网络用户隐私权"的同时,英国议会还考虑到了很多例外情况并通过立法的形式予以规定。例如,《数据保护法案》《调查权规范法案》《警方与刑事证据法案》《防止恐怖活动法案》《反恐、犯罪与安全保障法案》《监控电子邮件和移动电话法案》等的陆续颁布很好地平衡了"国家安全"和"公共利益"与"网络用户隐私权"之间的关系,构建了很多可资借鉴的强制性规则。除了法律规定外,英国的"信用 UK"和消费者协会也为"网络用户隐私权"的保护起到了非常重要的作用。英国的"信用 UK"作为一家在线行为准则机构,根据欧盟及英国国内颁布的法律,制定了一系列在线行为实施细则,为规范网络服务提供者的线上行为提供了必要的政府监管依据,而英国消费者协会制定的《网络商人信用实践准则》更是将侵害"网络用户隐私权"的行为上升到了信用等级层面,通过建立失信人名单来预防和杜绝侵权行为的发生。

---

① See Tyacke, *Internet Law-The Legality of Internet " Pop-up" Ads*, Computer Law and Security Report, 2005, p. 262-265.

② See Data Protection Working Party, *Opinion 2/2010 on Online Behavioral Advertising* WP171 00909/10/*EN*, Official Website of the European Union(June, 2010), http://ec.europa.eu/justice_home/fsi/privacy/index_en.htm.00909/10/EN.

同英国一样,虽然美国的宪法也没有关于保护公民隐私权的特别描述,但这并不意味着美国不重视公民的隐私权保障;相反,美国政府对个人隐私权和自由的保障相较于欧洲一些国家而言更为完善,大多数学者反对建立联邦机构对公民隐私权予以监督,这些理念都与美国传统的立法观念息息相关。因此,虽然没有形成对隐私权保护的完整体系,但是其循序渐进的立法进程使美国的隐私权保护制度更为成熟和细致。1974年《隐私权法案》的颁布标志着美国保护公民隐私权的时代正式来临。需要指出的是,美国随后于1986年颁布的《联邦电子隐私通讯隐私法案》更是美国历史上第一部专门保护"网络用户隐私权"的法案,虽然这部法案仅涉及个人网络数据和用户记录的保护,但却不可逆地推动了"网络用户隐私权"保护在美国的进程。在随后的近50年时间里,《信息自由法案》《有效保护隐私权的自律要点》《消费者隐私权法案》《全球电子商务宣言》《公平信用报告法案》《在线隐私权法案》等一系列规范性法律文件一一出台,大力规范了美国互联网市场,使得"网络用户隐私权"的侵权行为界定更为科学准确。[①] "网络用户隐私权"在判例法中也是自上而下自然形成的,相比于成文法,美国判例法对"网络用户隐私权"的保护更是由来已久,特别是美国联邦最高法院关于《美国联邦宪法第四修正案》的解读,把每个公民都纳入判例法保护范围,[②]创造了对各国侵权法革新极具借鉴意义的举措。具体来说,早在1905年Pavesich v. New English Life Insurance案中法官就首次使用了"隐私权"一词。但经过法学界的不断努力,直到1965年,美国联邦最高法院才在Gtiswold v. Connecticut案中第一次将隐私权视为基本人权。同年,美国法学家普洛斯在收集整理300多起隐私权侵权案例后,将隐私权侵权的种类归纳为四类,并建议司法机关将隐私权侵权归为无过错责任进行审理,这进而成为美国隐私权侵权司法审判的一大重要标杆。在学者威斯丁等人的呼吁下,"个人数据自决权"这一理论也逐渐成型。[③] 随后,在1987年Rasmussen v. South Florida Blood Service案中,"网络用户隐私权"正式被视作传统隐私权的一部分进而得以被保护。此外,在规范互联网市场方面,美国主要采取了行业自律的监管模式,即依靠行业协会监督和互联网企业的自治以达到保护"网络用户隐私权"的目的,比如,美国BBB在线隐私联盟就于1998年公布了在线指引,要求联盟成员根据指引的要求开展经营活动,为当时的"网络用户隐私权"保

---

① 参见[日]城田真琴:《大数据的冲击》,周自恒译,人民邮电出版社2013年版,第151—155页。
② 参见[美]彼得·海:《美国法概论》,许庆坤译,北京大学出版社2010年版,第91页。
③ See Westin, A., *Privacy and Freedom*, Athenacum. N. Y., 1967, p. 7.

护提供了一套体系完备的范例。① 因此,行业规范指引在某种程度上开创了一个更为广阔的网络空间,使互联网企业能够在自我约束的前提下自由发展,以保证"网络用户隐私权"保护与行业发展互不冲突。但近年来随着网络市场的不断扩充,产业发展逐渐取代了"网络用户隐私权"的保护进而产生了两者之间的失衡,美国也正在积极探索寻求立法和行业自律的共融来解决这一问题。综上,立法、司法和行业自律这"三驾马车"是美国"网络用户隐私权"保护的重要法宝,其多元化的协调机制值得其他国家和地区学习和借鉴。

(二)大陆法系国家"网络用户隐私权"保护的发展沿革

作为大陆法系国家的典型代表,法国的隐私权保护起源于近代早期,当时设立隐私权的初衷在于保护贵族阶级的利益,随着法国革命的一声枪响,隐私权这一基本权利逐渐被转移到了法国人民手中。因此与其他国家不同的是,隐私权在法国还多了一层特有的含义和属性,即"个人荣誉权",这也是法国极为重视"隐私权"保护的一大重要原因。其 1978 年颁布的《信息技术与自由法案》是法国迄今关于"网络用户隐私权"保护最重要的一部法律,其在法国第一次明确了"网络用户隐私权"这一人格权权属,同时还创建了"国家信息技术与自由委员会"专门负责信息化档案的建档审批工作。② 更加难能可贵的是,在当时互联网并不那么普及的情形下,法国立法者就为法国公民创设了"网络用户隐私权"这一新的权利,以至于这部法律甚至还能够在当代社会被准确适用,可谓是法国"网络用户隐私权"立法史上的一个重要里程碑。另外,《数字遗忘权宪章》也是法国在"网络用户隐私权"保护领域一项独具特色的保护举措,所谓的《数字遗忘权宪章》实际上是《目标广告中的数字遗忘权宪章》与《互动网站与搜索引擎网站上数字遗忘权宪章》的合称,其立法目的是简化网络用户在线删除个人网络数据的流程,并保证这些数据不能够被他人所查阅。由于《数字遗忘权宪章》得到了大部分法国互联网企业的认可,因此其在法国境内的适用率也非常高。

另一个大陆法系国家"网络用户隐私权"保护的典型代表是日本。日本早在 19 世纪 50 年代中期,就已经开始关注隐私权制度在各国的发展,相对领先于亚洲其他各国。1969 年"京都府学联事件"的爆发,使日本的最高法院首次根据日本《宪法》的规定,明确了日本公民享有私生活自由的权利和相关裁判

---

① 参见王丽萍、田尧:《论网络隐私权的行业自律保护》,载《山东社会科学》2008 年第 4 期。

② 参见李滨:《法国信息自由保护的立法与实践》,载《南京大学学报(哲学·人文科学·社会科学版)》2009 年第 6 期。

规范。虽然日本最高法院没有像很多英美法系国家一样在国内直接明确隐私权的人格权属性,但是日本学者普遍认为日本最高法院的判决实际上已经在一定程度上承认了隐私权在日本国内的法律地位。随着互联网的兴起和发展,日本国内公众开始越来越不满足仅仅将隐私权理解为是一种个人自由,而想要进一步获得公权力的保护,将隐私权界定为"公民有权控制自我信息并能够得到国家保护"的一种权利。① 因此,包括《个人信息保护法》《关于保护行政机关计算机处理的个人信息的法律》《关于保护独立行政法人等所持有之个人信息的法律》《关于保护行政机关拥有的个人信息的法律》等在内的法律规定被不断推陈出新。需要指出的是,日本《个人信息保护法》是一部规范互联网市场的法律,它的立法目的是要求互联网企业加大对"网络用户隐私权"的保护力度。因此,为达到经济效能的最大化,大部分的日本互联网企业都非常重视这部法律的实施,以展现对网络用户隐私权保护的态度和决心。

(三)欧盟地区"网络用户隐私权"保护的发展沿革

人权是欧洲数据保护法的基础,欧洲的数据保护立法因而也是在国际人权法的基础上,围绕《世界人权宣言》和《欧洲人权公约》这两个国际文件逐步修订完成的。特别是自19世纪70年代计算机普及开始至今,欧洲各国逐渐意识到《欧洲人权公约》第8条所规定的"隐私权"已经随着科技的发展出现了适用障碍的问题。因此,各国开始对政府和企业控制的个人信息和相关数据进行立法规范,以确保对"网络用户隐私权"进行充分保护。加之货物及服务贸易数量的逐年上升,这些客观因素均极大刺激和推动了欧洲企业及国家间数据及信息的共享,从而也不可避免地对个人隐私带来了一定的风险和影响。基于经济发展的需要,欧洲在"网络用户隐私权"保护方面的立法向来是聚焦于国家对公民数据保护和自由贸易之间的平衡这一问题上。此外,在"网络用户隐私权"保护方面,欧盟可以说是立法保护模式的典型代表,相较于美国各地零散型的管理模式,欧盟则是通过统一的立法形式规范各方之间的权利义务,寻求达到互联网线上线下力量的平衡。基于欧洲各国保护隐私权的历史传统,早在建立《欧洲人权公约》时就已经在第8条规定了隐私权是一项基本人权。因此,欧盟主张在其境内设定严格的保护标准,通过成立特别委员会的形式来规范市场规则及协调各国间的立法差异,将"网络用户隐私权"的保护标准提升到国际层面。因此,早在19世纪60年代,欧洲就在计划构建一个全球最具影响力、最高级别且涉及国家最多的网络监管体制。

---

① 参见日本《宪法》第13条。

1."73/22号决议"和"74/29号决议"

1968年,欧盟理事会发布了《关于人权和现代科学技术发展的建议(509号)》①,意在为各国的立法工作制定标准。但由于各国后续相关立法工作的推进并不顺利,甚至在一些敏感问题上还产生了较大分歧。于是,欧盟理事会又分别于1973年和1974年形成了"73/22号决议"②和"74/29号决议"③,两份决议制定了私人和公共领域自动化处理个人数据的保护原则,意图通过颁布具有约束力的国际文件来加强各国国内的立法建设,以对"网络用户隐私权"进行统一适用和保护。

2.《关于保护隐私和个人数据跨境流动指南》

1980年,经济合作与发展组织(以下简称经合组织)制定并颁布了《关于保护隐私和个人数据跨境流动指南》④(以下简称《指南》),它是欧洲颁布的第一部有关保护"网络用户隐私权"的规范性文件,为各国个人数据的保护提出了八大根本性原则和要求。⑤ 其通过明确个人数据保护和跨境流动的基本原则来对各国基于"网络用户隐私权"的立法协调工作指明前进方向。特别需要指出的是,虽然《指南》并不具有强制执行力,但其确立的收集限制原则(Collection Limitation Principle)、数据质量原则(Data Quality Principle)、目的明确原则(Purpose Specification Principle)、使用限制原则(Use Limitation Principle)、安全保障原则(Security Safeguards Principle)、开放原则(Openness Principle)、个人参与原则(Individual Participation Principle)以及责任原则(Accountability Principle)八大原则为欧洲日后的数据保护奠定了非常重要的立法基础。此外,《指南》还首创了数据处理行为的问责制,且规定了各成员国不得为保护个人隐私采取较高限度的立法来限制数据跨境流动,并引入了国家及地区间数据跨境流动须具备的"同等保护"等概念。

时间步入21世纪,《指南》的部分规定已逐渐在其适用性上出现了一定的滞后性,因而经合组织于2010年开启了立法修订工作,并最终于2013年7月

---

① Recommendation 509, Human rights and modern scientific and technological development.

② Resolutions 73/22, Resolution 22 on the protection of privacy of individuals vis-à-vis electronic data banks in the private sector.

③ Resolutions 74/29, Resolution 29 on the protection of individuals vis-à-vis electronic data banks in the public sector.

④ The OECD Guidelines on the Protection of Privacy and Transborder Flows of Personal Data.

⑤ Terence Craig & Mary Ludloff, *Privacy and Big Data: The players, Regulators, and Stakeholders*, O'Reilly Media, 2011.

11日颁布了针对《指南》适用的建议稿,明确了数据控制者的"隐私管理计划"和"数据泄露通知"等义务来对数据合规进行规范。经合组织颁布的《指南》为欧洲乃至全球范围内的数据保护提供了指导,时至今日仍意义深远。

3.《关于个人数据自动化处理的保护公约》

由于欧洲各国均未能及时对欧盟理事会"73/22号决议"和"74/29号决议"作出反应,加之科技的不断进步以及电子商务的发展,使社会效率和生产力大大提高,也使"网络用户隐私权"面临受侵犯的威胁。因而,欧盟理事会希望通过一项具有约束力的国际文书来加强这些决议中所规定的基本原则的适用,并实现签署国之间更大范围内的统一,以扩大对个人权利和基本自由的保障,特别在尊重隐私权方面,需要考虑到越来越多正在自动处理和跨越国界的个人数据。于是,1981年欧洲理事会各成员国签署了《关于个人数据自动化处理的保护公约》①(以下简称《公约108》),为各国个人数据自动化处理措施指明了前进方向。《公约108》是除《指南》外的另一部在全球数据保护领域奠定了基本原则和框架的早期制度文件。由于其在签署过程中允许非欧洲国家自由加入,因此严格意义上来说,其并非一个仅向欧洲各国开放的国际条约。但其却是目前全球范围内数据保护领域第一个,也是唯一一个具有法律约束力的国际文书。从内容上来看,《公约108》的主要内容与《指南》大体上保持了一致,其不仅重申了追求国际贸易和个人数据保护间的平衡的意义以及"73/22号决议"和"74/29号决议"的目标,还规定了数据的准确性、安全性、个人访问权等与《通用数据保护条例》相似的条款。此外,基于当时计算机存储数据信息的普及,《公约108》明确了持有数据信息的主体应尽的数据保护的社会责任,并就数据处理的原则及其例外、跨境数据流动、互助方面的内容作出了规定。需要指出的是,《公约108》还要求每个缔约国都必须指定相应的监管机构就公约的履行进行联络、协商和互助,并协助数据主体行使其应有权利。在数据跨境自由流动方面,《公约108》为确保对个人隐私的适当保护,明确了个人数据的自由流动对商业和行使公共职能的重要性,进而要求缔约国不得仅以保护"网络用户隐私权"为目的,禁止或接受经特别授权的个人数据跨界流向另一国领土。其也在《指南》的基础上,将数据跨境流动的"同等保护"的要求变为更加务实的"适当保护"要求,这从当时的背景来看,显然是一次很大的突破和尝试。

---

① The Convention for the Protection of Individuals with Regard to Automatic Processing of Personal Data.

2011年，为解决新的信息和通信技术所带来的挑战，提高数据保护的标准，同时保持与已建立的监管框架的兼容性，《公约108》及其附加议定书的修订工作被提上日程，并最终于2018年被欧洲理事会部长会议批准通过，后由21个缔约国全面签署。由于该修订版本还允许其他国际组织的加入，因此也被人们称为《公约108+》。此外，由于《公约108+》的签署时间与《通用数据保护条例》的全面生效时间过于接近，许多缔约国在加入《公约108+》时还需要对其国内数据保护充分性进行评估，以确保是否能满足《通用数据保护条例》的要求，进而保证数据跨境的自由流动。从条款的内容上来看，《公约108+》对"数据处理的依据""特殊类别的数据""透明度要求""数据控制者和处理者的安全责任""数据泄露的通知义务"等机制进行了规定，尽可能与《通用数据保护条例》保持了一致。

4.《95指令》

《指南》和《公约108》的共同目标实则是引入一种统一的数据保护方法来确保不会对《罗马公约》形成的自由贸易以及个人的基本权利的行使产生阻碍和影响。虽然其建立了一套欧洲特有的数据保护的原则和框架，但由于各国间缺乏立法协调的方法，加之只有少数国家批准了《公约108》，在将上述原则纳入欧洲成员国国内法的过程中，却在各国形成了截然不同的数据保护制度，各国国内法的制定工作仍不尽如人意。随着互联网技术的不断进步，欧盟也开始意识到了各国国内的数据保护法律以及技术不同可能会阻碍个人数据在国家间流通的自由，基于上述背景及各国立法方法的多样性，欧洲议会于1976年开始计划制定关于数据合规的专门法案，并提出了制定具有法律约束力的"指令"来对数据合规进行规范，进而达到法律适用同一性的目的。由于采用的是"指令"的立法形式，这同时意味着各成员国将有权根据自身国情制定符合"指令"要求的国内法。由于从当时的情况来看，《公约108》的相关标准已经实际在缔约国间大范围批准和采用。因此，其也就当然成为"指令"制定的框架性标准。最终，在多方的协调和努力之下，欧盟于1995年制定并通过了迄今为止影响极其深远的一部法案，即《数据保护指令》（以下简称《95指令》）[1]，其在创设欧盟数据保护监察委员会用以监督各成员国的日常数据处理规范的同时，还规定了在输入国能够确保对个人数据已经提供了充分保护的情况下，才可以将数据从输出国跨境传送至输入国境内的强制性规则。[2] 该规则对欧盟各成员

---

[1] Data Protection Directive(95/46/EC).
[2] 参见《95指令》第25条。

国之间的数据保护技术要求提出了较高标准,客观上也促使了各成员国国内数据保护技术水平的提高。另外,虽然该指令不直接对欧盟的各成员国发生法律效力,但是其要求必须将其转化为各国国内法予以落实,该指令所建立的适用于私人和商业的统一标准,保障了欧盟各国此后数十年间公民个人数据自由流动免受阻碍,使很多优秀的互联网企业得以腾飞。《95指令》的生效也在客观上直接导致了《公约108》重要性的相对降级。

和《指南》《公约108》一样,《95指令》的立法目的也是进一步协调"网络用户隐私权"保护和数据跨境自由流动之间的平衡问题。其在《公约108》的基础上增加了公共和私人、自动化以及非自动化处理的数据保护方面的内容,并创立了由监管机构、欧洲数据保护监管机构和欧盟委员会代表组成的独立机构"第29条工作组"[1],该机构主要负责对欧盟数据保护的发展状况进行跟踪和调研,并向欧盟委员会提供独立意见和建议。此外,《95指令》还创立了"数据控制者"和"数据处理者"的概念,为后续欧盟数据保护的立法改革带来了非常积极的作用。可以看出,《95指令》力求在保护个人隐私和数据的控制权两者之间形成一种平衡,其也试图通过规则的建立将欧洲隐私保护提升至一个统一的水平。随着《95指令》的不断深入推进,包括《关于收集和传递个人数据保护指令》《关于信息社会服务尤其是内部市场电子商务的法律问题指令》《关于与欧共体和组织的个人数据处理相关个人保护以及数据流动自由规章》《关于电子通信领域个人数据处理和隐私保护指令》在内的诸多法案作为《95指令》的补充细则出台并予以实施,这些都对发生在欧洲境内的侵犯"网络用户隐私权"的行为进行了约束和规范。此外在国际协作方面,由于《95指令》禁止向不符合欧洲保护等级的非欧盟国家传输个人数据,而美国国内又没有具体的联邦数据保护法案出台,为避免指令严重影响美国与欧盟企业之间的跨境交易,欧盟与美国商务部于2000年制定了符合欧盟标准的"安全港协议",虽然"安全港协议"随后由于美国的监听丑闻而被欧盟法院判决无效,[2]但是美欧之间又于2016年达成了更为严格的"隐私盾协议",使美欧之间依旧能够正常开展国际电子商务交易,而不受欧盟关于跨国数据流动规则的影响。

但即便如此,《95指令》的发展仍未跟上时代的节奏。欧盟委员会在其2003年出具的一份调查报告中明确指出,由于《95指令》仅规定了一般原则,并需要欧盟成员国将这些原则转化为国内法来执行,而并没有详细规定欧盟成

---

[1] The Article 29 Data Protection Working Party.
[2] 参见李刚、王保民:《网络隐私权的人权法哲学问题研究》,载《湖湘论坛》2018年第3期。

员国必须如何将这些原则转化为国内法,这就直接导致了欧洲各国的数据保护立法存在不同的解释和要求,也不可避免地产生了"立法冲突"和"执行不当"的问题。具体而言,由于各国之间的立法差异,当发生数据泄露时,各国关于控制者通知监管机构的时间要求均有所不同,这些都致使《95 指令》在其适用上产生了严重阻碍。此外,虽然欧盟委员会具有基于立法错误的纠正权,但却无法保证各成员国的国内立法均完全符合《95 指令》的要求。这些分歧一方面导致法律适用的不畅,另一方面也极大地增加了企业数据合规治理的成本。由此可见,《95 指令》虽在一定程度上对欧盟数据保护的立法工作起到了积极推动作用,但仍难以跟上时代的脉搏,存在一定的适用障碍。基于此,欧盟又一次不得不考虑重启立法工作,寻求更强大、更统一、更连贯的单一规则来通盘解决上述问题,同时带动其区域内数字经济的发展。

5. 欧盟《通用数据保护条例》

由于没有跟上技术革新的脚步,考虑到国家措施和立法实践的差异以及科技发展对企业和个人的影响,欧盟委员会在 2009 年审查数据保护立法框架时就发现了上述问题,继而提出了制定数据保护的战略方针要求,意图通过简化数字单一市场中公司的合规要求来确保公民在数字时代的基本权利,并促进业务的发展。2012 年 1 月,欧盟委员会向欧洲理事会正式提交了一份《关于个人数据处理中的数据保护以及相关数据自由流动的条例建议》[①],该建议直指要害,以在整个欧洲形成统一的数据保护治理规则为目标,明确提出需要对《95 指令》进行改革,并希望通过立法的形式保护"网络用户隐私权",进一步减少企业不必要的合规工作,并确保数据能够在欧盟内部自由流动。2016 年 5 月,经欧盟委员会、欧洲议会和欧盟理事会三方达成一致,《通用数据保护条例》得以正式获得批准,并随即在《欧盟官方公报》上进行了公示。2018 年 5 月 25 日,《通用数据保护条例》正式取代《95 指令》在欧盟全面生效。因其是以"条例"的形式颁布的立法法案,所以并不像《95 指令》一样需要先行转化为国内法适用,而具有在全体欧盟成员国内直接适用的法律效力。

整个《通用数据保护条例》包含两部分内容:第一部分的序言规定了该条例及其相应义务的理论和法理解释;第二部分的主文则规定了包含法律执行层面的实质性义务。

---

① COM/2012/011 Proposal for a Regulation of the European Parliament and of the Council on the protection of individuals with regard to the processing of personal data and on the free movement of such data, general data protection regulation.

从宏观上来说，《95指令》适用于数据控制者，而《通用数据保护条例》适用于数据控制者和数据处理者的服务提供者，且其同时还适用于数字或硬盘形式的以任何结构化硬件为载体的个人数据。

从内容上来看，《通用数据保护条例》在《95指令》的基础上建设性地提出了"行为准则和认证""集体诉讼""一致性机制""设计和默认的数据保护""数据保护影响评估""泄露通知""问责制"等创新内容。其中，较为重要的"问责制"意在通过将适当技术保护措施的举证责任强加给数据控制者和数据处理者的形式，进而让企业对数据合规工作更加负责，也使监管机构有权随时要求数据控制者和数据处理者提供监管所需的相关材料和信息。"一致性机制"是另一大比较有特色的变化，虽然《95指令》中关于国际数据传输的限制继续存在，但是国际传输的措施范围显然被《通用数据保护条例》进行了扩大，欧盟委员会采用的标准合同；约束性规则；经批准的行为准则；经批准的认证机制以及被数据保护执法机构授权的其他措施等被统称为"一致性机制"。除此之外，数据控制者和处理者只有在采取适当的保障措施和个人存在可执行的权利和有效的法律补救措施的情况下，才能将个人数据转移到欧盟境外。此外，《通用数据保护条例》还对"同意原则"的适用规则进行了细化，并增加了数据控制者和处理者处理个人数据的责任和义务，同时将监管机构监管的地域范围延伸至欧盟以外的国家和地区，确保监管的统一和高效。另外，立法者删除了《95指令》中将欧盟境内的数据加工设备所在地作为管辖依据的规定，取而代之的是基于数据主体的位置来进行管辖，以确保在欧盟外处理欧盟公民个人数据或为欧盟公民提供服务（无论是否有偿）或进行监控时均能够适用该规则。同时，《通用数据保护条例》还引入了"一站式"（one-stop shop）的概念进而加强了监管机构的处罚权，并且通过增设"被遗忘权""可携权""处理限制权"等数据主体权利以及数据控制者的透明度义务来对个人数据加以保护，促使数据主体对数据实现更大控制。

需要注意的是，为保证法律适用的畅通和广泛性，虽然《通用数据保护条例》是目前欧盟乃至世界范围内较为全面和系统的数据合规立法，但是《通用数据保护条例》在"特别法竞合""公共利益、科研、历史研究、统计为目的""特殊类别的个人数据"等一些特殊情况下，其仍旧允许成员国制定特殊规则。这也就意味着在适用《通用数据保护条例》时仍会面临与《95指令》同样的问题，各欧盟成员国之间的"法律冲突"和"执行不当"问题依旧存在。无论如何，作为世界范围内较为先进地区的数据保护立法，《通用数据保护条例》的出台还是受到了世界各国的瞩目和关注，其在《95指令》的基础上进行了多处富有创造性的改革,为各国数据合规治理立法工作指明了前进道路,其所起到的现实意义和作用是巨大的。正因如此,2018 年被人们称为"数据保护合规元年"。

6.《隐私与电子通信指令》

《隐私与电子通信指令》①(以下简称《2002/58/EC 指令》)是一部规定了通过"公共通信网络"处理个人数据的法案。《2002/58/EC 指令》与《通用数据保护条例》是平行适用的关系,即在欧盟的公共通信网络提供公众可获取的电子通信服务的情形下,对于《2002/58/EC 指令》已经施加特殊责任的事项,《通用数据保护条例》不应再对同一事项再向自然人或法人施加额外责任,但《2002/58/EC 指令》仍需确保尽可能与《通用数据保护条例》保持一致,其立法目的是确保欧盟成员国之间就数据主体的基本权利和自由具备同等的保护水平以及这些电信数据在社区服务中进行自由流动。

目前,该 2002 年版的指令系在 1997 年版的基础上进行扩充而来,其涵盖了电信、传真、互联网、电子邮件和类似的电子通信方式。从内容上来看,《2002/58/EC 指令》严格限定了流量和计费信息以及终端用户存储设备上的信息处理行为,并在分项计费、呼叫识别、呼叫转移和未经请求的呼叫方面加大了用户的权利,且优先适用《通用数据保护条例》的规定。此外,个人和网络服务提供者有权根据这部指令针对垃圾邮件等未经请求的通信采取相关法律行动。同时,由于 Cookie 在电子通信领域存在不堪重负的同意请求,亟须简化相关流程,《2002/58/EC 指令》修订了 Cookie 的相关规则,允许用户更好地控制 Cookie 的设置,将记住购物车历史;填写在线表格;填写同一会议的登录信息以及计算网站访问者数量等非隐私性的内容修改为无须用户同意进而改善上网的体验度。目前,随着《通用数据保护条例》的颁布以及科技的进步,《2002/58/EC 指令》也显然难逃改革问题。2017 年 1 月 10 日,欧盟委员会发布了《隐私与电子通信条例》(草案)以取代《2002/58/EC 指令》,以期在移动电话、电子邮件和语音服务等方面进行更为广泛的适用,并计划形成一套单一的规则,使得欧盟的所有自然人和企业都能够获得相同水平的电子通信保护,并鼓励更大的行业竞争,加强消费者的隐私权保护,这也将使电信运营商有更多机会能够使用数据并提供相关附加服务。

7.《网络和信息系统安全指令》

《网络和信息系统安全指令》②是欧盟范围内的第一部网络安全立法,其旨

---

① The Privacy and Electronic Communications Directive(Directive 2002/58/EC).

② The Directive on Security of Network and Information Systems(NIS Directive).

在解决网络和信息系统构成的威胁,从而改善数字经济的运作,它是《通用数据保护条例》的重要补充。通常来看,《网络和信息系统安全指令》的立法目的有三个方面。

第一,试图要求欧盟成员国制定自身的国家网络安全战略和结构,包括建立国家计算机安全事件响应小组,任命网络安全监管机构和确定基本服务运营商等。

第二,促进能源、交通、水、银行等基本服务的运营商和数字服务提供商的风险管理和事件报告计划,欧盟成员国负责为这些实体组织制定安全规则和事件通知要求的法律规定,来改善基本服务运营商和数字服务提供者的安全水平。

第三,通过寻求建立网络安全合作小组(NIS),并建立计算机应急响应小组(CSIRT)来加强欧盟成员国之间的合作。

综上所述,由于欧盟成员国宪法结构、法律解释的不同,实务中各成员国都在不断扩大针对相关法律的执行权。因此,关于"网络用户隐私权"法律实施的一致性和即时性历来都是欧盟隐私保护的最大挑战之一,相关法律协调工作也极其必要。欧盟的"指令"在本质上并不"直接适用"于欧盟成员国的法律,必须转化适用。虽然欧盟要求各国的立法必须具有约束力,各欧盟成员国因此也有权细化法律规定,但法律的实施方法、结构和内容往往还是有所不同。加之立法的灵活性带来的实际挑战远不止于此,特别是面对跨国组织时,这些组织可能在各个欧盟成员国都有数据处理活动,数据控制者必须遵守法律义务,进而可能出现冲突,这在泄露通知、国际数据流动和直接营销等方面尤为如此。在上述大背景下,《通用数据保护条例》油然而生,由于其属于"条例",因此可以直接适用于欧盟成员国而无须进行转化。此外,《通用数据保护条例》于2018年5月25日在欧盟境内直接生效,其成员国内的数据保护法案也将不再适用。虽然从表面上来看,《通用数据保护条例》似乎在各国间已经形成了一致。但是细细分析不难看出,由于《通用数据保护条例》规定了50多个开放性条款,各国可以据此根据不同的立法规则来进行解释和补充,这也就意味着在法律的解释和执行层面仍会存在一定的变化空间,而各组织在欧盟区域内进行商业运作时,仍将面临不一致的监管要求。可见,虽然欧盟的立法保护模式能够在一定程度上保护"网络用户隐私权",但是其并非没有弊端。随着互联网技术的蓬勃发展,互联网企业经营也在不断变化加速,这些都使法案的规定变得愈加滞后,如果无法及时对其进行调整,则难免导致适用效果不佳,也不利于"国家安全"和"公共利益"的稳定。另外,在履行法案的过程中,还会无端增加互联网企业的经营成本,不利于整个行业的发展。因此在 2010 年,欧盟曾单方面向成员国宣布其将审查欧盟整个数据保护法律体系,以寻找立法框架中存在的问题。2018 年,欧盟据此进一步制定了更为严格的《通用数据保护条例》用于取代《95 指令》。条例生效后,法国曾因谷歌的违法行为对其开具了 5000 万欧元的天价罚单,更是引起了世界的强烈反响。[①] 但不可否认,《通用数据保护条例》在《95 指令》的基础上进行了多项完善,体现了个人数据保护和促进信息流动的双重立法思想,取得了举世瞩目的影响力。

(四)我国"网络用户隐私权"保护的发展沿革

虽然"隐私"是我国历史上早已有之的概念,我国《宪法》也规定了公民住宅和通信秘密不受侵犯等内容,[②]但是我国对"隐私权"开展立法的工作还是相对较晚,无论是之前生效实施的《民法通则》还是最高人民法院《关于贯彻执行〈中华人民共和国民法通则〉若干问题的意见(试行)》都没有直接谈到隐私权问题。从法律意义来说,"隐私"一词最早源于 1956 年《全国人民代表大会常务委员会关于不公开进行审理的案件的决定》中关于"阴私"的说法。由于长期以来学界对于"阴私"一词的使用褒贬不一,因此直至 1991 年实施《未成年人保护法》时,才将"阴私"一词用较为中性和准确的"隐私"一词来代替。[③] 但可惜的是,《未成年人保护法》仅仅谈及了"隐私"而并未就"隐私权"这一基本人格权进行明确。随着 2005 年《妇女权益保障法》的生效实施,[④]全国人民代表大会常务委员会《关于维护互联网安全的决定》、《侵权责任法》、《刑法修正案(七)》、《互联网信息服务管理办法》、《互联网用户账号名称管理规定》、最高人民法院《关于审理利用信息网络侵害人身权益民事纠纷案件适用法律若干问题的规定》以及《个人金融信息保护技术规范》等一系列法律法规如雨后春笋般冒了出来。

2003 年 9 月,国家信息化领导小组《关于加强信息安全保障工作的意见》对国家的信息安全建设提出了规范性的要求。此后在 2004 年至 2007 年的短短 4 年间,我国相关部门又颁布了《关于信息安全等级保护工作的实施意见》《国家信息安全战略报告》《关于开展信息安全风险评估工作的意见》《国家信

[①] 参见王灏晨:《〈通用数据保护条例(GDPR)〉的实践评价及启示》,载《中国物价》2019 年第 12 期。

[②] 参见我国《宪法》第 39-40 条。

[③] 参见我国 1991 年《未成年人保护法》第 30 条。

[④] 参见钱力、谭金可:《"互联网+"时代网络隐私权保护立法的完善》,载《中国流通经济》2015 年第 12 期。

息安全标准化"十一五"规划》等战略性文件,强调了数据保护的重要意义。2011年国家网信办成立之后,我国明显加快了针对企业的数据保护监管工作,对企业的数据安全进行了大量质询和核查,效果显著。

但随着互联网技术的不断提高,人们已经不单纯满足于对传统隐私权的保护进而对立法有了更高的要求和期望。另外,科技的进步也迫使立法者做出改变,以顺应时代潮流,因此"网络用户隐私权"的保护也被顺势提上了日程。2008年和2015年,全国人民代表大会宪法和法律委员会曾先后两次向全国人民代表大会提出立法议案,要求通过立法的形式对我国公民的"网络用户隐私权"进行保护。

1.《互联网个人信息安全保护指引(征求意见稿)》

2013年,斯诺登爆料的"棱镜门"事件揭露了美国政府利用大数据及全球通信和互联网对各国首脑进行实时秘密监控的丑恶行径,该事件一经报道,迅速引发了国际社会的热议和关注,并直接推动了世界各国在数据保护方面的工作。另外,"棱镜门"事件的发酵也进一步表明了"数据加密"及"假名化"技术的重要意义。基于此,我国也逐渐加快了国内数据保护立法的步伐。2018年,我国工信部颁布了《互联网个人信息安全保护指引(征求意见稿)》,《消费者权益保护法》也明确规定了消费者的个人信息受到法律保护(第14条)。由此,我国数据保护专项立法工作的号角正式吹响。

2.《国家安全法》

2014年2月27日,中央网络安全和信息化领导小组①宣布成立,其主要负责加强互联网信息内容的管理,以及对违法违规网站进行处罚。

2015年7月1日,《国家安全法》正式出台并生效,这部法律对包括"科技安全"在内的11个领域进行了规定,明确了数据保护对国家安全的重要意义。《国家安全法》的实施,证明了我国法律体系制度完全有能力时刻应对国际形势的变化并作出及时调整。

3.《网络安全法》

我国的《网络安全法》是第一部针对网络空间安全的基础性且具有里程碑意义的法律,其包含了7章共计79条的法律条款。2016年11月7日,《网络安全法》被审议通过,历经半年的缓冲期后,于2017年6月1日正式施行。

《网络安全法》的立法本意实则是要在我国领域内推广"安全可控"的产品和服务。"安全可控"包含三个方面的意思,首先,在于"产品的安全可控",即

---

① 2018年改为中国共产党中央网络安全和信息化委员会。

禁止网络服务提供者通过网络非法控制和操纵用户设备,损害用户对设备和系统的控制权。比如"永恒之蓝"勒索病毒,它利用网络技术,非法控制了其他国家的机器设备,变相剥夺了用户对设备和系统的控制权。其次,在于"数据的自主可控",即禁止网络服务提供者利用提供产品或服务的便利条件非法获取用户重要数据,损害用户对自己数据的控制权。比如"永恒之蓝"勒索病毒,非法控制了其他国家的机器设备后,通过技术手段窃取计算机保有的用户数据。最后,在于"用户的选择可控",即禁止服务提供者利用用户对其产品和服务的依赖性,限制用户选择使用其他产品和服务,损害用户的网络安全和利益。此外,整部《网络安全法》也从无到有地开创了许多突破性的规则和亮点,为后续数据合规的立法奠定了相当良好的基础。具体而言,《网络安全法》首次将网络空间上升到了国家主权层面,认为网络空间主权是我国国家主权在网络空间中的自然延伸和表现。在个人网络数据的技术保护方面,虽然其仍与欧盟的相关规定存在一定差距,但是《网络安全法》构建的五个级别的网络安全等级保护制度也足以满足我国当下现实需求。除技术层面外,《网络安全法》还从监管规范上着手,要求跨境电商建立个人信息的保护和流通制度,既杜绝了个人网络数据被非法滥用,又使政府监管不过度干预跨境电商的营商环境。

(1)网络空间主权原则制度

《网络安全法》前所未有地提出了网络空间主权概念,丰富了我国享有的主权范围,其将网络空间主权视为我国国家主权在网络空间中的自然延伸和表现。将网络空间的概念上升为国家主权,更有利于保障我国合法网络权益不受他国或国外组织的侵害。因此,一切在我国网络空间领域内非法入侵、窃取、破坏计算机及其他服务设备或提供相关技术的行为,都将被视作侵害我国国家主权的行为。

(2)网络安全等级保护制度

《网络安全法》确立了网络安全等级保护制度,随着级别的增高,相关部门介入的强度渐大,以此对信息系统安全保护进行监督和检查。

(3)实名认证制度

《网络安全法》规定了网络服务经营者、提供者及其他主体在与用户签订协议或者确认提供服务时应当采取实名认证制度,包括但不限于网络接入、域名注册、入网手续办理、为用户提供信息发布和即时通信等服务。实务中,这一制度灵活性及可操作性较强,可采取前台匿名,后台实名的方式进行。但是,实名认证的工作必须落实到位,若不实行网络实名制,则最高可对平台处以50万元的罚款。

(4)关键信息基础设施运营者采购网络产品、服务的安全审查制度

《网络安全法》对提高我国关键信息基础设施安全可控水平提出了相关法律要求,并配套出台了《网络产品和服务安全审查办法(试行)》(已失效),明确了关系国家安全的网络和信息系统采购的重要网络产品和服务,对网络产品和服务的安全性、可控性应当进行网络安全审查。涉及国家安全、军事领域等产品及服务的采购,若可能影响国家安全,也应当进行国家安全审查。

(5)安全认证检测制度

针对网络关键设备和网络安全专用产品,《网络安全法》规定应当按照相关国家标准的强制性要求,由具备资格的机构安全认证合格或者安全检测符合要求后,方可销售或者提供。

(6)重要数据强制本地存储制度

该制度主要调整的是关键信息基础设施运营者收集个人信息重要数据的合法性问题,明确了其需要强制在本地进行数据存储的法定义务。

(7)境外数据传输审查评估制度

本地存储的数据若需要转移出境,需要同时满足以下条件:经过安全评估认为不会危害国家安全和社会公共利益以及经个人信息主体同意。

另外,该制度还规定了一些法律拟制的情况,比如拨打国际电话、发送国际电子邮件、通过互联网跨境购物以及其他个人主动行为,其均可视为已经取得了个人信息主体同意。

(8)个人信息保护制度

《网络安全法》在如何更好地对个人信息进行保护这一问题上有了相当大的突破。它确立了网络运营者在收集、使用个人信息过程中的合法、正当、必要原则。形式上,则进一步要求通过公开收集、使用规则,明示收集、使用信息的目的、方式和范围,经被收集者同意后方可收集和使用数据。同时,《网络安全法》加大了对网络诈骗等不法行为的打击力度,特别是对网络诈骗严厉打击的相关内容,切中了个人信息泄露乱象的要害,充分体现了保护公民合法权利的立法原则。

(9)个人信息流通制度

针对我国目前个人信息非法买卖、非法分享的社会乱象,《网络安全法》打出了一记"重拳"。其规定了未经被收集者同意,网络运营者不得泄露、篡改、毁损其收集的个人信息的义务。但是,经过处理无法识别特定个人且不能复原的不在此列。这样的规定既杜绝了个人信息数据被非法滥用,又不影响网络经营者及管理者基于其自身企业发展需要所面临的大数据分析问题。

(10)网络通信管制制度

网络通信管制制度的确立目的是在发生重大事件的情况下,通过赋予政府行政介入的权力,相对性地牺牲部分通信自由权,来维护国家安全和社会公共秩序。该做法是国际通行做法,例如在发生暴恐事件时,可切断不法分子的通联渠道,避免事态进一步恶化,保障用户的合法权益,维护社会稳定。但是这种管制影响通常还是比较大的,因此《网络安全法》严谨地规定实施临时网络管制,需要经过国务院决定或者批准。一般来说,网络通信管制制度的实施是短时性的,一旦事件处置结束,政府会立即恢复正常通信,以尽可能减少对个人通信带来的不便。

4.《电子商务法》

我国的《电子商务法》是一部促进电子商务市场秩序、规范电商经营者商务行为的法律,其于2018年8月31日被审议通过,后于2019年1月1日正式施行。虽然其是一部以规范电商经营者为主的法律规定,但是其在数据安全和合规建设以及个人隐私保护方面也作出了相应规定。

(1)禁止大数据杀熟

关于个人隐私权和企业经营权平衡这一问题,最典型的就是《电子商务法》就滥用用户数据进行"大数据杀熟"作出的禁止性规定。① 当时我国电商行业正在如火如荼地发展,不少知名平台也曾被相继爆出"大数据杀熟"的行为。《电子商务法》是首部通过立法条文的形式确认该行为违法性的法律,足见国家在企业数据合规发展的早期就已经认识到数据的违法处理可能会带来的危害,因此即通过立法的形式明确予以制止。

(2)数据处理的合法化

《电子商务法》第23条规定:"电子商务经营者收集、使用其用户的个人信息,应当遵守法律、行政法规有关个人信息保护的规定。"需要注意的是,从《电子商务法》出台的时间来看,此处的"法律、行政法规有关个人信息保护的规定"主要指的就是《网络安全法》的相关规定。② 此外,该法还规定了用户信息

---

① 《电子商务法》第18条第1款规定:"电子商务经营者根据消费者的兴趣爱好、消费习惯等特征向其提供商品或者服务的搜索结果的,应当同时向该消费者提供不针对其个人特征的选项,尊重和平等保护消费者合法权益。"

② 《网络安全法》第41条第1款规定:"网络运营者收集、使用个人信息,应当遵循合法、正当、必要的原则,公开收集、使用规则,明示收集、使用信息的目的、方式和范围,并经被收集者同意。"

的查询、更正、删除权,并明确了用户知情权的重要作用①。

(3)数据信息安全的保密

《电子商务法》第25条规定:"有关主管部门依照法律、行政法规的规定要求电子商务经营者提供有关电子商务数据信息的,电子商务经营者应当提供。有关主管部门应当采取必要措施保护电子商务经营者提供的数据信息的安全,并对其中的个人信息、隐私和商业秘密严格保密,不得泄露、出售或者非法向他人提供。"可见,法律明确将"个人信息"和"隐私与商业秘密"列为同等地位,要求对其进行保密以确保数据信息的安全。

(4)建立信用评价机制

《电子商务法》第39条规定:"电子商务平台经营者应当建立健全信用评价制度,公示信用评价规则,为消费者提供对平台内销售的商品或者提供的服务进行评价的途径。电子商务平台经营者不得删除消费者对其平台内销售的商品或者提供的服务的评价。"可见,《电子商务法》在立法过程中也已经意识到了评价数据在商务上的重要意义和作用。因此,数据主体作出的评价类数据,未经其事先同意或者其他法定因素不得单方面进行删除。

5.《关键信息基础设施安全保护条例》

《关键信息基础设施安全保护条例》(以下简称《条例》)是在《网络安全法》明确关键信息基础设施概念后配套适用的一部专门性立法,其主要就关键信息基础设施的保护原则和要求提出了规范性的指导意见,《条例》于2021年4月27日被审议通过,后于2021年9月1日正式施行,共计6章51条。

(1)关键信息基础设施

《条例》第2条规定:"本条例所称关键信息基础设施,是指公共通信和信息服务、能源、交通、水利、金融、公共服务、电子政务、国防科技工业等重要行业和领域的,以及其他一旦遭到破坏、丧失功能或者数据泄露,可能严重危害国家安全、国计民生、公共利益的重要网络设施、信息系统等。"从该定义来看,关键信息基础设施均源于我国重要领域和行业,故而若对其产生的数据使用不当,则可能会对国家安全和公共利益造成危害。因此《条例》主要以"大保护"为原则,从信息安全、硬件安全、功能安全等多方面综合对关键信息基础设施的安全

---

① 《电子商务法》第24条规定:"电子商务经营者应当明示用户信息查询、更正、删除以及用户注销的方式、程序,不得对用户信息查询、更正、删除以及用户注销设置不合理条件。电子商务经营者收到用户信息查询或者更正、删除的申请,应当在核实身份后及时提供查询或者更正、删除用户信息。用户注销的,电子商务经营者应当立即删除该用户的信息;依照法律、行政法规的规定或者双方约定保存的,依照其规定。"

保护问题予以了筹划和考虑,其重要程度可见一斑。此外,需要注意《条例》对于关键信息基础设施的认定标准也有明确规定。根据《条例》第9条的规定,制定认定规则应当主要考虑下列因素:

①网络设施、信息系统等对于本行业、本领域关键核心业务的重要程度;

②网络设施、信息系统等一旦遭到破坏、丧失功能或者数据泄露可能带来的危害程度;

③对其他行业和领域的关联性影响。

可见,关键信息基础设施需要基于行业领域对国家的重要程度,并根据数据泄露后的危害后果来进行认定,是一种以综合性认定为导向的识别过程。

(2) 数据的完整性、保密性和可用性

《条例》第6条规定:"运营者依照本条例和有关法律、行政法规的规定以及国家标准的强制性要求,在网络安全等级保护的基础上,采取技术保护措施和其他必要措施,应对网络安全事件,防范网络攻击和违法犯罪活动,保障关键信息基础设施安全稳定运行,维护数据的完整性、保密性和可用性。"因此,关键信息基础设施有义务满足《网络安全法》中的网络安全等级保护要求,并确保数据的完整性、保密性和可用性。需要注意的是,上述数据处理的安全要求与《通用数据保护条例》第32条的规定相类似:"完整性"指的是数据内容不能有所缺失;"保密性"指的是数据内容需要符合法定和当事人的保密要求,禁止对外泄露;"可用性"指的是数据内容需要具备一定的使用价值。实践中往往可以通过"去标识化"的形式保护其合法权益,而应当慎用"匿名化"的技术要求。

(3) 建立专门安全管理机构

根据《条例》第15条的规定,专门安全管理机构具体负责本单位的关键信息基础设施安全保护工作,履行下列职责:

①建立健全网络安全管理、评价考核制度,拟订关键信息基础设施安全保护计划;

②组织推动网络安全防护能力建设,开展网络安全监测、检测和风险评估;

③按照国家及行业网络安全事件应急预案,制定本单位应急预案,定期开展应急演练,处置网络安全事件;

④认定网络安全关键岗位,组织开展网络安全工作考核,提出奖励和惩处建议;

⑤组织网络安全教育、培训;

⑥履行个人信息和数据安全保护责任,建立健全个人信息和数据安全保护制度;

⑦对关键信息基础设施设计、建设、运行、维护等服务实施安全管理;
⑧按照规定报告网络安全事件和重要事项。

综上所述,《条例》对关键信息基础设施运营者提出了建立专门安全管理机构的义务,该机构将负责企业网络安全保护的制度建设、关键人员的安全背景审查、安全教育培训以及数据处理全周期的数据安全管理等工作。可见,相较于一般数据运营者而言,国家对关键信息基础设施运营者在数据合规领域的要求显然更为严苛。

6.《数据安全法》

《数据安全法》是我国第一部调整数据处理活动的基础性法律,其立法目的是保障数据安全,促进数据开发利用,保护个人、组织的合法权益,维护国家主权、安全和发展利益①。整部法律共计7章55条,以"属地原则"和"保护原则"为管辖基础,规范了我国互联网行业数据合规治理的各项工作,为数据处理活动的合法化奠定了基础并指明了前进的方向。该法于2021年6月10日被审议通过,后于2021年9月1日起正式施行。

(1)数据分类分级保护制度

《数据安全法》第21条第1款规定:"国家建立数据分类分级保护制度,根据数据在经济社会发展中的重要程度,以及一旦遭到篡改、破坏、泄露或者非法获取、非法利用,对国家安全、公共利益或者个人、组织合法权益造成的危害程度,对数据实行分类分级保护。国家数据安全工作协调机制统筹协调有关部门制定重要数据目录,加强对重要数据的保护。"虽然数据分类分级的方式还有待进一步的立法明确,但是针对重要数据的管理和制定权限问题,《数据安全法》第21条第3款赋予了各地区、各部门自行就相关行业和领域制定重要数据目录的权力,并进一步提出了重点保护的要求。

(2)数据安全风险评估与认证制度

《数据安全法》第18条规定:"国家促进数据安全检测评估、认证等服务的发展,支持数据安全检测评估、认证等专业机构依法开展服务活动。国家支持有关部门、行业组织、企业、教育和科研机构、有关专业机构等在数据安全风险评估、防范、处置等方面开展协作。"可见,其提出了数据安全检测评估与认证的要求。当前,我国在数据合规管理领域,已经正式出台的国家标准有《数据管理能力成熟度评估模型》(GB/T 36073-2018),在数据安全检测评估、认证

---

① 《数据安全法》第1条规定:"为了规范数据处理活动,保障数据安全,促进数据开发利用,保护个人、组织的合法权益,维护国家主权、安全和发展利益,制定本法。"

领域的标准有《信息技术安全 数据安全能力成熟度模型》(GB/T 37988-2019)和团体标准《数据安全治理能力评估方法》(T/ISC-0011-2021)。此外,还在移动互联网领域颁布了《移动互联网应用程序(App)安全认证实施细则》,为移动互联网的安全认证提供了可资参考的标准。需要注意的是,这些标准同时还可以成为各行业、企业开展数据合规治理、数据安全风险评估的参考标准,以便于其自身促进和完善有关数据安全的风险评估与认证制度,切实保障数据主体的各项权益。

(3)数据安全风险评估监测预警机制

《数据安全法》第22条规定:"国家建立集中统一、高效权威的数据安全风险评估、报告、信息共享、监测预警机制。国家数据安全工作协调机制统筹协调有关部门加强数据安全风险信息的获取、分析、研判、预警工作。"因此,基于对数据全要素的动态长效管理以及安全监督的考量,该条实则规定的是数据安全风险评估的监测预警机制,用以提升企业数据安全的整体管理水平。例如,针对应用程序(application, App)隐私合规的相关评估,就需要对App权限申请和使用情况、个人信息采集相关风险、与第三方交互情况等数据风险进行评估。此外,在数据出境安全风险评估时,就需要对数据出境中涉及的数据类型、数据量级、是否存在向境外提供重要数据等内容进行风险评估,而对于敏感个人信息的风险评估,则需要通过专门的技术手段和工具,满足数据全生命周期中各阶段数据处理活动风险所需的评估需求。

(4)数据安全应急处置机制

《数据安全法》第23条规定:"国家建立数据安全应急处置机制。发生数据安全事件,有关主管部门应当依法启动应急预案,采取相应的应急处置措施,防止危害扩大,消除安全隐患,并及时向社会发布与公众有关的警示信息。"实践中比较常见的"数据安全事件"包括票务公司对与用户有关的信用卡等支付信息的泄露,银行信息库遭黑客攻击而泄露用户身份信息等,这类情形一般会导致持卡人姓名、身份证、银行卡号、账户密码等被窃取的不良后果。因此,《数据安全法》也规定了在应急事件发生时,应当及时启动应急预案,避免相关损失的扩大。

(5)数据安全审查制度

《数据安全法》第24条规定:"国家建立数据安全审查制度,对影响或者可能影响国家安全的数据处理活动进行国家安全审查。依法作出的安全审查决定为最终决定。"《数据安全法》之所以对数据安全审查制度有所规定,是基于2021年7月10日国家网信办发布的《关于〈网络安全审查办法(修订草案征求意见稿)〉公开征求意见的通知》,其新增了有关数据安全审查的内容。需要注意的是,《网络安全审查办法》已于 2022 年 2 月 15 日起在我国正式施行。由此可见,我国已形成了以《国家安全法》为"龙头",以《网络安全法》《数据安全法》为网络数据安全的上位法,以《网络安全审查办法》为实际操作下位法的数据安全审查法律体系,其既是《数据安全法》落地的支撑,同时丰富了我国企业的数据安全观,进一步减少了我国国家安全和公共利益受到数据跨境流动的影响。

(6)管制物项数据出口管制制度

《数据安全法》第 25 条规定:"国家对与维护国家安全和利益、履行国际义务相关的属于管制物项的数据依法实施出口管制。"该条是一个兜底条款,其规定了管制物项数据出口管制制度,属于间接性的管制条款。所谓间接条款,是指虽然没有通过立法的形式明确表示要对数据出口进行管制,但法律适用后的实质效果与出口管制相似。目前全球至少有超过 30 个国家通过间接条款的形式对数据出口管制问题进行了规范,如美国的《受控非密信息管理制度》。

(7)数据安全国际对等机制

《数据安全法》第 26 条规定:"任何国家或者地区在与数据和数据开发利用技术等有关的投资、贸易等方面对中华人民共和国采取歧视性的禁止、限制或者其他类似措施的,中华人民共和国可以根据实际情况对该国家或者地区对等采取措施。"本条是国际法上"对等原则"的适用,体现了国家间互相尊重、相互平等、互利共赢的理念。不仅《数据安全法》中有类似的规定,在《网络安全审查办法》和《关于依法从严打击证券违法活动的意见》中也均有此"国际对等"的相关内容。

7.《个人信息保护法》

长期以来,我国虽然陆续出台了个人信息保护的相关立法文件,但从没有一部法律、法规能够如此系统及全面地对个人信息保护相关问题进行专门性立法。从现有颁布的法律来看,《民法典》《刑法》《电子商务法》《网络安全法》《消费者权益保护法》《广告法》等虽有部分内容与个人信息保护的话题相契合,但在社会实践中,这些法律的适用大多规定得较为原则,并不能满足人民群众对个人信息保护的各类迫切需求。此外,综观其他法规及规范性文件,如《关于加强网络信息保护的决定》、《电信和互联网用户个人信息保护规定》、《信息安全技术 个人信息安全规范》(GB/T 35273-2020)等规定,虽然在实务中有着极强的合规参考价值,但其同时存在一定的滞后性,并不能够适应各类互联网企业的合规需要。在我国个人信息保护立法长期并不完善的大背景下,近年来,个人信息滥用的案例不断涌现,这给司法及行政部门的监督工作也带来了较大挑战。

2020年10月21日,《个人信息保护法(草案)》(征求意见稿)就个人信息保护有关的立法问题向社会公开征求意见。2021年8月20日,第十三届全国人民代表大会常务委员会第三十次会议表决通过《个人信息保护法》,自2021年11月1日起正式施行。作为我国首部针对个人信息保护的专门性立法,该法构建了完整的个人信息保护框架。《个人信息保护法》全文涵盖了8章,74条的内容。分别为总则、个人信息处理规则、个人信息跨境提供的规则、个人在个人信息处理活动中的权利、个人信息处理者的义务、履行个人信息保护职责的部门、法律责任和附则。在这些看似枯燥的法条中,其实蕴含着立法者对人脸识别、数据跨境传输、自动化决策、信息脱敏等热点问题的对策及解答,也进一步明确了我国个人信息处理全周期的基本规则。此外,《个人信息保护法》还对行政监管和个人信息保护之间的原则及边界问题进行了规定。总的来说,我国的这部《个人信息保护法》显然汲取了来自世界各国和各地区的先进经验。与此同时,其也结合了我国国情及长期以来面对的各类发展困境,在自然人个体、互联网企业、国家安全和公共利益、跨境传输技术要求以及国际惯例之间达到了一定的平衡。可以说,《个人信息保护法》的出台,一方面对我国国内互联网企业的合规提出了新的期待,另一方面也对我国政府监管提出了更高要求。

(1)采取一般个人信息与敏感个人信息分类保护

基于"一般个人信息"与"敏感个人信息"的差异,对其有必要进行分类分级保护。《个人信息保护法》第14条规定:"基于个人同意处理个人信息的,该同意应当由个人在充分知情的前提下自愿、明确作出。法律、行政法规规定处理个人信息应当取得个人单独同意或者书面同意的,从其规定。"然而,针对敏感个人信息的处理需要同时满足"充分必要性的告知义务""采取严格保护措施""取得用户单独同意"这三个条件[①],其要求相对于一般个人信息的"告知且同意原则"显然更高。需要注意的是,一般个人信息的"告知"需要满足《个人

[①] 《个人信息保护法》第28条规定:"敏感个人信息是一旦泄露或者非法使用,容易导致自然人的人格尊严受到侵害或者人身、财产安全受到危害的个人信息,包括生物识别、宗教信仰、特定身份、医疗健康、金融账户、行踪轨迹等信息,以及不满十四周岁未成年人的个人信息。只有在具有特定的目的和充分的必要性,并采取严格保护措施的情形下,个人信息处理者方可处理敏感个人信息。"第29条规定:"处理敏感个人信息应当取得个人的单独同意;法律、行政法规规定处理敏感个人信息应当取得书面同意的,从其规定。"

信息保护法》第 18 条的规定,就"告知时间""语言要求""内容要求""变更告知要求"等进行合规治理。此外,"同意"的作出也需要符合第 14 条的规定。从实践角度出发,对于需要用户同意才能处理用户个人信息的情形,需要通过《隐私权政策》等个人信息授权文本的形式,向用户充分说明个人信息的处理规则,并通过用户手动点击确认、勾选同意等自主同意的方式获得用户的同意。同时,《个人信息保护法》还对"单独同意""监护人同意""重新取得同意""撤销同意"等进行了规定,并明确禁止了"捆绑同意"的行为。

(2)个人信息保存期限最小化的要求

《个人信息保护法》第 19 条规定:"除法律、行政法规另有规定外,个人信息的保存期限应当为实现处理目的所必要的最短时间。"本条系明确了个人信息保存期限最小化的要求和例外情形。在通常情况下,应当以实现处理目的所必要的最短时间作为保存个人信息的时间。但如果法律、行政法规另有规定,从其规定。例如,《反洗钱法》第 34 条第 3 款规定:"客户身份资料在业务关系结束后、客户交易信息在交易结束后,应当至少保存十年。"因此,金融机构需要将该等信息至少保存 10 年,以符合法律的强制性规定。

(3)用户的数据画像

《个人信息保护法》第 24 条规定:"个人信息处理者利用个人信息进行自动化决策,应当保证决策的透明度和结果公平、公正,不得对个人在交易价格等交易条件上实行不合理的差别待遇。通过自动化决策方式向个人进行信息推送、商业营销,应当同时提供不针对其个人特征的选项,或者向个人提供便捷的拒绝方式。通过自动化决策方式作出对个人权益有重大影响的决定,个人有权要求个人信息处理者予以说明,并有权拒绝个人信息处理者仅通过自动化决策的方式作出决定。"本条明确了利用个人信息进行自动化决策的要求,即确立了用户数据画像的使用规则。根据该条的描述,个人信息处理者既需要保证决策的透明度和处理结果的公平合理,同时就自动化决策的方式又应当提供不针对其个人特征的选项。例如,在金融借贷场景下,借款人有权要求个人信息处理者就其系统自动决定个人贷款额度的数据模型作出说明,并有权拒绝仅以该数据模型进行自动决策的方式作出决定。在个人提出异议的情况下,个人信息处理者需要对个人的贷款额度进行人工审核,以降低差别待遇的可能性。

(4)公共场所的图像采集

《个人信息保护法》第 26 条规定:"在公共场所安装图像采集、个人身份识别设备,应当为维护公共安全所必需,遵守国家有关规定,并设置显著的提示标识。所收集的个人图像、身份识别信息只能用于维护公共安全的目的,不得用于其他目的；取得个人单独同意的除外。"本条是个人信息处理过程中所涉"公共安全"的相关规定，基于该需要可以对个人进行身份识别，但仍应遵守第 26 条的规定，即一般不得将所获个人信息进行公开或者向第三方提供。需要注意的是，此处并未将安装图像采集的主体限定为国家机关，因此只要是以维护"公共安全"为目的的主体，均可就个人身份进行识别，但需符合相应的保密规定。

（5）个人信息挖掘与追踪

《个人信息保护法》第 27 条规定："个人信息处理者可以在合理的范围内处理个人自行公开或者其他已经合法公开的个人信息；个人明确拒绝的除外。个人信息处理者处理已公开的个人信息，对个人权益有重大影响的，应当依照本法规定取得个人同意。"本条是对已公开个人信息用途的规范，相较于《民法典》第 1036 条第 2 项规定的"合理处理该自然人自行公开的或者其他已经合法公开的信息，但是该自然人明确拒绝或者处理该信息侵害其重大利益的除外"，本条看似更为宽泛，但实则是在《民法典》的基础上进行了有效补充，两者在法律适用上其实并不存在任何障碍。因此，只要个人信息是行为人自行公开的，个人信息处理者满足其公开时的用途，即可直接使用该公开的个人信息。此外，超出原始用途合理范围内的，则需要重新履行"告知和同意原则"，而未经许可的个人信息挖掘与追踪也自此被认定为违法行为被予以重点打击。

（6）明确个人信息查阅权、复制权和可携权

《个人信息保护法》第 45 条规定："个人有权向个人信息处理者查阅、复制其个人信息；有本法第十八条第一款、第三十五条规定情形的除外。个人请求查阅、复制其个人信息的，个人信息处理者应当及时提供。个人请求将个人信息转移至其指定的个人信息处理者，符合国家网信部门规定条件的，个人信息处理者应当提供转移的途径。"本条明确了个人在其个人信息处理后所享有的查阅和复制权，其也是《民法典》第 1037 条的延续。① 此外，数据可携权是数据访问权的重要补充。数据可携权的特征之一在于它为数据主体提供了一种简便的途径，使其能够自我管理和重复使用个人数据，提升平台对个人信息的利用效率。需要注意的是，数据主体所获取的个人数据形态建议和《通用数据保护条例》规定的一致，即均应是"结构化的、通用的和机器可读的"。

---

① 《民法典》第 1037 条规定："自然人可以依法向信息处理者查阅或者复制其个人信息；发现信息有错误的，有权提出异议并请求及时采取更正等必要措施。自然人发现信息处理者违反法律、行政法规的规定或者双方的约定处理其个人信息的，有权请求信息处理者及时删除。"

8.《关于构建数据基础制度更好发挥数据要素作用的意见》

2022年12月,中共中央和国务院发布了《关于构建数据基础制度更好发挥数据要素作用的意见》(以下简称《意见》)。《意见》从数据产权、流通交易、收益分配、安全治理四个方面,提出了20条重要的政策举措,为数据要素流通交易和使用起到了举旗定向的作用。此外,其还在数据产权、流通、交易、使用、分配、治理、安全等领域提出了原则性及方向性的要求,包括对构建四大制度的要求,进一步促进了数据要素市场体系的建设。因此,《意见》也被称为"数据二十条"。

(1)建立保障权益、合规使用的数据产权制度

①探索数据产权结构性分置制度

《意见》提出了需要建立公共数据、个人及企业数据的分类分级确权授权制度,并创造性地提出了数据资源持有权、数据加工使用权、数据产品经营权等机制,通过对持有权、使用权、经营权的机制完善弱化了数据所有权的学术争端。此外,还根据数据来源和数据特征明确了数据生产、流通、使用全周期中各主体所应享有的合法权益,并提出了数据产权登记新方式的要求。

②推进实施公共数据确权授权机制

《意见》明确了公共数据的范围,加强了政府、企事业单位依法履职或提供公共服务过程中产生的公共数据开放和使用。以统筹授权使用和管理为思路,推动用于公共治理、公益事业的公共数据有条件无偿使用,探索用于产业发展、行业发展的公共数据有条件有偿使用。

③推动建立企业数据确权授权集资

《意见》明确了企业数据的范围,即在生产经营活动中采集的不涉及公共利益和个人信息的数据,并鼓励国有企业和行业龙头企业、互联网平台企业带头通过合规流通途径,为市场高质量地提供数据。需要注意的是,基于政府部门依法依规履职过程中所需的数据具有一定的公共管理属性,因此可以不按照市场化的机制执行。

④建立健全个人信息数据确权授权机制

《意见》提出了授权使用、依法保护的基本方法,并引入了受托人的概念,推进了个人信息信托机制的构成。此外,如涉及国家安全的特殊个人数据,可依法依规授权相关单位进行使用。

⑤建立健全数据要素各参与方合法权益保护制度

《意见》根据数据来源和其特征,明确了数据生产、流通、使用过程中各参与方享有的合法权利,并以数据来源者和数据处理者作为不同权益主体进行区

分,反映了数据要素价值过程中主体多元性的特点。

(2)建立高效合规、场外结合的数据要素流通和交易制度

①完善全流程合规与监管规则体系

《意见》提出了6项基本要求,包括建立数据流通准入标准规则体系、强化市场参与主体的数据合规治理、建立数据分类分级授权使用规范、探索开展数据治理标准化体系建设、加强对企业数据合规体系的建设和监管以及明确了公共数据按政府指导价,企业和个人信息数据按市场自主定价进行有偿使用的原则。

②统筹构建规范高效的数据交易场所

《意见》强调了国家数据交易所、地区性交易机构、行业性交易机构以及场外交易机构的多层次数据要素市场建设,并提出了鼓励场外交易商进入场内交易。国家需要进一步加快构建集约高效的数据流通基础设施,为场内集中交易和场外分散交易提供低成本、高效率、可信赖的流通环境。

③培育数据要素流通和交易服务生态

《意见》要求加快培育包括数商和第三方服务商在内的交易服务的生态体系,同时明确了数商的定义,并对专业化的第三方服务商通过列举的形式进行了归纳和总结。

④构建数据安全合规有序跨境流通机制

《意见》明确了防范数据出境安全风险和维护我国数据主权的要求,并提出了针对不同应用场景探索安全规范数据跨境流动方式的要求,对影响或可能影响国家安全的活动依法进行国家安全审查,构建多部门的体系化监管机制。

(3)建立体现效率、促进公平的数据要素收益分配制度

①健全数据要素由市场评价贡献、按贡献决定报酬机制

《意见》体现了按劳分配的原则,将劳动者的贡献值交由市场来进行评价,通过分红、提成等多种收益分享的方式来取得相关利益,体现了数据要素报酬机制的公平性。

②更好地发挥政府在数据要素收益分配中的引导调节作用

《意见》鼓励并允许企业依法依规参与公共数据的公益服务工作,强化了对弱势群体的帮扶,明确提出禁止资本在数据领域无序扩张的垄断行为,并要求开展数据的知识普及和教育培训工作等。

(4)建立安全可控、弹性包容的数据要素治理制度

①创新政府数据治理机制

《意见》强化了跨行业的协同监管,提出了建立数据流通机制和交易负面

清单,并在落实网络安全等级保护制度的基础上,进一步要求全面加强数据安全保护工作。

②压实企业的数据治理责任

《意见》鼓励企业积极参与数据要素市场并树立责任意识,提出了建立健全数据要素登记及披露制度的要求。

③充分发挥社会力量多方参与的协同治理作用

《意见》鼓励行业协会等社会力量参与数据要素市场的建设,建立健全信用体系进而加强社会监督,尽可能推动各部门和各行业完善相关的标准体系建设工作。

从立法兴起与发展中可以很明显地看出,我国数据合规治理的立法规范大体上可以分成"两大龙头""四大支柱""三大细则""n个标准"四个位阶。

首先,《民法典》和《国家安全法》是位于第一位阶的两部龙头性法律。《国家安全法》是确保国家安全的公法基础,而《民法典》主要是基于以私法为核心的各类民事法律关系,只有在一公一私这两部法律的共同规范作用下,才能确保数据合规治理的有效性,因此这两部法律是中国企业数据合规治理的重要基石,起到了龙头的作用。

其次,《网络安全法》《电子商务法》《数据安全法》《个人信息保护法》是位于第二位阶的支柱性法律,企业在数据合规治理的指导工作大多仰仗这四部法律,其已然成为我国数据合规体系建设中的重要工具,其中《网络安全法》侧重于"网络安全",规定了"网络信息安全""网络运行安全""数据本地化存储""跨境数据流动规范"等方面的内容。《电子商务法》侧重于"交易安全",规定了电商经营者的"合法经营义务""反不正当竞争义务""消费者个人权利保护义务"等方面的内容。《数据安全法》侧重于"数据安全",规定了"数据分级分类""数据安全评估""特殊类型数据"等方面的内容。《个人信息保护法》侧重于"信息安全",规定了"个人信息""敏感个人信息""个人信息的跨境"等方面的内容。

再次,企业的数据合规治理应根据其自身所处行业来予以判断。有些行业领域不仅要求其在处理数据时符合法律规定,而且还会对涉及网络设施设备的"硬件"提出一定要求,例如金融、医疗健康领域等。因此,以《关键信息基础设施安全保护条例》《网络安全审查办法》《数据出境安全评估办法》为首的一系列行政法规和部门规章应处于第三位阶,其大体都为实操类文件,且相对前述法律规定而言更为细化和具体，在实务中应与前述法律一同配套适用。

最后，所谓"n 个标准"指的是具有一定指导意义的国家、地方以及行业标准，这些标准一般由国家政府机关牵头或行业自律组织自发撰写及发布，其在实务中具有一定的参考价值，例如，中国电子技术标准化研究院、中国信息通信研究院等单位共同起草的《信息安全技术　个人信息安全规范》(GB/T 35273-2020)就属于这一类型。由于现实生活中存在大量基于法律而制定的国家或地方标准，因此其可以被视为第四位阶的规范性文件。

综上所述，随着《国家安全法》和《网络安全法》这两部数据保护相关的基本法出台，我国企业对于数据合规的需求也愈加明显。因此，在 2019—2022 年这短短四年间，立法部门相继出台了《电子商务法》《数据安全法》《个人信息保护法》这三部重量级法律。同时，还配套出台了包括《关键信息基础设施安全保护条例》《网络安全审查办法》《数据出境安全评估办法》在内的若干行政法规及部门规章。此外，为确保数据合规的技术落实，《信息安全技术　个人信息安全规范》(GB/T 3527-2020)作为国家标准也被撰写完成并公布，甚至各地网商协会等行业组织也联合知名企业启动了一系列自律性文件的编纂和修订工作，进而号召中国企业依法、依规开展数据治理工作。可见，上述法律、法规及规范性文件均极大补充和完善了我国数据保护的相关制度，为企业数据的有序治理指明了前进方向。此外，我国对"网络用户隐私权"的保护程度也已经不亚于世界其他国家，其正朝着规范化、制度化、技术化的目标不断细化发展。从法律、法规的内容来看，我国在与时俱进地明确了个人信息相关定义后，根据互联网行业的实践现状，还进一步细化了重要数据和敏感个人信息等方面的内容，并将个人信息、重要数据与"国家安全"和"公共利益"之间的交叉地带予以重点提示和区分，对"网络用户隐私权"与公法适用的问题进行了适度平衡。虽然我国目前并未出台"重要数据识别指南"等国家标准，但根据我国现有法律、法规对个人信息[①]、敏感个人信息[②]、重要数据[③]的规定，已然能够结合三者之间的联系及差异总结出它们之间的关系(见图1)。

[①] 参见我国《民法典》第 1034 条。
[②] 参见我国《个人信息保护法》第 28 条。
[③] 参见我国《个人信息和重要数据出境安全评估办法(征求意见稿)》第 17 条。

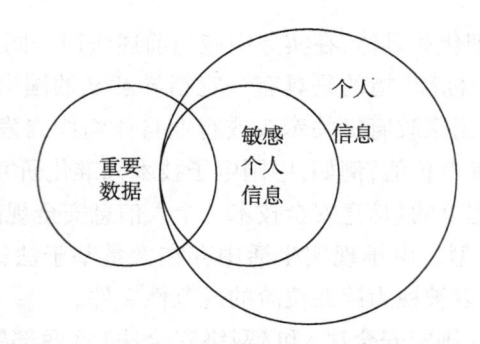

图1　个人信息、敏感个人信息、重要数据之间的关系

三、"一般隐私权"与"网络用户隐私权"的关系

显而易见,"网络用户隐私权"实则是从"隐私权"中演化而来的产物,但"网络用户隐私权"与"一般隐私权"却是截然不同的两个概念,两者相互依存,又相互独立。在一定程度上,"网络用户隐私权"与"一般隐私权"具有一定的区别和联系,因此有必要对两者之间的关系进行分析,以明确"网络用户隐私权"保护的深刻意义。

众所周知,根据《民法典》第1032条的规定,"一般隐私权"指的是私人敏感信息和个人空间不受他人侵犯的权利,而"网络用户隐私权"却是基于互联网技术而衍生出的一种权利,其最为直观的表现形式在于个人网络数据的获取和使用方法需要遵循相关规定,同时还需要注意对个人数据采取必要措施予以保密。笔者认为,"隐私权"的调整范围既包括了"网络用户隐私权",同时又包括了"一般隐私权",二者之间的共性有三:第一,行使权利的主体均为自然人。第二,它们在民法上都属于人格权的范畴。第三,对两者权利的保护大多是通过司法救济的方式予以落实的。

相对于两者之间的共性,两者之间的差异则更为明显。第一,两者产生的时代背景各不相同,"网络用户隐私权"产生的时间相对较晚。第二,两者的保护方式各不相同。"一般隐私权"的保护往往是静态的,但"网络用户隐私权"却相对动态,对于个人网络数据的收集、存储、使用和公开等均需要灵活根据现实情况予以分析和调整。第三,两者权利的客体和涵盖面均有所不同,"网络用户隐私权"一般要求通过技术手段,对聊天软件账号、网购地址、聊天记录等内容进行保护,其与"一般隐私权"共同构建了"隐私权"所保护的客体范围。第四,侵权危害性各不相同。基于"网络用户隐私权"具有群体特征,倘若对大量个人网络数据进行侵权可能会对"国家安全"和"公共利益"造成严重影响。因此,"网络用户隐私权"侵权危害程度更大。第五,侵权类型各不相同。"一般隐私权"往往通过"一般侵权行为之债"予以处理,而基于"网络用户隐私权"的特殊性,大多数国家都将"网络用户隐私权"的侵权行为归为了"特殊侵权行为之债"。第六,适用的法律依据不同。"一般隐私权"一般适用的是一国的内国法,而"网络用户隐私权"在适用内国法的同时,可能还会涉及国际私法的相关问题,受到国际私法的保护。

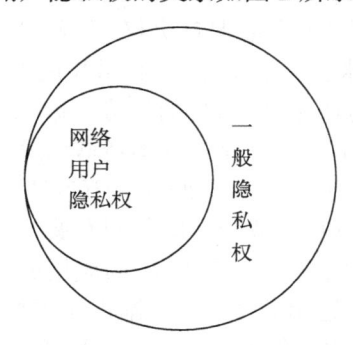

一般隐私权与网络用户隐私权的关系如图 2 所示。

图 2　一般隐私权与网络用户隐私权的关系

第三节　跨境电商"网络用户隐私权"的法律保护

一、跨境电商的出现与"网络用户隐私权"的保护

跨境电商是互联网时代发展之下的新兴产物,其最早发源于美国但在很短的时间内就已经遍及世界各地。近几十年来,各国都千方百计想在互联网监管和合规领域有所建树,但基于法律、经济、文化、信仰的不同,使得各国在很多问题方面尚没有达成一致共识,有关"网络用户隐私权"保护的议题就是其中之一。

作为人格权的基本内容,隐私权代表着对人权的尊重,其理应受到世界各国的重视。在电子商务交易的过程中,买卖双方的法律地位应该是平等的,网络服务提供者有义务对其所掌握的有关网络用户的个人网络数据进行保密,以树立企业良好形象。但在现实生活中,大量的电商平台将其所持有的个人网络数据非法出售、分享以牟利,这极大地阻碍了电商行业的发展。欧文·凯莫林斯曾说道:"我们需要对宪法意义上的信息隐私权提供司法保障,并且通过侵

权法和制定法更好地捍卫它。"[①]因此,唯有及时建立"网络用户隐私权"的保护制度,才是各国政府与电商平台实现互利共赢的关键所在,其还将有助于在第一时间发现侵权行为并妥善处理解决,以此降低政府监管和跨境电商的运营成本。

另外,跨境电商的盛行为各国带来了非常可观的经济效益,使跨境电商的商业价值油然而生。由此,跨境电商商业利益与个人权益,或者说跨境电商数据自由流通和网络用户的"个人数据自决权"两者之间的矛盾开始逐渐显现。由于信息通信技术是全球经济创新、生产和增长的关键,[②]跨境电商作为国际贸易的一种形态又具有低成本、低风险的优势。据统计,跨境电商承担了全球每年约12%的货物贸易,且这一数字还在不断增长。[③] 例如,欧洲的 Zalando 公司就在欧盟境内为 15 个国家的共计 2000 多万客户提供跨境电商服务。[④] 因此,跨境电商这一商业模式已经成为各国争相发展的首选,[⑤]可见,大量跨境数据的流动使跨境电商对"网络用户隐私权"的滥用或侵权变得轻而易举,同时也使公私法在其两者法律适用的过程中逐渐产生了模糊和冲突,甚至"国家安全"和"公共利益"的界限也变得不再清晰。在两者权衡方面,倘若各国一味注重跨境电商商业利益的获取而忽视"网络用户隐私权"在国际私法层面的保护,则可能会导致本国国民的个人权益难以得到有效救济;反之亦然。综上,如何平衡和解决跨境电商的商业利益以及"网络用户隐私权"之间的关系,在保障隐私权的同时又能尽可能少地阻碍跨境电商行业的发展,这已然成为一个困扰各国多年的难题。

二、跨境电商"网络用户隐私权"保护的特殊性

跨境电商"网络用户隐私权"相较于一般意义上的"网络用户隐私权"而言具有一定的特殊性,特别是在法律适用领域,随着跨境电商行业的蓬勃发展,如果不能制定出专属于"网络用户隐私权"在跨境电商领域中的保护制度,则国家间侵权冲突法可能得不到解决,进而导致一国的判决和执行不被他国所承

[①] [美]路易斯·D.布兰代斯等:《隐私权》,宦盛奎译,北京大学出版社 2014 年版,第 125 页。

[②] 参见赵骏、向丽:《跨境电子商务建设视角下个人信息跨境流动的隐私权保护研究》,载《浙江大学学报(人文社会科学版)》2019 年第 2 期。

[③] See Meltzer J. P. & Lovelock P. , *Regulating for a Digital Economy: Understanding the Importance of Cross-border Data Flows in Asia*, Washington D. C. ,Brookings(2018).

[④] See The Software Alliance, *Cross-border Data Flows*, Business Software Alliance(2017), http://www.bsa.org/~/media/Files/Policy/BSA_2017CrossBorderDataFlows.pdf.

[⑤] 参见赵骏、干燕嫣:《变革中的国际经贸规则与跨境电商立法的良性互动》,载《浙江大学学报(人文社会科学版)》2017 年第 6 期。

认;网络用户的个人权益不能得到合理保护;跨境电商的行业发展遇到瓶颈;甚至是国家利益和安全受到巨大损失和侵害。因此,探究"网络用户隐私权"在跨境电商中的特殊性,进而摸索出一条符合国际私法规则的法律适用制度,显得至关重要。

(一)侵害"国家安全"和"公共利益"的可能

"国家安全"和"公共利益"与跨境电商中的"网络用户隐私权"一样都有着较为抽象的理论体系,为便于权衡两者之间的关系,对两者进行法定化区分具有一定的必要性。笔者认为,"国家安全"和"公共利益"应作广义上的解释,即其不单纯指本国可能面对的来自他国的威胁,还应当包括影响本国经济、政治、外交等国家重要事务的情形。因此,基于跨境电商的爆发性增长及其行业特殊性,如果对"网络用户隐私权"在跨境电商中的保护不当或滞后,就极有可能对"国家安全"和"公共利益"造成以下两种不利后果。

第一,在一国境内如果"国家安全"和"公共利益"与跨境电商"网络用户隐私权"发生冲突,我们就必须清晰地对跨境电商"网络用户隐私权"的保护范围和界限加以认识,不能再妄想依旧能像在乌托邦一样继续无限制地享受国家对其公民所赋予的隐私权。实践中,各国宪法和法律法规大多会有"权利的行使不得损害国家安全和公共利益"的类似规定。因此,当"国家安全和公共利益"和个人隐私发生冲突时,应当将冲突的解决视为政治事务的一部分,进而优先保护"国家安全"和"公共利益"。在此情形下,公民不再享有国家所赋予的对其隐私权的保护,但这并非对权利的寻租和滥用,而是在特别情况下将隐私权的权属进行适当让渡的表现。

第二,对于一个国家来说,特别是美国"9·11"事件之后,"国家安全"和"公共利益"就被各国视为一个国家建立和维护的首要基础条件。以我国为例,虽然我国《网络安全法》的第37条、第40条和第42条创设了"重要数据强制本地存储""境外数据传输审查评估""个人信息保护与流通"等制度对境内数据进行严加管控,同时,《个人信息和重要数据出境安全评估办法(征求意见稿)》还对重要数据的跨境提出了进一步的强制性规定,但我国尚未出台关于重要数据的识别指南,这就直接导致我国在适用此类"强制性规则"时无以为继的局面。如果跨境电商对其网络用户的隐私数据保护不当,也极有可能被他国的不法分子所利用,进而对我国"国家安全"和"公共利益"造成重大危害。

(二)行业数据保护技术的要求不同

虽然互联网有着跨地域性的特点,但是各国关于跨境电商"网络用户隐私权"的保护要求仍差异巨大。在数据的跨境流通层面,《95指令》曾要求各成员国制定数据保护的技术细则对包括跨境电商在内的平台进行全面规范,以尽可能避免数据跨境流通过程中发生不必要的侵权行为。[①] 在与美国合作方面,欧美于2000年达成的"安全港协议"以及2016年达成的"隐私盾协议"都具有极高的参考价值,其在规范开展国际电子商务交易的同时,使个人网络数据的跨境保护也变得更为顺畅。但不可否认,欧美这样的国际合作模式毕竟还没有形成国际惯例。因此,如果跨境电商的行业数据保护技术手段与其他国家存在巨大差异,这可能会对数据的跨境流转造成阻碍,不利于侵权冲突法的解决,也会对各国的经济发展造成不良的影响和后果。

(三)合同和侵权的法律适用标准不一

一般情况下,网络用户在跨境电商平台上消费前会与跨境电商经营者签订《注册协议》等法律文书,以此约定双方的权利义务关系,如果跨境电商经营者违反合同约定,造成网络用户的个人网络数据被非法披露和分享,则显然构成违约。需要注意的是,基于合同的相对性,此处的违约主体只能是跨境电商经营者或网络用户。但如果侵权的主体是第三人或者网络用户希望将侵权人的行为认定成侵权关系,则其可以选择侵权之诉来处理。因此,跨境电商"网络用户隐私权"保护还很有可能涉及合同和侵权竞合的法律适用问题。由于各国关于违约和侵权的法律适用差异巨大,因此在连结点、准据法等法律适用的选择上都会相继存在一定障碍,需要根据国际私法的相关规定制定符合跨境电商"网络用户隐私权"的保护规则来予以解决。

三、跨境电商"网络用户隐私权"侵权的表现形式

研究涉外"网络用户隐私权"侵权相关问题的难点有三个方面。第一,目前学界对于网络侵权的定义还未有统一和清晰的认识。另外在面对侵权法律适用的问题上,将其归类为"一般侵权行为之债"还是"特殊侵权行为之债"尚有激烈争论。第二,网络侵权具有跨地域性、私密性、多样性、复杂性等特点,且侵权后的法律后果往往较为严重,当事人维权的难度较大。第三,涉外"网络用户隐私权"侵权的研究在前两者的基础上还多了一层涉外因素,使得侵权法律适用的难度大大增加。笔者曾针对跨境电商"网络用户隐私权"的侵权话题在我国网民中进行过深入调查,虽有高达92%的受访者对跨境电商"网络用户隐私权"保护极为重视。但与此同时,仅有1%的受访者会全面阅读跨境电商平台提供的《注册协议》。另外,有高达87%的受访者表示曾经在跨境电商平

---

① 参见《95指令》第46条。

台上购物后遇到了侵害其"网络用户隐私权"的情形,其中有 20%的受访者能确定是由于跨境电商平台处置不当而导致,但大多数受访者分不清"网络用户隐私权"在跨境电商中的具体侵权方式,更无从辨别侵权行为的构成与否。为便于厘清"网络用户隐私权"侵权法律适用的具体规则,找出相应准据法和连结点的突破口,可以跨境电商作为切入口,尝试分析侵权的类型和具体表现形式,为探究法律适用的规则打下坚实基础。

(一)跨境电商中"网络用户隐私权"侵权的主体

1. 跨境电子商务经营者

在跨境电商中,最容易侵犯"网络用户隐私权"的一类主体是跨境电子商务经营者(包括跨境电子商务平台经营者和跨境电子商务平台内经营者)。作为向网络用户提供服务的主体,跨境电子商务经营者往往会运用 Cookies 技术来"监视"网络用户的线上轨迹,如果其"监视"行为并未获准,那么其就需要对外承担相应法律责任。另外,即使跨境电子商务经营者被网络用户获准可以搜集其个人信息,但是如果这些信息的使用达不到当地法律要求,则也可能会被认定为侵权。在美国 McVeigh v. Cohen 案①中,AOL 将在其平台上注册的一名网络用户信息无端透露给了美国军方,导致该用户被美国军方予以处分,这就是典型的跨境电子商务经营者侵犯"网络用户隐私权"的行为。

2. 基础设施运营者

相对于跨境电子商务经营者对网络用户的"监视"行为,基础设施运营者作为软硬件设备供应商也可以通过一定的技术手段侵犯"网络用户的个人隐私权"。最为典型的案件是英特尔公司曾在其对外出售的奔腾 3 机型的中央处理器上加装了一个永久序列号,得以记录网络用户在线上的所有行动轨迹。但不可否认,实务中基础设施运营者的侵权行为并不是很多。

3. 黑客

据统计,世界范围内平均每 20 秒就会发生一次黑客攻击事件。另外,卡巴斯基的一份公开报告表明,黑客散布在世界各地的恶意软件仅在 2019 年上半年就出现了明显增长,比 2018 年同期上涨了 56%。② 由此可见,黑客对网络安全的打击之大。需要指出的是,如果这些个人信息是由于跨境电子商务经营者保管不当,进而被黑客违法窃取使用,那么跨境电子商务经营者和黑客可能被

---

① See McVeigh v. Cohen,983 F. Supp. 215(1998).
② 参见保密科学技术编辑部:《2019 年网络安全事件盘点之国际篇》,载《保密科学技术》2019 年第 12 期。

认定为共同侵权,侵权行为的认定不应基于过失行为而免责。

4. 政府组织

政府组织具有管理公共事务的职能属性,因此其后台数据库中势必需要掌握大量的个人信息,在处置信息的过程中难免会由于一些过失行为而侵犯跨境电商"网络用户隐私权"。

5. 其他网络用户

跨境电商上的一些网络用户有时也会因为其采取的某些个人行为侵犯到其他"网络用户的隐私权",例如,在跨境电商平台上掌握了某网络用户的购物记录并对外进行实名公布,这一行为也显然构成侵权。

(二)跨境电商中"网络用户隐私权"侵权的主观方面

侵害跨境电商"网络用户隐私权"的主观因素有很多,可能出于个人纠纷、商业利益,甚至是希望通过获取"网络用户隐私权"进而侵犯"国家安全和公共利益",还有的可能像黑客一样没有任何侵权动机,单纯只是想要破坏。另外,跨境电商"网络用户隐私权"侵权并不区分故意和过失,只要客观上对网络用户造成了损害就构成侵权。

(三)跨境电商中"网络用户隐私权"侵权的客观方面

1. 侵害网络用户个人网络数据的行为

侵害网络用户个人网络数据的主体多为跨境电子商务经营者,其指的是未经网络用户同意非法收集、储存、披露与网络用户有关的个人网络数据,或即便经过网络用户的同意,但非法使用、买卖、分享、篡改的侵害行为。一般来说,通过注册会员的形式要求网络用户提供个人信息是有必要的,但是一些跨境电子商务经营者却为了实现精准化营销,打着提升服务质量的旗号通过各种形式收集网络用户的个人信息。还有一些跨境电子商务经营者公然通过 Cookies 等技术手段截留网络用户在其平台上所保留的浏览记录,从而建立庞大的数据库以便其进行未经授权的二次商业开发,加之黑客随时的攻击,这将对跨境电商"网络用户隐私权"带去极大的侵权威胁。

2. 侵害网络用户个人数据自决权的行为

该行为是指侵权主体滥用其提供服务的优势地位与网络用户约定明显不公平、不合理的格式条款,或者在跨境电商平台上禁止、限制网络用户实施其本应享有的个人数据自决权,以达到降低企业经营成本等目的的行为。例如,侵权主体通过免责条款的设置与网络用户订立霸王条款进而免除其自身将来可能承担的不利法律后果。采取这种手段侵权的主体一般在拟写免责条款时,并未把网络用户的合法权益考虑在内,而只是将其视为法律盾牌。另外,为达到侵权的目的,跨境电商平台往往还会在其系统中设置,只有网络用户勾选"同意"选项后才能为网络用户提供相应的服务。

3.侵害网络用户个人网络空间的行为

该行为是指侵权主体侵入跨境电商或网络用户的计算机系统,非法窥视、窃取及篡改计算机系统中所存储的个人身份信息、聊天记录、电子邮件、网络浏览记录、购物评价等个人网络数据或向电子邮箱发送垃圾邮件等行为。另外,基于网络数据在开发者和跨境电商平台之间是共享的,而跨境电商又存在跨地域的特性。因此,当一国的网络用户在他国跨境电商平台上进行消费时,势必会出现数据的跨境存储和传输,如果跨境电商所在国的法律并未在此过程中强制要求实施加密技术,则跨境数据就有可能会被不法分子所获取。

(四)跨境电商中"网络用户隐私权"侵权的客体

跨境电商"网络用户隐私权"侵权行为中侵害的法益有三种。第一,侵犯了网络用户的私人生活秩序,即网络用户有权在跨境电商上自由活动,只要这样的活动没有损害"国家安全"和"公共利益"就不应受到任何干预。第二,侵犯了个人信息安全,即任何人都无权破坏和攻击跨境电商或第三方所构建的个人信息系统,以保障个人信息的安全。第三,侵犯了网络用户的个人资料,即任何人不得非法收集、存储、窥视、泄露、使用网络用户在跨境电商上所遗留的个人网络数据(包括消费记录、浏览记录、送货地址、聊天记录、网络空间等)。

本章小结

作为从"隐私权"演化而来的产物,"网络用户隐私权"是一项需要依靠保护个人网络数据得以实现的基本人格权。其二者之间存在既相互依存,又相互独立的关系。本章讨论了跨境电商"网络用户隐私权"的理论基础和发展渊源。此外,通过对跨境电商"网络用户隐私权"侵权表现形式的研究,能够进一步总结出跨境电商"网络用户隐私权"在法律适用中的特殊研究价值。

近年来,跨境电商作为世界各国对外贸易的窗口,为各国带去了经济增长的活力和机遇,但在保护和促进跨境电商行业发展的同时,网络用户的隐私权似乎正在不断被侵蚀。然而,世界各国已经开始关注到跨境电商"网络用户隐私权"保护的立法差异所带来的不利影响,也认识到了这样的差异已经引发了越来越多侵权案件。在跨境电商行业发展和"网络用户隐私权"保护两者之间平衡及协调关系的问题上,虽然法国和美国作为大陆法系和英美法系的两个典型代表国家,通过成文法和行业监管模式均在其国内取得了一定的成绩。但各国对跨境电商"网络用户隐私权"的法律保护标准仍存在一定的现实冲突。

基于世界各国对于跨境电商和"网络用户隐私权"的定义均有所出入,为避免歧义,本书将跨境电商定义为:"注册在一国境内的电子商务经营者,通过互联网构建的平台向他国网络用户提供商品或服务,并进而促成或直接达成交易的商业活动(既包括自营,也包括非自营的B2C模式)。"将"网络用户隐私权"定义为:"网络用户在跨境电商上所享有的私人信息和生活安宁依法受到法律保护,且不被他人非法侵扰、知悉、收集、使用和公开的一种人格权。"由于一切以互联网为媒介与网络用户形成的法律关系,都可能涉及"网络用户隐私权"保护的相关话题。因此,只有将"网络用户隐私权"的法律适用问题,放在跨境电商这一特定环境之下进行研究,才具有一定的法律价值和意义。

本书认为,由于"网络用户隐私权"既包括了网络用户对隐私数据在一定范围内的自决权,又包括了司法求偿权和收益权,同时还具有一定的人格权属性,因此,"网络用户隐私权"受到了来自各国国内法以及国际法的广泛关注。此外,基于跨境电商"网络用户隐私权"在法律适用层面的复杂特点,国家利益、社会责任和个人权利等各方利益的平衡问题也需兼顾。

第二章 跨境电商"网络用户隐私权"侵权的法律冲突

　　回顾历史,不难发现,当代的国际私法理论体系是随着科学技术的不断变化进而加以完善的结果。正如19世纪前的国际贸易,由于没有跨境电商等商业模式的依托,票据的法律适用问题在当时极为突出。对于普通国际民事案件而言,其案情相较于今天均较为简单,司法机关仅需单纯适用侵权行为地或法院地规则就可以轻松解决法律适用的相关问题。"二战"结束后,随着各国经济、文化交流的不断深入,国际民事案件也逐渐趋于复杂化。卡恩·佛罗曾在1968年的一次演讲中指出,技术的进步是法学家们研究侵权冲突法的原因之一。[①] 时间回到21世纪,跨境电商已经随着科技的发展迅猛突起,但所面临的问题却与19世纪的票据如出一辙。可以说,跨境电商的本质是通过互联网等技术手段向网络用户提供商品和服务。换言之,通过跨境电商的使用,网络用户可以不费吹灰之力地从全球各个国家采购任何商品和服务。与此同时,不法分子可以通过技术手段侵入他人计算机窃取其想要获得的任何有关网络用户的个人信息。因此,网络用户的隐私权也在每时每刻地被各种侵犯,并随时可能被暴露在阳光之下。基于以上种种,互联网的无国界性和虚拟性等特点在为网络用户提供方便的同时,还为跨境电商"网络用户隐私权"的侵权法律适用带来了新的冲突和挑战。"网络用户隐私权"在跨境电商中的侵权法律适用最主要的两个冲突规范就是准据法和连结点的选择问题。其中,连结点的选择尤为重要,作为判定准据法不可或缺的适用方法,连结点可以称得上是国际私法法律适用规则中重要的一环。一方面,其将法律关系和实体法紧密联系在了一起,体现了法律关系和法律适用一致性的理念。[②] 另一方面,其还具有显示法律选择结果的作用,为今后相类似案件的准据法选择辨明了方向,具备法律适用可预见性的特点。然而,在传统冲突规范中,为尽可能使法律适用更为稳定

[①] See O. Kahn-Freund, *Delictual Liability and The Conflict of Laws*, 2nd ed., Recueil des Cours, 1968, p.9.

[②] 参见沈涓:《再论继承准据法确定中的区别制与同一制——以法律关系、连结点和准据法三者的对应性为视角》,载《环球法律评论》2019年第6期。

和科学,连结点的选择有且仅可能为一个,但相较于复杂且灵活多变的跨境电商"网络用户隐私权"侵权法律关系,传统连结点的选择显然变得无以为继,多数和混合连结点的选择方式被逐渐加以适用。此外,虽然准据法的选择方法至关重要,但在现实生活中,大多数跨境电商"网络用户隐私权"侵权案件对准据法的确定最终均由司法机关完成,各国的法律冲突也由此形成。可以预见的是,关于跨境电商"网络用户隐私权"侵权法律冲突解决的根本方法在于各国对全新冲突规范的形成和认可。在此之前,各国制定的法律可能会由于数据保护、电子认证和签名、信息安全、加密技术等科技的变化而变得毫无意义,也极有可能阻碍跨境电商行业的良性发展和交流。有鉴于此,深入了解跨境电商"网络用户隐私权"的侵权法律冲突将为冲突规范的探究和法律适用规则的完善奠定理论基础和研究价值。

第一节 "网络用户隐私权"法律冲突

在跨境电商上进行购物的网络用户可能拥有多元化的文化背景,他们来自不同的国家,有着不同的法律信仰,这些因素都自然而然使法律冲突和矛盾汇聚在了一起。虽然法律冲突并不由于各国的立法差异就必然会发生,但是在现实生活中,基于客观国界的存在,一些国际性的行为由于各种原因会受到各国的监督和限制,但互联网却能几乎没有任何限制地使跨境电商能以最低的成本,最高效的手段,接触来自世界各国的网络用户,进而创造无限的商业机遇。面对不计其数的跨境"网络用户隐私权"侵权案件,各国在法律适用方面往往都显得力不从心,其根本原因是对冲突规范的轻视。在实践中,各国往往将关注度放在侵权实体法本身,或基于国家司法主权因素的考虑,单纯适用本国法"一揽子"解决跨境侵权法律适用问题,殊不知这种规范的适用将对"网络用户隐私权"带去二次侵害,且有可能会损害他国的"国家安全"和"公共利益"。据此,理解法律冲突产生的原因和表现形式,是解决各国"网络用户隐私权"冲突规范混乱不堪局面的关键。

一、法律冲突的产生原因

涉及跨境电商"网络用户隐私权"的侵权案件具有互联网和涉外侵权的双重特点,属于典型的跨学科交叉问题,因此其有别于其他国际民事案件的法律冲突,需要在两者的基础上综合加以判断和分析,才能总结并归纳出跨境电商"网络用户隐私权"独有的一些法律冲突。

(一)网络数据跨境流转的规则差异

由于网络数据非常容易在跨境电商交易过程中从一国流转至另一个国家,而网络数据的商业开发价值也逐渐被各国予以重视,因此,大多数国家一般都会通过立法的形式允许或有条件允许网络数据在其境内外进行流通。因此,任何一个国家只要没有禁止跨境数据的自由流通,就会存在关于适用侵权法律的冲突问题,这是国家间法律冲突形成的背景和前提条件。

(二)"网络用户隐私权"保护的法律差异

"网络用户隐私权"是伴随隐私权不断产生的人格权,大多数国家虽有保护"网络用户隐私权"的主观意愿,在"网络用户隐私权"保护的相关制度方面也有相互融合的趋势。但不可否认,各国之间基于法律理念、道德标准、历史文化的不同,所制定的法律也必然有所差异,这样的立法差异直接导致了各国对"网络用户隐私权"的权利和义务范围认识存在偏差,进而在发生侵权问题时影响法律的适用。另外,互联网的发展对隐私权保护的冲击是不可避免的,各国的首要任务是通过立法的形式尽可能小地减少这些影响。互联网的跨地域性、实时性以及去中心化等因素,导致了当发生跨境电商"网络用户隐私权"侵权案件时,网络用户无法准确定位侵权主体。与此同时,关于侵权行为地的认定标准各国也存在差异,这些问题都使法律冲突的产生在所难免。因此,各国也在不断思考如何通过巧妙的立法达到"网络用户隐私权"与互联网之间的平衡,这一现象也是法律冲突产生的根本原因。

(三)网络数据保护的技术差异

以欧盟为例,其制定颁布的《95指令》以及《通用数据保护条例》均明确禁止成员国向不符合欧洲保护等级的非欧盟国家传输个人数据。[1] 该法案通过阻断网络数据跨境流转的形式,保护了欧盟成员国公民的"网络用户隐私权"免受他人的不法侵害,同时也减少了法律冲突的发生。从表面上来看,欧盟通过对"技术中立原则"的应用,巧妙地对贸易壁垒进行了规避,但长此以往,该举措势必将不利于欧盟跨境电商行业的发展。一方面,其制定的网络数据保护技术要求过高,他国很难与其达成合作协议。另一方面,对于非欧盟国家而言,在其处理其公民与欧盟国家公民之间发生的"网络用户隐私权"侵权案件时,同样也会面临法律冲突的相关问题。因此,网络数据保护的高标准并不能完全弥补和解决"网络用户隐私权"在跨境电商中的侵权法律冲突。

---

[1] 参见《95指令》第46条;《通用数据保护条例》第48条。

(四)跨境电商的行业发展差异

对于跨境电商发展较为深入的国家而言,其面对"网络用户隐私权"侵权的可能性就越高,制定法律适用规则的目的性也就越强,而对于那些跨境电商并不发达的国家而言,技术的落后必然导致冲突规则的制度相对滞后,即便制定出了相应的规则,也可能会与现实情况相脱节,不能真正达到侵权法律适用规则制定的目的。

(五)司法主权的认识差异

一般情况下,基于对他国司法主权的尊重,一国司法机关基于合法和公正的裁判原则作出的判决往往会得到他国的承认和执行。但在面对跨境电商"网络用户隐私权"这类新型侵权案件时,一些保守的国家往往会以所谓的"司法主权"为借口,机械地适用其国内法而并非根据案件本身情况来选择法律。这就导致了各国法律适用的不平等,同时也可能会进一步导致法律冲突矛盾的激化。另外,由于国际公法的适用历来具有严肃性的特点,因此法律冲突一般多发于国际私法领域,但是跨境电商的出现正在逐渐打破这一格局,使得公法的适用超出一国之外进而产生了法律冲突。跨境电商对公法形成冲击最为典型的案件是 UEJF and Licra v. Yahoo! Inc. and Yahoo France 案,[1]在该起案件中,法国犹太学生联合会和反种族主义协会作为共同原告起诉雅虎法国公司,认为其在雅虎网站上拍卖有关纳粹主义的物品违反了法国法律的禁止性规定,但是雅虎法国公司却辩称网站并非雅虎公司所有,其仅提供网址链接的行为并不构成侵权。另外,雅虎法国公司还指出,网络用户实则是通过雅虎美国公司网址进入拍卖而非雅虎法国公司,而雅虎美国公司网址的服务器位于美国,根据美国法的规定,拍卖纳粹主义物品并不构成违法,因此雅虎法国公司并不构成侵权。[2]最终巴黎高等法院在判决中维持了法国犹太学生联合会和反种族主义协会对雅虎法国公司的索赔要求,并判决雅虎美国公司需要采取一切必要措施,尽可能阻止他人以任何形式创建或参与有关纳粹主义纪念品的拍卖活动。与此同时,法院还警告法国的网络用户应当避免访问此类内容,以免受到法律制裁。但是在判决过后,雅虎美国公司即向位于加利福尼亚北部地区的美国地方法院提出了异议,认为法国高等法院的判决违反了美国《宪法第一修正案》,要求对法国高等法院的判决不予承认和执行。在被美国地方法院驳回

---

[1] See UEJF and Licra v. Yahoo! Inc. and Yahoo France, FRA001R(2000).
[2] 参见[美]利·布里梅耶、杰克·戈德史密斯:《冲突法:案例与资料》(第5版),中信出版社2003年版,第135-137页。

后,雅虎美国公司进而又向美国第九巡回上诉法院提出上诉请求,最终美国第九巡回上诉法院认为法国高等法院在审理过程中,对该案法律适用的理解存在偏差且客观上在美国无法执行,将原审判决进行了改判。① 由此可见,对司法主权的认识差异将直接导致一国对其法律适用产生理解上的偏差,法国高等法院在该案中单纯地适用法国法来理解和看待这一跨境电商侵权领域中出现的新问题,忽略了跨境电商行业以及案件发生的特殊性和复杂性,最终导致该案并未得到美国政府的承认和执行。因此可以看出,外国法的适用倘若发生冲突和受阻,势必会对国家间的司法协助以及外国法院判决的承认与执行造成不利影响。

二、法律冲突的表现形式

(一)"网络用户隐私权"的监管模式

各国"网络用户隐私权"监管模式是最为直观的法律冲突的表现。由于美国现今正处于全球网络管理者的地位,因此,其更注重互联网的自我发展,进而采取了行业自律模式进行监管,即在开展行业自律的基础上对"网络用户隐私权"进行宽松的立法,以尽可能减少对跨境电商行业的过度冲击和限制。相比之下,欧盟作为抢夺互联网资源的另一支后起之秀,其更关注对"网络用户隐私权"的立法监管。正因有此冲突,美欧之间才得以不断达成"安全港协议""隐私盾协议"等协议文件,进而探索和推动法律冲突的解决。

(二)"网络用户隐私权"的权利范围

"网络用户隐私权"权利范围的界定直接关乎着法律适用的平稳性,但是除了欧盟及少数经合组织成员外,大多数国家对于"网络用户隐私权"的界定标准并不一致(见表1),这极大地阻碍了跨境电商的发展,也不利于法律冲突的解决。

表1 "网络用户隐私权"权利范围对比

国家或地区	法律名称	法律规定
中国	《民法典》《个人信息保护法》	隐私权包括具有私密性的私人空间、私人活动和私人信息等
美国	《联邦隐私权法案》	隐私权是一项基本人权

---

① See United Nations Office on Drugs and Crimes, *UEJF and Licra v. Yahoo! Inc and Yahoo France*, United Nations(2011), https://sherloc.unodc.org/cld/case-law-doc/cybercrimecrimetype/fra/2000/uejf_and_licra_v_yahoo_inc_and_yahoo_france.html.

续表

国家或地区	法律名称	法律规定
欧盟	《通用数据保护条例》	国家尤其需要保护与个人数据处理相关的隐私权
奥地利	《个人数据保护法案》	隐私权包括知情权、修改权、删除权和异议权
丹麦	《个人数据处理法案》	网络用户有权随时撤回其已经作出的有关数据使用的授权
德国	《个人数据保护法案》	具备完全民事行为能力的网络用户,有权自主决定是否向网络服务提供者提供有关个人信息
比利时	《个人数据处理的隐私权利保护法案》	隐私权包括司法保护请求权和禁止使用权
冰岛	《个人数据保护法案》	统计和科研可以对隐私权的保护进行豁免
阿根廷	《个人数据保护法案》	国家安全、公共利益、司法或行政指令可以对隐私权保护进行豁免

(三)网络用户隐私的自决权

对于隐私权的行使主体而言,其既有主动决定如何使用个人信息的权利,又有被动排除他人未经授权使用和利用个人信息的权利。据此,也有学者将这种表现形式称为网络用户隐私权的"自决权"。[①] 以垃圾邮件为例,其是侵犯网络用户隐私自决权最为典型的一种情况。通常来说,垃圾邮件分为未经授权的传播和恶意传播两种类型。对于网络用户来说,其有权决定是否对外宣传或使用自身所有的邮箱地址,而垃圾邮件的出现,正是侵害其隐私权的一种表现形式。跨境电商的发展为垃圾邮件提供了实现侵权的温床。因此,经合组织于 2006 年颁布了《反垃圾邮件法律适用跨境合作协议》,建议各国积极开展国际合作,将垃圾邮件的监管提上日程以控制垃圾邮件的跨境流转。为切实有效做好垃圾邮件的治理工作,欧盟于 2002 年还颁布了《2002/58/EC 指令》,[②]旨在扩大互联网和电子邮件的涵盖范围,以防范个人信息的侵权。相较而言,美国

---

① 参见崔华强:《网络隐私权利保护之国际私法研究》,中国政法大学出版社 2012 年版,第 151 页。

② See Eur-Lex, *Directive* 2002/58/*EC*, Official Website of the European Union(July 12, 2002), https://eur-lex.europa.eu/legal-content/EN/TXT/? qid=1582790637572&uri=CELEX:32002L0058.

反垃圾邮件的立法进程则较为缓慢,原因在于美国政府更希望通过鼓励商业广告的自由发布来促进电子商务的发展。经过近几十年的努力,虽然美国各州目前都有关于反垃圾邮件的相关法案,但即便如此,美国的垃圾邮件仍在持续增长。其中的一个主要原因是美国缺乏统一的法律体系。因此,发件人可以在不同的州发送垃圾邮件以规避法律。英国2003年颁布施行的《隐私与电子通信规范》则对合法邮件进行了界定并提出了三大要素,即需要和收件人事先约定、广告内容和发件人经营的范围相关、接收者有权拒收或退订相关的邮件。[①] 曾经轰动一时的 Microsoft v. McDonald's 案,[②]法院最终就是依据这一原则判定麦当劳发送未经授权垃圾邮件的行为构成侵权。另外,《隐私与电子通信规范》在其适用过程中并非没有问题,《隐私与电子通信规范》第22条规定,只有在网络用户同意接收电子邮件的前提下,商业广告邮件才被授权可以发出。但在现实生活中,许多网络用户可能在不知不觉中选择了"确认同意"或"同意订阅"等授权,在此情形下发出的邮件其本身是否仍属于垃圾邮件尚不得而知。此外,相类似的情况在其他国家也会出现,比如,澳大利亚于2003年颁布的《反垃圾邮件法案》就将垃圾邮件的范围严格限定在商业领域[③],在垃圾邮件的界定方式上,澳大利亚在发送邮件前设定了前置条件,即规定发件人必须先行向收件人询问是否同意接收广告信息,在获得授权后才能发出邮件,而马耳他在其颁布的《电子商务法案》中虽然未规定垃圾邮件的范围,但却将垃圾邮件界定为"未经授权发出的邮件"。[④] 综上,仅垃圾邮件一种侵犯网络用户隐私自决权的方式,就使各国间的立法出现了较大冲突。各国处理其他"网络用户隐私权"侵权案件时,势必也会遇到相应法律冲突,只有解决这些冲突才能够化解各国司法机关所面临的现实困境,更科学、系统地保护网络用户的隐私权。

(四)"网络用户隐私权"侵权的构成要件

众所周知,侵权的构成要件包括违法行为、损害后果以及因果关系。但各国对于"网络用户隐私权"的认识不同,可能导致在三要件上难以完全融合适用,也正是因为有这些差异的存在,才可能出现法律适用过程中的冲突。因此,"网络用户隐私权"侵权的构成要件毫无疑问也成了法律冲突产生的一种客观表现形式。

---

① 参见英国《隐私与电子通信规范》第22-23条。
② See Wilson C., *The UK Fight Against Spam: Microsoft Corporation v. Paul Martin McDonald*, Computer Law and Security Report, Vol. 23, p. 128-129(2007).
③ 参见澳大利亚《反垃圾邮件法案》第2条。
④ 参见马耳他《电子商务法案》第15条。

第二节　跨境电商对侵权法律适用的影响

国际私法一般调整的是涉外民事法律关系，其主要解决的是法律冲突问题。[①] 作为建立在一种地缘性基础上的法律体系，国际私法中的侵权法律适用规则实则是各国通过立法的形式对发生在国家间的某类侵权案件分配准据法的一种表现。正是由于在制定侵权冲突规范的过程中，需要将某一侵权案件与特定国家的实体法相关联进而得出准据法。因此，连结点作为对该关联行为的认定和联系标准，就更显得格外重要。经过数百年的革新，国际私法已经逐渐形成了一些较为固定的连结点。例如，属于属人连结点的国籍和住所以及属地连结点的侵权行为地等。从这些连结点中不难看出，大多数连结点都与法律关系所处的空间相关。跨境电商作为现实空间的一种延伸，其本身的隐匿性使传统的连结点认定标准产生了倾斜。互联网的去中心化和跨地域性使国家很难对跨境电商中流动的信息进行定位，也同时给国际私法中的侵权法律适用规则带来了巨大的冲击。

一、对侵权连结点的影响

跨境电商侵权案件与传统意义上的涉外民事侵权案件的区别在于物理空间，即所有的跨境电商交易行为均在互联网上经过系统预先设置后自动完成，任何一个对跨境电商网络用户的侵权行为，其法律后果都有可能传递到世界任何一个角落。换句话说，世界任何一个角落都有被认定为侵权行为地或侵权结果发生地的可能。同样，对于跨境电商的拍卖行为而言，因为其独立存在于互联网中，对于拍卖地的认定存疑也将直接导致法律适用出现障碍。相较于属地连结点，跨境电商对属人连结点也会造成一定认识上的阻碍。例如，侵权主体隐匿于互联网中，这对亟待维权的网络用户而言也并非一件好事。原因在于，任何一个行为人在全球各地都有权使用任意一台计算机独立自主地使用互联网，无论是国籍国还是侵权行为发生地的国家往往都很难在互联网上对其进行有效监督，一旦该行为人采取侵权行为对远在异国的"网络用户隐私权"进行侵犯，单纯将侵权主体的国籍或者住所地作为连结点的认定标准，进而选择准据法将变得没有任何现实价值和意义。

[①] 参见杜涛：《从"法律冲突"到"法律共享"：人类命运共同体时代国际私法的价值重构》，载《当代法学》2019 年第 3 期。

（一）传统侵权连结点的选择

"网络用户隐私权"等人格权往往是侵权行为的主要对象和目标,在侵权冲突法上系通过侵权行为地的适用予以确定准据法。技术的革新以及各国对人格权的关注程度不一,使法律冲突的产生在所难免。据此,各国的国际私法也多希望通过对侵权冲突法的设置来规范侵权连结点的选择方式,进而在确定准据法之后对国际民事法律关系的权利义务进行相应界定。① 从实践角度出发不难发现,虽然规范了各色各样侵权连结点的选择方式,但是各国关于侵权连结点及其选择背后的法理依据却几乎如出一辙。总体而言,传统的侵权连结点包含了属地、属人、属主观和属客观四个要素,基于不同的法律文化,各国在法律适用的过程中会倾向于选择不同的侵权连结点以便于判定所要适用的准据法。

1. 单一连结点

适用单一连结点选择准据法的国家主要采用的是单边指引主义的理论体系,即通过单一连结点综合评判各国立法的目的及对实体案件的梳理,并以此作为确定侵权冲突规则的适用方法。具体而言,单边指引主义有助于缓解较为复杂的法律选择问题,如跨境电商"网络用户隐私权"侵权的法律选择。单边指引主义最需解决的是综合评判的方法,法院往往会考虑侵权行为与法院地是否有足够的联系和影响并将其作为适用单边指引主义方法的前提条件,但在具体适用方式和程序上,目前各国的做法仍各不相同。另外,由于单边指引主义的适用忽略了除法院地的联系和影响以外的其他因素,因此其极有可能被当事人所利用或者影响判决的承认和执行,也不宜普适性地加以适用。单一连结点的适用在早期的国际私法实践中被运用得非常广泛,总的来看,单一连结点的选择分为属地连结点和属人连结点两种。虽然选择属地连结点的国家一般会适用侵权行为地规则,但在具体适用的选择上仍存在一定的区别。以侵害跨境电商"网络用户隐私权"的跨州侵权案件为例,美国适用的是侵权行为实施地的法律,而相同案件在加拿大则适用侵权结果发生地的法律,还有一些国家适用的是引起侵权事件的发生地抑或其他属地性的法律。另外,适用属人连结点的国家多是从便于受害人求偿的角度予以考虑的。日本是典型的选择属人连结点的国家,其于2006年颁布的《法律适用通则法》第19条则规定了侵害他人名誉和信用的侵权行为,应当适用被害人经常居所地法律。② 还有的国家将国

---

① 参见费宗祎:《对中国国际私法的重新认识》,载《人民法院报》2018年1月24日,第7版。
② 参见邹国勇译注:《外国国际私法立法精选》,中国政法大学出版社2011年版,第66页。

籍、共同居所地等属人连结点都作为准据法的选择方式予以适用。例如，蒙古国则规定了当事人有共同属人法的，优先适用该属人法。波兰规定，当事人之间是同一国籍且在同一国有经常居所地的，则适用该国法律等。

2. 多数连结点

多数连结点的选择源于多边指引主义的理论体系，其与单边指引主义的最大不同点在于，多边指引主义重程序而轻实体，即其将各国不同的法律规范均置于完全独立、客观、平等的法律地位。多边指引主义的出现，是为了弥补单一连结点适用对被害人保护不全面的现实问题。在法律选择的过程中，多数连结点并不受到属地连结点和属人连结点的限制，其指向性也不仅局限于法院地法，因此也受到了越来越多国家的青睐。

3. 混合连结点

混合连结点是基于司法实践得以逐步在多边指引主义理论体系下转变而来的一种侵权冲突规则适用方法。笔者认为，其在属人连结点和属地连结点的基础上混合了主客观因素加以适用，故将其称为混合连结点。基于国际民事法律关系的私法性质和地位，契约自由即当事人之间的意思自治必须得以深刻体现。主观因素适用的一般表现形式为，在侵权冲突法领域适用混合连结点的国家，往往会将连结点的选择与当事人的主观性相衔接，为当事人的意思自治提供理论和现实基础，以确保公平、正义的实现和落实。摩尔多瓦就是适用混合连结点并考虑主观因素的典型国家，在其颁布的《民法典》中就规定了受害人在面对人格权侵权的问题上可以在包括属地和属人等六个连结点中选择其认为对其最为有利的准据法予以适用。然而与摩尔多瓦不同的是，大多数适用混合连结点的国家为确保法律的适用与侵权案件相关联，将受害人对准据法的选择框定在了侵权行为地以及侵权结果发生地，除非侵权人无法预见损害后果的发生。另外，所谓客观因素的适用其背后所隐含的是法律对当事人之间诉权的平等保护。因为不同国家对于侵权行为认定的标准并不一致，就如同 UEJF and Licra v. Yahoo! Inc. and Yahoo France 案，同一行为在法国被认定为侵权但在美国却认为不构成侵权。因此，一些国家如瑞士、土耳其等在规定受害人有限选择的基础上，还通过分割方法引入了侵权行为实施地法律作为判定准据法的一种方式。由此，在面对诸如跨境电商"网络用户隐私权"等类似侵权案件时，被告可以通过混合连结点的适用进而选择侵权行为实施地法律的相关规则进行抗辩，其对后续判决的承认和执行也是有百利而无一害的。

（二）侵权连结点在跨境电商中的嬗变

传统的侵权连结点是否能适用于跨境电商侵权案件目前尚有争议，以英国为首的一些国家认为跨境电商已经对传统侵权冲突规则进行了颠覆。因此,需要探寻新的连结点来应对此类特殊侵权。但是德国、法国等一些国家却认为现有侵权冲突规则完全能够应对当下的局面,因为任何跨境电商的侵权活动都可以在现实生活中的侵权行为中找到相对的共性,因此传统的侵权连结点可以在跨境电商侵权案件中予以类比适用。在此基础上,有必要对跨境电商中侵权连结点的嬗变进行总结和梳理,以便对连结点革新的可行性进行分析。

1. 属地连结点选择的模糊化

通常来说,侵权连结点应在一定物理空间范围内予以适用以便于准据法的确定,但是跨境电商改变了这一现有格局,互联网的跨地域性及虚拟化使侵权连结点选择的物理空间变得不再具有现实意义,由于跨境电商"网络用户隐私权"保护在法律适用上可能会存在侵权和违约竞合的问题,按照传统国际私法的理论体系和各国制定的侵权冲突法规则,诸如侵权行为地、侵权结果发生地、合同履行地等连结点的确定均可能会被视为是选择准据法的一种有效方式,但跨境电商似乎使这些连结点都丧失了原有的适用价值和基础。以跨境电商巨头亚马逊为例,其网络服务器可能遍布于世界各个角落,而且在跨境数据传输的过程中也可能使用多个跨国服务器进行中转,一旦发生侵权行为往往将很难判定侵权行为地的具体位置,这也使传统的侵权冲突规则无法完全妥善处理线上侵权问题。与此同时,各国对包括跨境电商在内的互联网侵权冲突规则的制定也尚未达成一致共识,如何确定侵权行为地和侵权结果发生地这一问题仍被学界所广泛热议。

2. 属人连结点选择的意义

属人连结点在跨境电商"网络用户隐私权"侵权案件中的适用虽然被许多国家予以禁止,但是有的学者认为,属人连结点如受害人国籍国的确认最为容易,因此比起其他连结点来说,属人连结点更具有天然优势,应该被各国法院所接受。[①] 笔者对此观点不敢苟同,原因在于侵权案件在诸如跨境电商等互联网技术的干预下,其损害结果可能较传统线下侵权呈几何倍数地增长。一方面,受害人国籍国完全可能与侵权行为没有任何关联。另一方面,虽然侵权行为多侵犯人身权,但是无论是在侵权冲突规则的适用中还是在审理实体侵权损害问题的过程中,最重要的是明确侵权行为以及该行为与损害之间的因果关系。对于共同住所地而言,跨境电商与现实生活的不同之处在于,侵权主体在互联网

---

① 参见崔华强:《网络隐私权利保护之国际私法研究》,中国政法大学出版社2012年版,第157页。

上较难定位和明确,甚至其身份都是用IP地址进行替代的,具有一定的虚拟性和匿名性,而且即使IP地址较易查询,也无法据此判断侵权行为人的国籍和住所。因此,侵权行为地及侵权结果发生地才是跨境电商"网络用户隐私权"侵权审理的核心焦点,对国籍、住所地等属人连结点而言,其应该作为侵权行为地及侵权结果发生地的补充才更为科学合理。

3. 混合连结点的选择与兴起

互联网的高度自治性使混合连结点在面对侵权案件时有了空前的适用价值。由于在跨境电商上所引发的侵权案件一般都是公民人格权的侵权案件,而人格权又是一种属人权。因此,各国所制定的侵权冲突规范都会选择首先保障受害人的权益,以免在法律选择的过程中受到二次侵害。另外,判断侵权主体的行为是否构成侵权,还应综合考虑侵权主体的侵权预期以及侵权行为地的法律规定。可见,主客观因素在混合连结点中的存在是各国基于司法实践不断转变而来的,其实则是意思自治的一种表现。需要指出的是,有的人认为主观因素不宜过多介入跨境电商侵权的法律选择,其担心在连结点中过多地引入主观因素将对最密切联系原则的适用带来相当大的障碍。但是笔者认为,连结点中有主观因素并不意味着在发生侵权后受害人可以无限制地选择对其有利的法律进行适用,原因在于法律的选择还需要考虑侵权主体及侵权结果发生地的法律规定。据此,各国的侵权冲突法立法也都遵循这一原则制定了相应规则。此外,虽然侵权案件是否能够根据当事人之间的意思自治来选择准据法尚有疑问,但是跨境电商上的侵权行为从根本上来说是当事人自由开展网络活动可能带来的潜在不利后果。从侵权目的来看,侵权主体往往是通过侵犯"网络用户隐私权"来换取其所或缺的商业价值。因此,意思自治不单在法律选择方面有助于进一步保障当事人双方的实体权益,同时也不可避免地造就了混合连结点在处理此类纠纷时的适用地位。需要指出的是,虽然许多国家都逐渐意识到了主观因素在连结点中的重要作用,但是对于跨境电商而言,主观因素在连结点中的适用仍存在一些问题。一般来说,在跨境电商中最常见的一类协议是网络用户与跨境电商之间签订的服务协议,在服务协议中当事人双方通常会对法律的适用进行约定,该约定的效力直接影响主观因素在连结点中的适用是否有效。根据跨境电商的行业惯例,有人提出协议的签订背景并不能体现网络用户与跨境电商之间的意思自治。原因在于,首先,跨境电商提供服务的前提条件是网络用户签订服务协议,但是服务协议的内容早已设定,属于格式条款。其次,该协议的签订也具有一定的强制性,即网络用户只有在签订协议的情况下才可以享受跨境电商为其提供的后续服务。最后,由于大多数国家均未要求跨境电商对其与网络用户之间签订的协议办理强制认证,因此对于该协议签订后的保管问题也有待解决。

(三)侵权连结点在跨境电商中的革新

1. 网址作为连结点的法律评析

针对互联网侵权案件连结点的选择,有的学者秉持着巴洛的"网络自由论"观点,认为互联网应该独立存在于现实世界,因此其法律选择的规则也应当重新制定。① 这一理论否定了传统侵权法律冲突规范,认为互联网是个特殊的区域,应通过网络自治的手段排除国家间的法律冲突。还有的学者认为,互联网是有别于现实生活的一个虚拟空间,其与现实生活相辅相成,既不能把传统规则全部推翻,也不能对虚拟空间不闻不问。因此,政府仍应该是互联网治理环节中的核心,各国应在法律允许的框架下探讨合理的互联网侵权法律适用问题。② 无论哪种观点被各国所接受,网址似乎成为在网络空间范围内连结点选择的最佳补充。应该说,将网址视为一种跨境电商上潜在的侵权连结点具有一定的合理性,但其也有很多问题有待完善。跨境电商的持续经营离不开服务器和网址的稳定运行,从技术层面上来看,跨境电商的交易流程其实就是网络数据在互联网上互换的过程。与此相对应的是,网络用户得以通过相同方式在计算机上获取其所需的网络信息。虽然网址有主被动之分,但是探究网址是否能够成为连结点的前提条件还是需要解决计算机的识别问题。随着科技的进步,目前世界上几乎每一台通用计算机在人工技术的干预下都被天然分配了一个固定的 IP 地址。③ 为了便于 IP 地址的记忆,提升互联网的便捷度和利用率,域名则起到了关键作用。域名是连接 IP 地址和网络用户之间的桥梁,当网络用户输入域名时,计算机会自动将其转换成 IP 地址进行跳转链接。由于 IP 地址具有唯一性,考虑到其识别的直观透明,一些学者即提出了 IP 地址所对应的网址可以作为确定准据法的连结点。相对于其他连结点而言,网址确实更容易被区分和识别,这有助于司法机关迅速找到所要适用的准据法。但是,持反对意见的人却认为网址只存于互联网当中,其并不直接介入和影响跨境电商的实际交易活动。例如,网址登记地在俄罗斯,但是网络用户和商家都在中国。那么,如果适用网址登记地即根据俄罗斯的法律处理发生在中国的跨境电商侵

---

① 参见缪霞:《互联网自治规则发展进路探析》,载《重庆广播电视大学学报》2019 年第 3 期。

② 参见付士成、郭婧滢:《社交媒体治理视角下的互联网法律监管与行业自治》,载《天津法学》2017 年第 3 期。

③ 参见[日]田口美帆:《互联网技术——从宽带到 21 世纪移动电话》,费珍岚译,科学出版社 2004 年版,第 25 页。

权纠纷显然并不合适。另外,对于网址是否可以作为连结点这一议题,通过Maritz,Inc. v. Cybergold,Inc. 案①的判决也可以初见端倪。电子黄金公司注册并拥有了一个网址,经过前期设定,只要有网络用户点击了该网址上的一个信息,电子黄金公司就会自动向该网络用户邮箱内发送一份广告信息。法官在审理了该起案件后认定不能仅凭网址作为法院管辖和适用法律的依据,应当同时结合其他因素予以考虑。相同的裁判结果和理由在 Panavision International LP v. Toeppen 案②中也有所体现。综上所述,我们并不能否认网址在侵权冲突法规则中起到的巨大作用,但就探索新型连结点的过程而言,我们应当清晰地认识到单纯将网址作为连结点有其适用的局限性。正如加拿大迈克尔·盖斯特所主张的一样,选择网址作为连结点还需要考虑合同是否经过预先同意及当事人之间有无约定适用其他传统连结点等因素。

2. 服务器所在地作为连结点的法律评析

众所周知,侵权法律冲突的连结点具有如下两个特点:第一,在适用过程中较为容易被识别且不易变化。第二,与实体案件具有紧密的联系性。服务器所在地并非传统意义上的连结点,其是通过对互联网的特性进行研究后加以确定的全新连结点。显而易见,相较于网址而言,服务器所在地更适合成为跨境电商侵权法律冲突的连结点。首先,由于在互联网中,每个网络用户包括电商平台都需要与网络技术服务提供者签订协议并由其提供相应的技术服务,而服务器所在地又往往依托于当地法律,因此服务器所在地的物理特征显然可以单独存在于现实生活中,这避免了法律被架空的可能,进而使各国法律都能够得以公平适用且更具稳定性,同时也更容易进行识别和定位,可以称得上是互联网中的"法律本座"。其次,基于网络数据的重要地位,跨境电商企业往往拥有自己的服务器,且都会建立相应技术部门专门负责服务器的日常维护。因此在实践中,更换服务器提供商或者将服务器进行跨国迁移的可能性远小于网址的变更。最后,服务器所在地的物理特征具备属地连结点的特点,另外对于跨境电商一类的互联网企业来说,服务器所在地也可以视为其住所地。但是即便如此,服务器所在地作为连结点仍存在一些问题有待解决。基于各国科技水平发展的差异,一些欠发达国家和地区的跨境电商企业往往会选择寻求跨国合作或将服务器建立在其他采用更高标准安全等级的国家,以保障跨境电商平台的服务质量和流畅。因此,对于服务器所在地的适用,该合作模式可能导致案件关

---

① See Maritz,Inc. v. Cybergold,Inc. ,947 F. Supp. 1328(1996).
② See Panavision International LP v. Toeppen,945 F. Supp. 1296(1996).

联性下降,进而被侵权冲突规则予以排除。此外,由于网络技术服务提供者往往并不直接参与跨境电商与网络用户的实际交易,且大多数情况下,其作为侵权行为人的可能性较小,因此将服务器所在地作为侵权连结点的关联度较小。与此同时,国际上也缺乏相应的立法实践,贸然采用服务器所在地作为连结点可能会产生司法混乱,甚至会对判决的承认和执行产生不利影响。但笔者认为,倘若跨境电商"网络用户隐私权"侵权行为确系发生在网络用户与网络技术服务提供者之间,则服务器所在地基于其具备的稳定物理特征,可以作为侵权连结点予以选择适用。例如,欧盟、葡萄牙、德国、奥地利、意大利等国家和地区就明确规定了服务器所在地这一基本法律适用原则,即在发生涉及网络技术服务提供者的跨境电商"网络用户隐私权"侵权问题时,应将服务器所在地法律作为准据法。

3. 网址访问作为连结点的法律评析

网址访问的行为类似于现实生活中侵权行为人的出现,其可以在同一时间对多家网站进行访问,也代表着其行使侵权行为的开始。因此,有的人将网址访问行为变相视为侵权行为的过程。持该观点的人还认为,访问行为即表示侵权行为人自认其受到跨境电商的监管。因而,网址访问可以作为侵权连结点予以尝试。但笔者对此观点不敢苟同,原因在于,首先,网站的访问浏览和现实生活中的踏足行为在物理空间上仍有很大差距,在侵权连结点的选择上需要区分该连结点与案件本身的紧密程度,并不能将所有与案件有关的因素都作为连结点,若这样,即使选择了准据法也会变得没有适用的价值和意义。其次,侵权行为人造访网站的真实目的是获取网站上所保有的网络数据,因此其并无受到跨境电商监管的主观意愿,也不存在与跨境电商达成一致意思表示的情况。

二、对侵权准据法的影响

传统侵权准据法的选择范围可能是一国的实体法也可能是国际公约和惯例。虽然准据法的适用是经过冲突规范的不断识别加以确定,但是在法律实践中,却往往不能照本宣科,还需要考虑其他实际问题。例如,世界各国对跨境电商的监管态度有所不同,甚至有些国家考虑到科技发展的保护问题,根本没有制定关于跨境电商的相关实体法律或者制定的法律相对滞后。另外,由于跨境电商尚属于新兴领域的产物,国际上也对其侵权行为缺乏相应的规定,国际条约和惯例也相当匮乏。[①] 因此,如果将侵权冲突规范指向这些国家或国际组

---

① 参见张晶晶:《网络侵权案件对国际私法的挑战》,载《河南教育学院学报(哲学社会科学版)》2015年第6期。

织,那么冲突规则就会变得毫无意义,准据法也将得不到有效适用。此外,法律选择的方法将直接影响准据法的适用效果,各国间关于法律选择方法的不同导致了其可预见性的不足,这也直接影响了案件当事人的权益分配。综上,有必要在事先了解传统侵权法律选择方法的基础上,客观分析跨境电商对准据法适用的影响,以便找寻改革出路。

(一) 传统侵权法律选择的方法

根据不同国际私法的学说和实践,大体上可将传统侵权法律选择的方法分为"依法律关系和规则的性质选择"[1]"依当事人间的意思自治选择""依最密切联系原则选择"[2]"依案件结果选择""依政府利益分析选择"[3]"依分割方法选择"[4]"依肯塔基方法选择""依有利原则选择""依有利承认与执行选择"九类。虽然各国侵权冲突法缺乏统一的可预见性,但这些法律选择方法在司法实践领域都造就了极为经典的案例,对研究跨境电商侵权法律适用问题与传统法律选择的方法之间的联系大有裨益。

(二) 涉外人格权侵权的法律选择

在涉外人格权侵权案件中,影响法律选择的三个因素是属地、属人和意思自治。相对于其他两个因素而言,属地因素具有明确地域边界的重要作用,也是运用最为广泛的一种因素,但不可否认法律选择是一个极其多元化的问题,属地因素的法律选择毕竟有其适用的局限性。因此,属人因素成为法律选择中不可或缺的又一大重要因素。需要注意的是,属人因素往往在选择适用的过程中需要权衡其行使的范围是否影响了他国的属地管理。可以说在涉外人格权侵权案件中,只要属地因素不损害国家的权威,那么属人因素的适用则往往更具有优先性。随着法学研究的不断深入,侵权法被赋予了更多补偿损失而非惩罚过错的责任,这也使各国在处理涉外民事法律纠纷的问题上,大多认同当事人意思自治优先于冲突规范的适用这一潜在规则。总体而言,涉外人格权侵权的类型可以分为属地化侵权、属人化侵权、自治化侵权和混合性侵权四种形式,不同类型的侵权其内在的法律选择方法也有所差异,这更直接影响了准据法的适用。

---

[1] See Symmous v. Cook, New L. J. 758(1981).

[2] See Auten v. Auten, The Conflict of Laws, 3rd ed., 1984, p. 328.

[3] See Alaska Packers v. California Industrial Accident Commission, *The Conflicts of Laws*, 3rd ed., 1984, p. 513.

[4] See Maryland Casulty Co. v. Jacek, *The Conflicts of Laws*, 3rd ed., 1984, p. 524-525.

1. 属地化侵权

属地化侵权是以地域为类别进行划分的侵权模式,其具体需要解决的是多个属地要素之间所指向的实体法不同而产生的冲突问题。在适用属地法的过程中,需要考虑两个方面的问题,一是属地法的适用效力和范围,二是侵权行为与所适用准据法之间的联系程度。可以说,涉外人格权需要依赖于属地法的保护。例如,在欧盟境内发生跨境电商涉外人格权侵权的案件,受害人只要在任何一个国家遭受到了侵害,则其就可以在任何一个国家独立提起诉讼。可见,属地化侵权是涉外人格权侵权法律选择中最为首要的依据。但是在适用属地法的过程中仍有一定差异:适用侵权行为实施地法的国家重视实体法秩序的维护;适用侵权结果发生地法的国家重视受害人的权益保护;对于一些类似侵害跨境电商"网络用户隐私权"的特殊侵权案件,则更重视冲突法的平衡问题。因此,属地法在涉外人格权侵权案件中不是严格予以适用的,不同的适用标准和方法,体现了各国对侵权法律冲突解决的不同的思路和理解。

2. 属人化侵权

属人化侵权与属地化侵权截然不同,其是根据属人要素进行划分的一种模式,在具体准据法适用的过程中,无论法律选择的方法是什么,其最终均会指向侵权人和受害人的属人法予以适用。在适用属人法的过程中,也需要考虑两个方面的问题,一是属人法的适用效力和范围,二是侵权行为与属人法之间的联系程度。在实践中,由于行为人的行为自由和其他行为人的人格权均需要受到法律保护,因此当侵权人和受害人的属人法发生冲突时,法律选择方法就显得尤为重要。同属地法一样,基于不同的立法目的,各国属人法的适用也存在多面性,即在实践中既可以将原告所在地法律作为准据法予以适用,也可以适用共同属人法。另外,欧盟曾经为解决这一问题制定了《非合同之债法律适用条例》,完善了侵权法律的规则,加速推动了欧盟国际私法的统一化进程。[①] 虽然英国的 Chaplin v. Boys 案[②]和美国的第二次冲突法重述将属人法的适用范围进行了一定的明确。但不可否认,即便涉外人格权侵权案件有着较强的属人法属性,但世界各国尚未将属人法的地位放置在显著位置。

3. 自治化侵权

自治化侵权其并非仅指当事人选择实体法的自由,还包括了当事人对法律选择方式存在意思自治的自由,在具体选择准据法的过程中,一般仍应将其控

---

① 参见欧盟《非合同之债法律适用条例》第 10-15 条。
② See Chaplin v. Boys, AC 356(1971).

制在私法层面予以考虑。需要指出的是,对法律选择方法的意思自治这一方法仅在部分成文法系国家中予以流行,其适用效果并未得到国际私法的公认。此外,自治化侵权的意思自治需要排除对公法的适用,在此基础上,笔者认为,针对跨境电商上的涉外人格权侵权行为,可以将意思自治的范围扩展到非国家法的层面,即通过某一联盟或集合体内部达成的规范或规约予以广泛使用,这也是法律多元化发展的一种印证和形式。

4. 混合性侵权

所谓混合性侵权,是属人化侵权、属地化侵权和自治化侵权的交叉混合适用的一个种类,究其本源在于各国逐渐发现行为人的行为自由与其他行为人的人格权已经不能单纯通过法律选择的方法予以平衡解决。因此,混合性侵权的法律选择方法在属人化侵权的基础上有所变更,其主张以受害人人格权保护为基础,进而根据属地法与当事人对法律选择方法的意思自治来选择案件所需适用的准据法,并将当事人的可预见性一并作为适用条件予以规范。

(三)侵权准据法在跨境电商中的挑战和机遇

1. 侵权准据法适用的不确定性

跨境电商是近现代发展的产物,各国对此态度不一直接导致了其法律适用的规则并不相同,在法律适用的过程中各国考虑的侧重点也各不相同。结合涉外的因素,使侵权准据法在跨境电商中的适用充满了复杂性和不确定性。另外,包括我国在内的一些国家至今尚未制定跨境电商中有关侵权责任的各类实体法律,抑或即便制定了相关法律但仍缺乏一定时效,无法与当今迅猛发展的互联网产业相匹配。因此,极易出现即便根据侵权冲突规则确定了准据法,但在客观上仍无从适用的窘境,这同时也为法律查明工作者带去了相当大的工作压力。

2. 侵权准据法适用的公法与私法竞合

与传统民事侵权案件以属地法来决定法律适用的方法不同,在侵权准据法适用的过程中,跨境电商使国际公法与国际私法在适用界限上也产生了竞合关系。例如,侵权行为人在跨境电商上采取的侵权行为,依照其国籍国的法律并不属于犯罪活动,但是依据侵权行为地国的法律构成犯罪,此种情况即最为典型和常见的公法与私法竞合现象。相较于传统侵权行为而言,公法与私法的竞合则更容易在跨境电商上出现。因此,探寻跨境电商侵权的法律适用规则及机制,是解决这一问题的最佳途径。

3. "非国家法层面"的侵权准据法适用

众所周知,传统准据法的选择范围并不包括行业规范,但是之所以在跨境电商领域出现众多法律适用的冲突,其内在的原因除了各国文化的差异外,还有很大一部分原因在于互联网的"无为而治"。所谓"无为而治",并非指的是为了经济的不断发展,而放任侵权行为在互联网中的一味扩张,其真实意思是在各国缺乏统一准据法的情形下,跨境电商侵权行为并未得以泛滥的背后原因在于互联网的行业自治,即虽然没有形成书面约定,但为了确保跨境电商行业的健康和有序发展,全球跨境电商平台都主动地遵守各地关于跨境电商的行业规范。实践中,这样的行业规范不一定都需要体现在纸面上,甚至很多规范都是约定俗成的交易习惯,但正是这种交易习惯的存在,在一定程度上保证了即便准据法的缺位也并未使跨境电商上的侵权行为产生较为严重的法律后果。另外,从表面上来看,通说认为侵权连结点所指向的准据法是实体法,而跨境电商行业规范似乎并不适用。从法理上来分析,当缺乏法律规定或者法律规定并不适用于跨境电商行业特性时,交易习惯及惯例等非成文法的优势则尽显无遗,其非但能够解决侵权法律冲突的各项问题,也能更好地处理跨境电商领域的侵权事项。因此,"非国家法层面"的各类行业规范作为法律习惯,可以称得上是侵权准据法适用的有效补充,并非不值得一试。需要注意的是,以跨境电商行业规范为例,其形成是基于大量跨境电子交易活动。由此也可以预判,行业规范的制定势必缺乏一定的法律思维和理论基础,面对这些缺陷,各国在其法律适用的选择过程中应结合自身文化情况予以衡量和应对,对于明显违反其强制性法律规定的行业规范,应当及时叫停以确保当事人之间享有的诉讼权利不受不当准据法的干预。

三、对侵权法律适用原则的影响

在全球范围内,虽然存在许多侵权法律适用的原则,但相较于其他原则而言,侵权行为地法原则、法院地法原则与最密切联系原则可以称得上是比较主流和通行的法律适用原则。跨境电商的出现不仅使侵权行为的数量有所增加,也使得侵权行为的种类与以往大不相同,这些因素都给传统的侵权法律适用原则带去了不小的冲击。

(一)侵权行为地法原则

侵权行为地法原则源于布莱威顿诉哥多曼案,其背后体现了侵权冲突法理论体系的多元化协同发展,是世界各国在处理侵权法律冲突过程中适用最为广泛的一种原则。但各国在实际适用侵权行为地法原则的过程中对侵权行为地的识别和认识还有所差异,加之跨境电商人格权侵权实则是一个较为动态的过程,因此这些因素都直接导致了侵权连结点选择的飘忽不定。另外,侵权行为地法原则的适用在实践中存在"重程序而轻实体"的现象,即法院只负责程序正义而不顾实体法的适用是否存在问题。按照传统的法律惯例和规定,当侵权行为存在多个侵权结果发生地时,受害人有权在此范围内选择法律予以适用,但跨境电商使侵权行为人的侵权结果发生地无限扩大,客观上也为受害人刻意选择对其赔偿更为有利的法律创造了条件,甚至会导致侵权行为地法形同虚设的不良后果。

(二)法院地法原则

由于法院地法原则过于强调国家司法主权的保护而忽视了互联网全球化的包容性特点,因此在跨境电商相关案件的侵权法律适用方面,单纯采用法院地法原则的国家在现实中较为少见,大多数国家则是通过法院地法原则与侵权行为地法原则重叠适用的方法解决侵权冲突法的问题。即便如此,虽然法院地法原则没有在具体法律条文中予以释明,但是一些国家在跨境电商人格权侵权的司法实践中出于各方原因,仍习惯援引法院地法审理案件。又由于法院地法与侵权行为地法在实体法层面对于侵权行为的认定标准有所不同,坚持适用法院地法原则可能会出现所选择的准据法并不适用于特定案件的情形,有违案件审理的公正性,同时也为当事人挑选法律适用创造了一定空间,这些现象都极大地阻碍了电子交易活动的正常开展。

(三)最密切联系原则

随着"侵权行为地法"的提出,最密切联系原则逐渐在侵权冲突法领域被大量予以适用。但是在跨境电商领域,最密切联系原则的适用意味着侵权冲突规则赋予了法官更多的自由裁量权。最密切联系原则适用标准和规则的缺失以及跨境电商侵权案件的复杂特征,这些都给法官在准据法的选择过程中平添了许多考量因素,其一方面会带来最密切联系原则适用后同案不同判的矛盾,另一方面也会为法官适用本国法滋生相应借口。因此,需要制定相应规则使得最密切联系原则的适用更为科学合理。

第三节 "网络用户隐私权"侵权的特点

毫无疑问,跨境电商使侵权法律适用规则在原有基础上产生了许多新的变化。首先,各国之间的民间交往都随着科技的进步更为紧密,随之引发的侵权案件数量也在不断增加,传统侵权行为地的内涵和界限变得愈加复杂和模糊,给连结点和准据法的选择也增添了不少难度。其次,传统准据法选择的属地主义"独裁"考量被渐渐淡化,实质正义逐渐崭露头角,进而使侵权实体法适用的本质发生了变革。再次,单一连结点或准据法的选择时代已经远去,侵权冲突法理论体系正随着各国法律多元化的路径协同发展。最后,跨境电商上的侵权类型也在发生质的变化,单一的属地化侵权被其他各类复合型的侵权模式所取代,法律选择的方法正呈现出更为多样化的特点。"网络用户隐私权"作为一种人格权的法益,在跨境电商中极易被他人侵犯。因此,对"网络用户隐私权"侵权法律适用特点的研究将更有利于摸索侵权冲突规范的发展态势,进而制定出符合跨境电商领域的"网络用户隐私权"侵权法律适用规则。

一、侵权法律适用规则的趋同化

法律的趋同化与全球化一样都是一个比较大的概念,就侵权法律适用规则的发展趋势而言,一些学者认为法律全球化在将来具备特定条件的情况下将有可能得以实现。[1] 笔者认为,目前各国之间不仅在法律规定上,还在科技、文化、政治、军事、宗教、信仰等各个维度都存在较大差异,法律全球化实则是建立起一套行之有效的国际法律和规则,其适用的前提条件是各国的认同和执行,虽然法律的全球化将直接解决各国当下存在的侵权法律冲突问题,但其终究是一种美好夙愿。相比于法律的全球化而言,法律的趋同化发展可以称得上是当代国际私法理论体系的发展方向。[2] 一方面,法律的趋同化发展正在不断地发生变化。为了减少侵权法律冲突的影响,联合国、欧盟、世界贸易组织等正在共同努力。例如,海牙国际私法会议等国际权威法学会议均已经在一定的法律体系框架内形成了一些统一的侵权冲突法规则。另一方面,法律多元化使得"非国际法"层面的自治性规范也逐渐被各国所接受,进而成为法律趋同化的重要一环加以适用。"网络用户隐私权"法律适用的趋同化主要表现在两个方面,一是国际私法价值的趋同,即内国法的法律规定和制定与外国法互相借鉴,使法律适用的规则逐渐趋同。二是国际私法形式上的趋同,指的是各国通过法典或者成文法的形式使趋同化发展变得肉眼可见。虽然法律的趋同化给属地主义带去了不小的挑战,使国家对跨境电商"网络用户隐私权"侵权的管控程度有所下降,但是面对这一挑战,各国都在通过立法的形式采取如增加连结点的选择以及赋予"非国家法"层面的自治性规范一定的法律地位等更为灵活的侵权法律适用规范来解决侵权法律冲突,跨境电商等非国家共同体也正在通过自我治理的方式逐渐将其转化为侵权冲突法的延伸被予以广泛适用,这些都不可谓一种新的突破和尝试。

---

[1] 参见戈士国、杜启顺:《法律全球化:预设、反思与展望》,载《中州学刊》2019年第12期。
[2] 参见李双元:《"一带一路"倡议下国际私法理念的新发展》,载《陕西师范大学学报(哲学社会科学版)》2019年第2期。

二、侵权法律适用规则的成文化

国际私法的主要目的是解决各国之间形成的由来已久的法律冲突,因此"网络用户隐私权"在跨境电商中的侵权法律规则制定必须具有普适性和确定性。对于确定性而言,其与灵活性之间的优先适用关系一直被各国长期争论。美国经历了数次冲突法重述之后,对大多数的侵权冲突法确定性规则进行了批判,法学家柯里更是号召通过个案处理的方式来应对法律冲突,而不是冲突规则的制定,①而欧洲各国却主张在坚持冲突规则的情况下尽可能体现法律适用的灵活性,并进而制定出了混合连结点等冲突规则。可以说,欧美各国至今仍对法律冲突的确定性和灵活性的平衡问题有所争论,但随着冲突法的不断趋同和共融,各国也逐渐习惯通过成文法的修订来弥补侵权法律适用过程中的不确定性。成文化的发展对于国际私法而言,主要有两方面的意义和价值。最为重要的是,一旦侵权法律适用规则成文化,就意味着该国国内的侵权冲突法体系已经逐渐形成,具备了适用的条件。另外,规则的成文化还意味着涉外及区际侵权法律冲突解决的可能性在不断增加。"网络用户隐私权"在跨境电商中的侵权虽然具备灵活多变的特点,但是在本质上其仍需解决的是侵权法律冲突问题,因此也离不开法律规则成文化的发展。

三、侵权法律适用选择的多样化

著名法学家弗里德里希曾将侵权法律适用的方法归纳为单一的法律选择方法和多边的法律选择方法两种。② 具体而言,单一的法律选择方法主要分析实体法的规定,而多边的法律选择方法则更注重对法律关系的梳理。"网络用户隐私权"在跨境电商中的法律适用方法呈现多样化特点。首先,"法律关系本座说"即肯定了法律关系可以通过地域化来进行确定,因此国际私法也将连结点作为确定准据法的一种选择方式。但在跨境电商"网络用户隐私权"侵权案件中,根本无从确定相应侵权连结点及准据法,这就为属地法的适用增添了一定难度。其次,网络用户的属人性身份随着法律的多元化变得更加复杂。例如,一名德国的网络用户,其既是网民,同时又是德国公民,还是欧盟公民,在属人法的适用过程中需要结合具体案件分析相应的法律关系以此来确定所需适用的准据法。因此,单一的法律选择方法已经不能适用于"网络用户隐私权"在跨境电商中的侵权案件,这使传统的侵权冲突法出现了适用的难点,而多边

---

① See Brainerd Currie, *Notes on Methods and Objectives in the Conflict of Laws*, Duke Law Journal, Vol. 19, p. 177(1959).

② See Friedrich K. Junenger, *A Page of History*, Mercer Law Review, Vol. 35, p. 450-460(1984).

的法律选择方法则更容易被当代侵权冲突法所接受，但这并不意味着单一的法律选择方法已经完全被当下的时代所摒弃。因为，单一的法律选择方法具有较为悠久的历史背景，其对侵权冲突法的影响极大。此外，包括"法院地法""政府利益分析"等法律原则的适用始终贯穿在整个侵权冲突法的变革之中得以发展，美国就采用了单一和多边的法律选择方法相混合的模式来制定侵权冲突法。因此，单一的法律选择方法至今仍是多边法律选择方法的一大重要补充。另外，作为人格权侵权的典型现象，"网络用户隐私权"侵权的根本属性还是属人化侵权。面对多元化的属人关系，在法律适用方法的选择方面，还是应当以属人法作为其基础，通过对当事人共同属人法的认定确定准据法适用的首要条件。

四、形式正义与实质正义的衡平

虽然实质正义的出现远早于形式正义，但是相对于实质正义而言，在传统侵权冲突法规则适用的过程中，以"侵权行为地"为主导的形式正义更是首要考虑的因素。美国冲突法重述的兴起，使得"最密切联系原则""例外保护""强制性规则"等具有实质正义的原则被逐渐运用于侵权冲突法规则的制定中。究其原因在于涉外侵权案件的不断激增，使得侵权冲突法规则的选择范围已经不再单纯是以一国本国法为边界，而是在实践中需要考虑其他国家的实体法以及本国法对处理侵权案件的适用性等问题。据此，美国学者格哈德也认为，实体法和冲突法并不完全独立，在实际适用的过程中冲突法其实是实体法的组成部分。[①] 可见，实质正义和形式正义两者之间并不存在矛盾之处，冲突法的形式正义其主要是通过法律适用原则的确定来解决可能发生的法律冲突，而实质正义是在形式正义已经确定的范围内，从实体法的层面有限地考量案件的公平、公正问题。从冲突法立法者的视角来看也不难发现，制定的侵权冲突法规则实际上也未必是法官的唯一选择。因此，实质正义是侵权法律冲突发展的方向，其与形式正义是一种互相影响、互相包容，甚至在一定层面可以互相转化适用的关系。"网络用户隐私权"侵权案件作为跨境电商中的典型人格权侵权案件，同冲突法的发展趋势一样也存在形式正义和实质正义的衡平特点，在侵权冲突法的选择层面应当在符合形式正义的基础上，同时考虑法律适用的公平效果，这既是实质正义存在的必要特征，也是"网络用户隐私权"侵权的又一大法律适用特点。

---

① See Gerhard Kegel, *Paternal Home and Dream Home: Traditional Conflict of Laws and the American Reformers*, American Journal of Comparative Law, Vol. 27, p. 617(1979).

本章小结

　　跨境电商"网络用户隐私权"存在许多法律冲突,进而影响了侵权法律的适用。本章在介绍网络隐私侵权新发展的基础上,提出跨境电商"网络用户隐私权"保护对侵权法律适用的影响和挑战,并总结出侵权冲突规则在跨境电商中的未来发展趋势以及"网络用户隐私权"侵权的法律冲突特点。

　　由于"网络用户隐私权"侵权案件在跨境电商中具备互联网和涉外性的双重特点。加之国与国之间关于数据流转规则、法律和技术保护要求、电商行业发展政策以及司法主权认识方面的显著差异,这些都加剧了侵权法律冲突的产生。此外,跨境电商的虚拟化使属地和属人连结点的确定性规则变得愈加模糊,"网络新主权理论"的兴起也使"网址""服务器所在地""网址访问"等多元化的混合连结点选择方式成为备选。在准据法的选择方面,行业规范等非国家法作为跨境电商侵权准据法适用的有效补充也显得非常有必要。

　　综观世界各国"网络用户隐私权"侵权法律冲突的问题不难发现,现代侵权冲突法的理论体系更为多元,其已经不再单纯被局限于国际私法领域。实质正义且兼具补偿性功能的实体法得以被再次重视。同时,受害人有利原则也被广泛适用。另外,在法律选择的方法上,跨境电商"网络用户隐私权"侵权的法律冲突没有选择沿袭传统方法,而是依靠更为多元化的选择路径,使得类似案件能够选择更为公平、合理的准据法予以适用。

　　本书认为,跨境电商为侵权法律冲突规则带去了一定的冲击,但是在面对跨境电商"网络用户隐私权"侵权案件时,其侵权冲突法的本质仍未改变。因此,笔者对"网络新主权理论"逐一进行了驳斥。相反,混合连结点和行业规范等非国家法的选择,在跨境电商"网络用户隐私权"侵权法律适用中却能起到非常重要的作用。显然,侵权法律适用规则和方法的趋同化、成文化、多样化以及实质正义和形式正义的衡平将成为未来侵权冲突规则在跨境电商中发展的必然趋势。鉴于此,深入了解跨境电商"网络用户隐私权"的侵权法律冲突将为侵权法律适用规则的完善奠定理论基础和研究价值。

第三章 跨境电商"网络用户隐私权"侵权的法律适用规则

数百年来，欧洲大陆习惯通过侵权法律适用规则的制定来选定准据法，从而逐渐发展形成了"法则区别说""国际礼让说""法律关系本座说"等经典理论学说，而美国则是全世界第一个通过颁布一系列实体法令来全面保护公民隐私权的国家，在面对侵权法律适用的冲突时，其更注重通过法律选择的方法来确定准据法。美国冲突法发展承继于欧洲的一些大陆法系国家，在相继经历了两次冲突法重述之后，从"法院地法说"到"政府利益分析说"再到"最密切联系原则"等一系列独具其本国特色的法律选择方法不断涌现，为侵权冲突法的解决提供了另一条可资借鉴的路径。与此同时，在美国冲突法革命的大背景下，欧洲也对其传统的侵权法律适用规则进行了大刀阔斧的改革，进而演变出了"强制性规则"等理论体系，深化了侵权法律适用的实践意义和价值，使公法和私法的联系更为紧密。传统的法律选择规则和方法是以现实世界中的地域性作为其基础予以适用的，虽然目前美国与欧洲大陆法系国家在法律选择与适用问题上仍存在诸多差异，但是，随着科技的进步以及越来越多跨境电商侵权案件的出现，美欧等国也逐渐意识到原有的法律选择规则和方法与现实社会已经逐渐发生偏离和脱节，以至于越来越难以适应和解决跨境电商上发生的各类侵权法律冲突问题。但这并不意味着传统法律选择规则和方法的法律理念存在问题并被完全淘汰。恰恰相反的是，经过数百年来的积累和沉淀，这些法律理念已经完全深入人心，人们需要做的只是通过互联网的视角对这些法律理念进行相应的改造，以使其适应当今世界的变革和发展。因此，继续沿用传统的法律选择规则和方法来解决跨境电商上的侵权法律冲突并不会出现有些学者论证的各种问题，相反，我们更应当在尊重传统法律规则的前提下，通过考察其他新连结点适用的可能性，抑或在原有的连结点基础上进行一定程度的革新来对跨境电商侵权法律的识别进行规范。通过研究与比较欧盟与美国"网络用户隐私权"保护在侵权法律适用的规范演变和司法实践，可以深刻了解其冲突法改革背后的真实原因，并结合目前各国有关"网络用户隐私权"侵权法律适用的特殊规则，分析他们在其他国家复制适用的优劣，进而寻求跨境电商"网络用户隐私权"法律适用从一般侵权到特殊侵权的发展以及特殊侵权法律适用的再突破。

第一节 一般性规范与实践

随着跨境电商行业在各国境内的不断发展,各种涉外侵权纠纷接踵而至,面对侵权准据法的选择问题,传统的侵权法律适用规则主要包括法院地法规则、侵权行为地法规则和双重可诉规则。相较而言,虽然法院地法规则具有更早的历史渊源,但侵权行为地法规则却是处理涉外侵权法律冲突的主要规则。此外,英国在前述两者的基础上,采用了较为革新的双重可诉规则,也起到了非常显著的效果。只有在全面研究和分析传统侵权法律适用规则和实践的基础上,才能进一步理解和揭示国际私法中侵权法律冲突的内部理论和价值取向,进而为跨境电商"网络用户隐私权"侵权的法律适用问题寻找相应出路和对策。

一、法院地法规则

法院地法规则是侵权冲突法领域中较早被运用的一项法律规范,其早在国际司法发展的初期就已经被人们所熟知,考虑到司法主权和便捷性的问题,当时的法院在面对新型侵权案件时,会习惯性地寻求法院地的法律进行判案。追溯法院地法规则的本源不难发现,它的存在与适用实则具有一定的合理性,同时也为国际私法发展的理论学说奠定了一定的基础。

(一)法院地法规则的基本理论

1. 华赫特理论

华赫特是第一位发现侵权冲突法问题的法学家,[1]他认为在处理侵权冲突的法律适用过程中,各国应当建立和遵循统一的规则来选择合适的准据法。在此之前,应当根据国内的实体法即法院地法的立法精神进行判案。基于侵权的属人法特征,当侵权行为人和受害人均系本国公民时,无论侵权行为地在其国籍国境内还是境外,都应当适用法院地法。如果发生了外国人起诉本国公民侵权的情形,只有当侵权行为地在他国且依据侵权行为地的法律判断该外国人的行为并不构成侵权,抑或不会支持任何赔偿时,侵权行为地法才可以作为侵权行为的法律适用规则被法院地法的本国公民运用以进行适度抗辩。

---

[1] 参见吕岩峰、王彦志:《国际侵权关系法律适用的实证法流变及政策考量》,载《社会科学战线》2011年第10期。

2. 萨维尼理论

在华赫特理论的基础上,德国学者萨维尼提出了法律关系本座说的观点,其认为法律关系从属于法律规则并由其支配,任何一个法律冲突都可以通过对法律关系的梳理进而确定所应适用的规则。[①] 因此,萨维尼认为在准据法的选择过程中,应该先根据不同案件的法律关系确定法律的适用界限,从而寻找出相适应的法律适用规则。[②] 可以说,法律关系本座说的理论特点在于它的国际化视角,相较于法则区别说的理论方法,萨维尼为法律实务工作者选择侵权准据法提供了除侵权行为地法之外的另一种可靠思路。在解决侵权冲突法的具体问题上,萨维尼认为侵权的实体法规定应该具有一定的强制性和惩罚性,法律颁布的背后是对公共秩序的维护,[③]因此,唯有法院地法才是行为人实施侵权行为后的本座法律,也是发生侵权冲突后准据法的适用方法。

3. 威希特理论

威希特与萨维尼身处于同一个时代,基于对侵权行为的认识以及对司法主权的个人理解,其认为侵权案件的准据法选择应当与犯罪行为的准据法选择相类似,采用法院地法进行适用可以排除他国法律的不当干预。德国法学家康·佛罗恩德也认为,侵权行为在法律适用上如果没有等同于犯罪行为,那也至少是高度重合的,两者在具体赔偿和认定标准上区别并不大。[④] 此外,与萨维尼提出的法院地法规则绝对适用的理论学说不同的是,威希特认为法院地法规则的适用应该是有条件且相对的,[⑤]其并未排除侵权行为地法规则的适用,但认为侵权行为地这一选择标准并不能无条件地适用于所有的侵权案件。原因在于侵权案件本身涉及属人性问题,因此在确定法律适用规则的过程中还应当考虑行为人的本国法律,即只有受害人是侵权行为地国公民,同时侵权行为地的法律并未规定行为人的行为构成侵权行为,才可以对法院地法规则的适用提出异议。

---

① 参见[德]弗里德里希·卡尔·冯·萨维尼:《法律冲突与法律规则的地域和时间范围》,李双元等译,法律出版社1999年版,第1页。

② 参见徐鹏:《涉外法律适用的冲突正义——以法律关系本座说为中心》,载《法学研究》2017年第3期。

③ See Westlake, *Private International Law*, 5th ed., Bentwich, p. 282(1925).

④ See O. Kahn-Freund, *Delictual Liability and the Conflict of Laws*, 1st ed., Recueil Des Cours, p. 124 (1968).

⑤ See Kurt H. Nadelmann, *Wachter's Essay on the Collision of Private Laws of Different States*, American Journal of Comparative Law, Vol. 13, p. 425(1964).

(二)法院地法规则的域外实践

1. 英美法系的域外实践

法院地法规则提出后,英美法系国家的反响各不相同。受到萨维尼法院地法规则绝对性适用的影响,无论是在面对管辖问题还是法律适用的问题上,英国法院从17世纪开始都只对其本国境内发生的侵权案件适用法院地法进行裁判,最为典型的案例是发生于1868年和1870年的Halley案[1]和Phillips v. Eyre 案[2],其中 Halley 的裁判理由最为经典,法院认为当侵权行为地的法律认定一起案件构成侵权,而法院地法即英国法持相反态度时,如果贸然适用侵权行为地的法律给予原告相应救济,则会使其与英国的司法主权和法律适用规则相冲突,因而是不能被接受的。从该案中不难看出早期英国在法律适用方面的排外倾向,也足见法院地法规则在英国适用的完全和彻底。另外,对于美国而言,许多州的法院在很长的一段时间内都拒绝将非本州的法律作为侵权的准据法予以适用,除非其他州的立法与本州立法相似,这一做法也得到了美国联邦最高法院的默许。因此,在理查德森诉纽约中央铁路公司案[3]等一些案件中,都严格遵循着法院地法规则。但是受到第一次冲突法重述的影响,法院地法规则在美国的适用遭受了前所未有的激烈抨击。先是美国联邦最高法院在 Huntington v. Attrill 案[4]中否定了法院地法规则的绝对适用价值。随后,纽约州上诉法院在1918年的卢克斯诉纽约斯坦德汽油公司案[5]中索性承认了当事人适用侵权行为地法规则的自由,进而彻底将法院地法规则打入"冷宫"。

2. 大陆法系的域外实践

虽然理论界对法院地法规则给予了高度的评价和肯定,但是在实践中,大陆法系国家适用法院地法规则的情形却相对较少。法国是拒绝适用法院地法规则的坚挺派,其只有在公共秩序保留时才会对法院地法规则"敞开大门",但即便是限制性的适用,法国对公共秩序保留的认定标准也非常严格,这也在客观上表明了法院地法规则的适用基础早已丧失。对于德国法院而言,其曾在历史上多次通过法院地法规则的适用来裁判跨州的侵权案件。但是在1900年德国《民法典》颁布之后,法院地法规则的适用则变得越发稀少,同法国一样,只有在发生公共秩序保留时,法院地法规则才得以从幕后走向台前。由此可见,

---

[1] See Halley, L. R. 2Adm. & Ecc. 3(1868).
[2] See Phillips v. Eyre, LR6OB1(1870).
[3] See Richardson v. New York Central Railroad Co., 98 Mass. 85(1867).
[4] See Huntington v. Attrill, 146 U. S. (1892).
[5] See Loucks v. Standard Oil Co. of New York, 120 N. E. 198(1918).

与英美法系国家不同的是,大陆法系国家习惯将法院地法规则作为侵权冲突法中的一种特殊而非主要规则予以适用。

(三)适用法院地法规则的法律评价

法院地法规则是世界上最为古老的侵权冲突法适用规则之一,基于萨维尼和威希特的学说,早期世界各国的国际私法学说和实践都大量充斥着法院地法规则的适用规范。[1] 另外,在司法实务中也可以将法院地法规则分为单一适用和混合适用两种类型。所谓单一适用指的是单纯以法院地法规则作为解决侵权冲突法的主要依据,而混合适用是在单一适用的基础上,将法院地法规则与其他规则一并补充适用的模式,最为典型的是英国的双重可诉规则。研究法院地法规则的理论与实践将有助于根据其自身利弊进而分析出跨境电商"网络用户隐私权"侵权案件的法律适用价值,并为后续该领域下侵权法律规则的确立打下基础。

法院地法规则相较于其他规则而言的优势毋庸置疑。近年来,法院地法规则在国际私法中的回归趋势越发明显,即其连结点的选择更为固定,因此其也具有更强的确定性,同时也意味着其能够迅速解决涉外侵权的法律冲突问题。另外结合法院地法规则的域外实践不难发现,大陆法系国家限制性适用法院地法的唯一理由在于公共秩序保留,即通过比较内国法与外国法之间的适用关系来确保法律的适用不会违反法院地法的强制性规定。同时,法院地法规则的适用将大大降低原告的诉讼成本,同时也减少了法官在法律查明和理解过程中所需花费的大量财力和人力,为案件的实体解决带去了一定的便利性。另外,法院地法规则的优势同时也可能成为其适用的难点和劣势,其连结点的确定化一方面固然能够使其在侵权冲突法中独占鳌头,另一方面,将法院地法作为准据法也势必意味着最终适用的一定是法院地的国内法,其唯一性和绝对性均断然不可能使其成为各国所公认的侵权冲突规范。公共秩序保留的适用范围在当今国际私法理论体系中大有逐渐缩小之势,原因在于法官的自由裁量权一旦使公共秩序保留滥用,将可能导致司法主权保护的抬头,进而使侵权冲突规则落空,影响各国正常民商事交流活动的开展。另外,法院地法规则的适用可能还会使受害人通过选择法院进而达到选择法律的目的,这样会导致各国发生同案不同判情形的概率增加,也不利于各国法院判决的承认和执行。

综上所述,法院地法规则是否能作为跨境电商"网络用户隐私权"侵权冲

---

[1] 参见吕岩峰、王彦志:《国际侵权关系法律适用的实证法流变及政策考量》,载《社会科学战线》2011年第10期。

突法依据仍存在诸多争论。有学者在1999年的海牙国际私法会议上曾提出法院地法规则可以在网络侵权中予以适用的理论观点。此外,跨境电商"网络用户隐私权"的侵权连结点往往是动态且多变的,法院地法规则的适用在相当大的程度上能够使案件准据法本身的选择更为清晰和确定,其非但具有历史意义,还在一定程度上具备了现实意义。在司法实践方面,包括但不限于 UEJF and Licra v. Yahoo! Inc. and Yahoo France 案以及 Litton Systems, Inc. v. Honeywell Inc. 案也都将法院地法规则运用到了网络侵权案件中,通过法院地法进而处理实体侵权问题。[1] 其实,当今世界格局已然与萨维尼等人提出法院地法规则的时代完全不同,随着全球科技的大力发展,大部分的侵权行为更多被人们视为国际私法而非国际公法问题,因而侵权实体法也逐渐从惩罚向衡平予以转变。另外,在跨境电商侵权案件中一旦出现当事人挑选法院或选择法律的现象,则意味着世界各地任何一个国家的法律都有可能成为侵权冲突适用的准据法,因此,虽然单一法院地法规则经过了理论和实践的双重考验,但其适用却是与跨境电商的全球化发展背道而驰的,同时也更容易出现司法保护和法律规避的不良影响,这也直接导致了法院地法在跨境电商中的单一适用并不可能成为国际上的通行做法。目前,在涉外侵权法律规则的制定上,各国均盛行以多边方法为主导,以单边方法为辅助的模式以更加全面、综合地适用特别是跨境电商领域的侵权法律选择,也只有在尝试理解法院地法与侵权行为地法的自然联系,以审查侵权行为的认定和赔偿依据是否合法,进而判断案件是否具有可诉性的基础上,才能够对法院地法规则加以合理适用。

二、侵权行为地法规则

侵权行为地法规则作为侵权冲突法的经典适用规则是侵权冲突法体系中最早确立的原则之一,[2]其早在国际私法产生的初期就已经得到了世界各国的承认和青睐。虽然侵权冲突法的理论学说历经了几个世纪的变革得以不断发展,科技的进步也使侵权行为的发生更具复杂性和多样性,但是即便如此,侵权行为地法规则仍是目前各国在立法和实践中大量推崇的一种法律适用规则,有着广泛的影响力和适用价值。因此,对侵权行为地法规则发展的理论和实践研究,能够分析出其对跨境电商"网络用户隐私权"侵权案件法律适用的作用和意义,进而就其在适用过程中出现的问题进行路径分析。

---

[1] See Litton Systems, Inc. v. Honeywell Inc., 238 F. 3d 1376(2001).
[2] 参见[法]亨利·巴迪福:《国际私法各论》,曾陈明汝译,台北,中山学术文化基金董事会1975年版,第255页。

(一)侵权行为地法规则的基本理论

1. 法则区别说理论

法则区别说是意大利著名法学家巴托鲁斯提出的理论观点,在该理论学说提出前,只有零星的法律适用问题产生,各国也都没有意识到法律冲突的重要性。直到巴托鲁斯时代,其创立的法则区别说才将法律规则区分为属人、属地和混合三种,并作出了侵权行为属于混合法则的归类。虽说巴托鲁斯没能直接确立侵权行为地法这一理论学说,但是在确定侵权冲突法的过程中,其大幅度凸显了侵权行为地法规则的适用价值。因此可以说,侵权行为地法规则源于法则区别说的理论基础,巴托鲁斯被称为国际私法之父也是当之无愧。

2. 国际礼让说理论

国际礼让说是荷兰著名法学家胡伯提出的观点,其在一定程度上继承了法则区别说的理论体系并认为为了保障各国的司法主权,在适用法律的过程中应该采用礼让原则以承认他国法律的现实效力。国际礼让说是建立在主权国家这个层面的国际私法理论,而属地和属人的因素是国家行使法律效力的范围。需要指出的是,在侵权冲突法的规则上其并未改变侵权行为地法规则在侵权法律适用中的地位,只是进一步指出了侵权行为地法并不能违反本国法律的强制性规定。

3. 既得权理论

既得权理论曾在侵权冲突法领域被英美法系国家适用了较长的一段时间,其是在国际礼让说理论基础上演化而来的。既得权理论认为"礼让"一词从严格意义上来说表达得并不清晰,而实际上其在适用法律的过程中并非对他国法律的直接承认,而是对他国法律所规定的权利义务的承继,诉讼地法院应当做好一定的配合和协助工作。这一理论学说虽然由英国著名法学家黛西提出,但是其最终却是在美国生根发芽,在 Slater v. Mexican National R. R. Co. 案[①]中,美国联邦最高法院最终就是援引了既得权理论作为案件判决的法理依据,为美国随后的第一次冲突法重述开辟了理论先河。但是,既得权理论也并不是完美无缺的,对既得权理论持反对意见的学者认为其并没有解释清楚侵权行为地法的适用原因。另外,根据既得权理论,当行为人采取的行为在行为地被认定为侵权时,则在他国适用法律的过程中也应当将该行为认定为侵权,这种推导过程虽然从表面上来看保护了受害人的权益,但这却是以牺牲各国司法主权为代价的结果。因此,既得权理论的适用还需要在此基础上进行必

---

① See Slater v. Mexican National R. R. Co. ,194 U. S. 120(1904).

要的改革。

4. 政府利益分析说理论

政府利益分析说起源于美国联邦最高法院于 1935 年审理的 Alaska Packers v. California Industrial Accident Commission 案。[①] 随后,美国法学家柯里在他的《冲突法论文选集》中从法律实证主义的角度出发,通过对法律实用性和法域之间的目的和联系性进行分析,进而对冲突规则区分归类,将法律关系分割为真实、虚假和居中三种冲突模式,以此达到法律适用的确定性和可预测性。[②] 另外,柯里还主张大胆抛弃传统的法律冲突规范,通过对政府利益进行分析的方式选择准据法。可以说,柯里的政府利益分析深刻突出了实体法立法的目的价值,改变了传统连结点场所化选择的方式,取而代之的是政府利益的法律选择标准,随后开启了美国三次冲突法重述的篇章。但是不可否认,政府利益分析说忽略了法律选择过程中所需考虑的个人利益问题,也容易导致法院地法规则适用的扩张,同时对真实冲突的归纳也缺乏相关法理依据,因此该理论学说也受到了大量学者的坚决反对和诟病。

(二) 侵权行为地法规则的域外实践

1. 英美法系的域外实践

随着既得权理论的提出,英国通过 Blad 案的判决明确了侵权行为地的法律地位,进而得以在 Mostyn v. Fabrigas 案[③]中确立了侵权行为地法规则,为双重可诉规则的产生打下了良好基础。但是英国在适用侵权行为地法规则时,太过信奉国际礼让原则,过于注重对当事人可预期性的考量,导致了属人性因素即意思自治原则在侵权法律适用中的发展遭到了摒弃。与英国不同的是,美国从一开始就极为重视既得权理论在其国内的适用,虽然其并不认可法院地法规则在侵权冲突法中所起的作用,但是其对侵权行为地法规则的适用却极为重视。[④]1843 年,美国联邦最高法院在其审理的 Smith v. Condry 案[⑤]中首次确立了侵权行为地法规则。与此同时,1987 年的 Kaess v. Armstrong Cork Co. 案[⑥]更是进一步明确了消费者应该得到来自侵权行为地法的保护。但是在法律适

---

① See Alaska Packers v. California Industrial Accident Commission,659 S. W. 2d 917(1935).
② See Brainerd Currie,*Selected Essays on the Conflict of Laws*,Duke University Press,1963.
③ See Mostyn v. Fabrigas,1 Cowp 161(1774).
④ See William M. Richman & William L. Reynolds,*Understanding Conflict of Laws*,LexisNexis, p. 184 (2002).
⑤ See Smith v. Condry,1 How. 28(1843).
⑥ See Kaess v. Armstrong Cork Co. ,248 A. 2d 917(1987).

用的过程中,美国存在过于考虑属地性因素在法律选择中的适用的情况,即便当事人具有共同属人法的属性,当事人共同居所地一般也不会得到适用。此外,意思自治原则也并没有在侵权冲突法中予以严肃对待。可以说,英美两国都是侵权行为地法规则的发源国,其二者的发展过程虽有一定的传承和相似性,但仍存在许多显著不同。具体来说,英国既奉行侵权行为地法规则在侵权冲突法中的适用,同时又注重法院地法规则的补充效能。但考虑到受害人利益的保护,美国几乎对侵权行为地法从一而终,虽然第一次冲突法重述不断受到后人的诟病,但是其对侵权行为地法的坚持甚至被一些州郡沿用至今,为国际私法的冲突法实践提供了卓越的贡献和价值。

2. 大陆法系的域外实践

在处理侵权冲突法的问题上,侵权行为地法规则的学说和实践早已有之,因此在大陆法系国家中其历来都具有较高的法律地位,但基于各国的立法和司法实践各不相同,侵权行为地法规则在各国间的适用也有所差异。在法国,侵权行为地法规则的确立来自1948年法国最高法院宣判的 Lautour v. Guiraud 案[1],而在德国,虽然侵权行为地法规则并未体现在其《民法典》中,但是在理论研究方面其与法国一样都具有较为浓厚的历史背景。早在1878年就有人在德国提出了侵权行为的冲突规范问题,但是由于侵权冲突法的立法缺陷,德国早期的司法实践仅将德国公民在境外发生的侵权行为作为侵权行为地法规则的适用条件,导致侵权行为地法规则的适用在一定范围内受到了非必要的限制。

3. 其他域外实践

与侵权冲突法有关的国际条约在实践中并不常见,而大量的冲突规范集中在婚姻、合同、继承等民事领域,泛美联盟于1928年通过的《布斯塔曼特法典》是为数不多且相对具有影响力的国际条约域外实践。[2] 在侵权冲突规范层面,其提出了以侵权行为地法规则为主,以刑事案件法院地法为例外的法律适用规则,为侵权行为地法规则在国际私法领域的发展起到了不可磨灭的重要作用。但是,由于《布斯塔曼特法典》最终只得到了15个国家的加入和批准,一些国家还对公约的适用提出了保留,因此只能说《布斯塔曼特法典》是在侵权行为地法规则的适用道路上前进了一小段距离就戛然而止了。

---

[1] See Lautour v. Guiraud, Civ. 25. 5(1948).
[2] 参见泛美联盟《布斯塔曼特法典》第168条。

(三)适用侵权行为地法规则的法律评价

侵权行为地法规则是当代侵权法律适用的最为基本的规则之一,其取代法院地法规则成为当代世界各国所公认的侵权冲突法规则的本质原因在于行为人的侵权行为与侵权行为之债具有一定的自然联系,且侵权行为的发生势必会使侵权行为地遭受一定的损失,为了使行为人和受害人都能得到最为公正的待遇,平衡各方的权利义务关系,只有侵权行为地才被认为与案件最具有密切联系。此外,侵权行为地法规则在适用上还存在具有高度的确定性和可预见性的优势。可以说,确定性作为法律适用规则的重要特征是侵权冲突规范中首先需要考虑的问题。实践中大部分的传统侵权行为地往往与侵权结果发生地属于同一地点,因此也使侵权行为地法规则具有了法律适用确定性的特点。另外,一旦侵权准据法变得容易选择,就意味着当事人行使侵权行为的法律预判将变得更为清晰,同时诉讼结果的可预见性也将大大增加,有助于在兼顾行为人法律预期的同时保障受害人的合法权益。综上,侵权行为地国的司法机关往往都倾向于适用侵权行为地法规则作为案件的准据法,以此保护各方权益。①

但是,科技的进步和各国民事法律关系的密切交往使传统侵权行为地法规则逐渐难以适应当今世界的格局。首先面临的问题就是侵权行为的复杂化使得侵权行为地与案件本身准据法的关联度大大降低。例如,在面对跨境电商"网络用户隐私权"侵权案件时,单纯适用侵权行为地法规则进而确定准据法将可能导致整个案件的判决结果缺乏法律逻辑且有违公平。特别是在 1996 年 U. S. v. Thomas 案②和 2001 年 AOL v. AT 案两起电子商务侵权案件适用了侵权行为地法规则后,有关侵权行为地法规则适用范围扩大的呼声就不断被提出。其次,在司法实践中还出现了大量侵权行为实施地和结果发生地不一致的情形,这也给侵权行为地法规则的适用带去了相当大的难度。对于这一问题,从法理上大致可以将其分为三个主流派系,有一些学者认为侵权结果发生地在侵权行为发生时并不能被当事人所预见,因此主张适用侵权行为实施地的法律。例如,美国马里兰州法院在 1969 年审理的 Mc Crossin v. Hicks Chevrolet, Inc. 案③中就选择适用了侵权行为地的法律作为准据法。最后,还有一些学者认为,适用侵权结果发生地法律将大大保护受害人的合法权益,进而弥补其可能遭受的损失。例如,美国的得克萨斯州法院曾在 Westerman v. Sears Roebuck

---

① See Russell J. Weintraub, *Commentary on the Conflict of Laws*, Buffalo Law Review, p. 288(1971).
② See U. S. v. Thomas, 74. F. 3d 701 6th Cir(1996).
③ See Mc Crossin v. Hicks Chevrolet, Inc. ,577 F. 2d 873(1969).

& Co. 案①中选择了损害结果发生地的法律作为准据法。剩下的学者则认为与侵权案件有关的地方都可以被法院选择作为准据法予以适用,因为这更有利于受害人的保护。实践中的案例同样是发生在美国,美国上诉法院曾于 1976 年在审理 Johnson v. Speider Staging Corporation 案②中选择了对受害人利益保护更多的侵权结果发生地即华盛顿州的法律用以替代侵权行为地堪萨斯州的法律。对此笔者更赞同第三种观点,侵权行为地法规则的适用既应当包括侵权行为实施地又应当包含侵权结果发生地。原因在于对法律的适用从表面上来看似乎只是法院对准据法的选择,但是其背后却隐藏了侵权行为人和受害人之间的权益保护和国家司法主权问题。对于侵权案件而言,无论其侵权行为性质本身是作为还是不作为,都改变不了其是涉外民事案件的本质特点,因此法院在法律选择的过程中应当考虑相关冲突规则及法律适用的公正、公平性而非基于一些原因或站在一定立场上对本国公民有所偏袒。

另外,虽然侵权行为地法规则受到了许多国家的公认,但是各国在如何适用侵权行为地法规则这一问题上仍存在较大区别,有些国家将其作为单一冲突规范予以适用,而有些国家却将其作为与其他冲突规范相互适用的补充,因此其法律适用的不确定性也在不断显著增加。在 McClear Media v. District of Columbia Congress 案中,法院就认为如果一个企业想要在互联网上开展经营活动,那么其就需要有全球性的合规意识,不然极有可能会面临来自世界各国的法律监管问题。可见,随着科技的进步,当今世界对侵权行为地法规则变革的呼声也变得越来越高。以我国为例,最高人民法院《关于审理侵害信息网络传播权民事纠纷案件适用法律若干问题的规定》(2020 年修正)第 15 条规定:"侵害信息网络传播权民事纠纷案件由侵权行为地或者被告住所地人民法院管辖。侵权行为地包括实施被诉侵权行为的网络服务器、计算机终端等设备所在地。侵权行为地和被告住所地均难以确定或者在境外的,原告发现侵权内容的计算机终端等设备所在地可以视为侵权行为地。"虽然该规定仅将法律适用限定在侵犯网络著作权案件中,但不可否认的是其为此类案件的准据法选择奠定了良好的基础,相信在不久的将来,此类司法解释会逐步扩张至包括跨境电商在内的各个互联网领域,为侵权行为地法规则在互联网中的适用添砖加瓦。

三、双重可诉规则

双重可诉规则最早起源于英国,但由于其在随后的适用过程中过于严格和

---

① See Westerman v. Sears Roebuck & Co. ,577 F. 2d 873(1978).
② See Johnson v. Speider Staging Corporation,555 P. 2d 997(1976).

苛刻,因此也被许多国家所弃用。甚至英国也在其颁布的《国际私法(杂项规定)》中对该规则的适用予以禁止。即便如此,这丝毫不影响我们就双重可诉规则的适用问题展开探讨,以此进一步分析在跨境电商"网络用户隐私权"侵权法律适用中是否仍有可资借鉴之处。

(一)双重可诉规则的境外适用规范

说起双重可诉规则,人们往往第一个想起 1870 年英国的 Phillips v. Eyre 案①,该案确立了双重可诉规则,即要求一个发生在境外的侵权行为必须同时根据英国法和侵权行为地法都能认定为侵权,英国法院才能受理并适用英国法作为准据法对案件进行裁判。此后,Chaplin v. Boys 案在双重可诉规则的基础上明确了在不宜使用一般原则的情形下,可以根据最密切联系原则选定准据法的例外情形,丰富了双重可诉规则的适用性。即便如此,并非所有的侵权案件在英国都适用双重可诉规则,我国香港上诉法院对 Red Sea Insurance Co. Ltd. v. Bouygues 案②的裁判意味着在特殊情形中,法院可以直接适用侵权行为地法作为案件适用的准据法,而这一裁判也被 1995 年英国《国际私法(杂项规定)》所进一步吸收③,这似乎也同时为跨境电商"网络用户隐私权"侵权等新兴侵权案件的法律适用打开了一扇希望的大门。除了英国,一些大陆法系国家也习惯通过成文法的形式来制定相应的侵权冲突规则,但是其法律适用的范围也有显著不同。例如,阿尔及利亚等一些国家,他们仅习惯采用双重可诉规则来认定侵权行为的构成,在具体侵权责任承担方面仍适用法院地法作为准据法。④ 还有一些国家正好与之相反。例如,在德国颁布的《关于非合同债权关系和物权的国际私法立法》中,其一方面肯定了侵权行为地法规则可以作为侵权行为认定标准的准据法,另一方面又规定了在面对涉外侵权案件时,受害人依据侵权行为地法的法律提出的诉讼请求并不能超过德国本土的范围。⑤ 此外也有一些国家和地区在侵权行为的认定和责任承担上均适用了双重可诉规则来确定相应准据法,体现了法院地法规则对侵权行为地法规则的束缚。可见,大陆法系对双重可诉规则的适用与英国仍有一些区别,其一般都以侵权行为地法规则的适用为主,而将法院地法规则作为限制和补充予以适用。

---

① See Phillips v. Eyre,LR 6 QB 1(1870).
② See Red Sea Insurance Co. Ltd. v. Bouygues SA,1 AC 190(1995).
③ 参见英国《国际私法(杂项规定)》第 9 条。
④ 参见阿尔及利亚《民法典》第 20 条。
⑤ 参见德国《关于非合同债权关系和物权的国际私法立法》第 40 条。

(二)适用双重可诉规则的法律评价

双重可诉规则的适用虽然在晚近的国际私法中被很多国家都予以了严格限制,取而代之的是侵权行为地法规则在侵权案件中的广泛适用。但是笔者认为,从上文对法院地法和侵权行为地法规则的比较分析不难看出,任何一种法律适用规则都有其局限性,唯有双边或多边规则的综合适用才能有效解决跨境电商"网络用户隐私权"侵权法律冲突问题。因此,相对于适用单一的侵权冲突规则,双重可诉规则的适用精神在这一点上与双边或多边侵权冲突规则是完全一致的。由于其兼具了确定性和灵活性的特点,也使其相对于单一侵权冲突规范而言更符合互联网侵权案件的特征。综观世界各国,同时采用法院地法规则和侵权行为地法规则的双边侵权冲突规则的国家也不在少数,如我国《法律适用法》第44条和第46条就巧妙运用双边侵权冲突规则,最大限度地发挥了共同属人法和侵权行为地法规则在侵权冲突法中的作用和功能,更好地平衡了法院地法国家司法主权、公共秩序维护与受害人保护之间的关系。

但即便如此,仍有不少学者对双重可诉规则的这一精神提出了质疑。第一,各国对侵权行为地的认定标准和方式并不相同,特别是发生类似跨境电商"网络用户隐私权"侵权案件时,全球任何一个国家都可能成为侵权行为地,因此倘若选择侵权行为地法律作为准据法,可能会造成原告挑选法院的情形,导致侵权冲突规范出现一定程度的混乱。此外,一些国家认为侵权人上网所使用的设备所在地也可以作为侵权行为地的界定标准。但在实务中,如果侵权人所使用的是笔记本电脑也就意味着原告甚至是法院根本难以查明其具体实施侵权行为时的准确地点,也会使侵权行为地法规则的适用失去意义。另外,法院地法规则的属地化特征,也使法律选择内国化的趋势不断加重,甚至造成对法院地法规则的滥用。第二,如果不对双边或多边侵权冲突规则进行统一,还有可能会导致诉讼当事人的地位不平等,即行为人的侵权行为需要同时满足法院地法和侵权行为地法两个地方的法律规定才可以被法院进行管辖,对于原告采用的司法救济途径而言成本过高,况且在起诉后还将面对法律查明、法律适用、侵权冲突法理解等诸多专业问题,势必将在客观上造成地方司法保护。第三,双边或多边侵权冲突规则的适用还有可能会导致实体审理的前移,进而导致案件的审理不公。法院在选择适用侵权行为地法规则和法院地法规则时可能会对案件进行初步审理以确定其侵权行为地的具体位置,这可能会在准据法的选择时提前就部分实体问题作出认定,不利于后续庭审的顺利开展。第四,需要明确共同属人法以及法院地法规则在公共秩序保留中的适用范围。许多国家为了保护本国公民免受他国法院的管辖,进而规定了共同属人法的适用例外情形,但是如果对本国公民保护过当,极易使侵权冲突规范成为一纸空文。同样,虽然公共秩序保留在国际私法上的定义是明晰的,但是在具体把握的尺度上各国仍有显著区别,同时法官对于公共秩序保留的自由裁量权过大也造成了法院地法规则适用的扩大化。第五,由于国家间的立法差异,如果行为人实施的互联网侵权根据侵权行为地法并不构成侵权,但根据法院地法构成侵权,受理法院如认为法院地属于侵权行为地的一部分,进而统一选择法院地法作为准据法进行断案,可能会阻断被告潜在的抗辩及救济权利,违反法律的公平和正义。综上,在侵权法律适用选择过程中,即便是单纯面对跨境电商"网络用户隐私权"的侵权问题,也会由于侵权主体、方式及结果地的不同使案件本身的复杂性不断累加。因此,我们应当通过逐一分析跨境电商"网络用户隐私权"侵权的特殊性的方式,提升其适用的确定性和可预测性,避免与现实社会相脱节。正如美国联邦上诉法院在 Apotex USA,Inc. v. Merck Co.,Inc. 案[1]中的判决一样,基于互联网的特征和互联网侵权案件的复杂特性,在案件裁判的过程中不应当习惯性地直接选择侵权行为地法规则抑或法院地法规则作为准据法,相反,应该权衡侵权行为的具体情况,根据案件寻找出与案件最具有密切联系的法律规定,并在实体法的适用上进行平衡,以保护各方当事人的合法权益。

第二节　特殊性规范与实践

随着侵权行为的复杂化,传统的侵权冲突规范越来越难以适应现实需要。因此,1988 年的瑞士《联邦国际私法》首次提出了将侵权行为划分为一般侵权和特殊侵权两种类型。[2] 对于一般侵权而言,可以通过传统的法律适用规则予以调整,而对于特殊侵权,需要结合该侵权所涉领域进行特殊的规定,进而弥补传统法律适用规则的缺陷。但是即便如此,根据欧盟委员会于 2008 年发布的《二十七国集团关于侵犯隐私和与人格有关的权利而引起的非合同义务的法律适用状况的比较研究》,各国目前仍对涉外人格权侵权的法律适用存在较大分歧。[3] 虽然各国关于特殊侵权的种类和范围尚未在国际私法领域达成共识,但是许多国家仍倾向性地认为互联网侵权的准据法选择需要通过适用特殊性

---

[1] See Apotex USA,Inc. v. Merck Co.,Inc.,254 F. 3d 1031(2001).

[2] 参见瑞士《联邦国际私法》(1988 年)第 129-142 页。

[3] See *Comparative Study on the Situation in the 27 Members States as Regards the Law Applicable to Non-Contractual Obligations Arising out of Violations of Privacy and Rights Relating to Personality*, ec. europa. eu,http://ec. europa. eu/justice/civil/files/study_privacy_annexe_3_en. pdf.

规范予以确定。不仅如此,跨境电商的出现也使得互联网侵权在原有虚拟性的基础上变得更为繁杂,由此也导致了其在特殊侵权规范中的再突破。此外,在跨境电商"网络用户隐私权"侵权领域,一些国家也尝试对侵权法律适用的特殊规则进行试点,取得了较为理想的适用效果,也正是因为有了这些国家的试点,才使得跨境电商"网络用户隐私权"侵权法律适用的规则更加充实和丰满,有望成为该领域侵权冲突规范的公认规则。

一、从一般侵权到特殊侵权的延伸

受到萨维尼法律关系本座说的深刻影响,以侵权行为地法规则为主的一般侵权冲突法规范逐渐受到了各国的追捧,但是在很长的一段时间内,其并未紧跟时代步伐发展。随着美国兴起的三次冲突法重述,政府利益分析说、有利原则、最密切联系原则、当事人意思自治、侵权自体法规则等经典理论学说被大量运用于司法实践,赋予了侵权行为地法规则新的生命和活力。此外,许多国家还开始致力于对特殊侵权的法律适用进行研究,甚至对其还进行了一定程度的突破,打破了传统国际私法中的侵权冲突法理论架构,并运用了多种法律选择的方法以解决特殊侵权案件中所面临的不确定性因素。可见,各国对其侵权冲突法规范的研究正逐渐从一般侵权向特殊侵权进行转变,特别是对跨境电商"网络用户隐私权"侵权案件而言,美欧各国更是不断在已有基础上寻求新的创新和突破。

(一)以最密切联系原则为指引

随着涉外民商事法律关系的多元化发展,侵权法律关系变得越来越复杂,萨维尼提出法律适用规范的公式化、机械化定位已经难以适应当下时代。于是,最密切联系原则逐渐成为侵权冲突法一般规则体系中运用最为广泛的一种法律规则,[①]它是美国冲突法重述的重要成果,不过大陆法系国家往往将其作为立法的补充和例外,通过特征履行的方式进行适用,这对特殊侵权的法律适用发挥了举足轻重的作用。此外,美国的 Babcoke v. Jackson 案[②]更是进一步明确了涉外侵权的准据法选择应在综合考虑各项因素的基础上,灵活多变地适用与案件有实际联系的法律。然而,最密切联系原则在各国司法实践中的法律地位却有所不同,一些国家将其放置于优先适用的法律地位,而另一些国家则将其作为侵权冲突法的补充原则加以适用。笔者认为,特殊侵权的准据法选择,

---

① 参见吕岩峰、王彦志:《国际侵权关系法律适用规则之适当法评论》,载《吉林大学社会科学学报》2011年第4期。

② See Babcoke v. Jackson, 12 N. Y. 2d. 473, 240 N. Y. 2d 743, 191 N. E. 2d 279 (1963).

需要优先考虑法域与案件之间的密切联系,进而通过对连结点的准确把握才能确定所适用的准据法。因此,任何侵权法律适用规则包括侵权行为地法规则和法院地法规则等都是最密切联系原则的一种具体表现形式。另外,侵权冲突法律规则在国际私法中是具备一定传承价值的不可或缺的法学理论,倘若在特殊侵权中缺乏必要的法律适用规则而只通过最密切联系原则来对准据法进行选择,就会在无形中授权法官更多的自由裁量权,导致案件依据不同的法律规定所作出的判决发生偏差。所以,特殊侵权准据法的选择必须有法律适用规则的引导,而最密切联系原则是该规则制定和适用的指导方针,以及在适用受阻的情形下可对其进行干预和纠正。正是基于最密切联系原则的定位与其他法律适用规则并不相同,它们之间并不能在同一个维度下进行比较分析,因而部分学者认为最密切联系原则缺乏一定的确定性和可预见性这一观点是有待商榷的。[①]

在明确了最密切联系原则的法律地位和适用方式之后,进而应探讨在特殊侵权中应该通过何种法律适用规则与最密切联系原则相互配合及协调这一问题。实践中,侵权行为地法规则和共同属人法都是世界各国所钟爱的侵权冲突规则,但在特殊侵权中的具体适用仍有先后顺序之争。笔者认为,对于跨境电商"网络用户隐私权"侵权的案件而言,基于其侵犯的客体是网络用户的私人生活秩序、个人资料以及个人信息安全等属人性内容。因此,应当首先考虑行为人与受害人之间能否适用共同属人法,即判断其二者之间有无共同国籍或住所。在同时具备共同属人法的特征要件之后,实际上该特殊侵权案件已从表面上的涉外侵权案件转化成了由国籍国或住所地内国法为主导的涉外侵权案件,之所以仍然认定为涉外侵权案件,很大程度上是从法院的管辖角度出发进行的法律评价。因此,通过适用共同国籍国法或住所地法能够有效解决侵权冲突法的争执,只有在共同属人法不适用于特殊侵权的案件时,侵权行为地法规则才能发挥其重要作用。

(二)美国冲突法重述的借鉴

美国的冲突法重述是世界国际私法变革的一大奇观,其清晰记录了冲突法理论体系从传统到现代的转变过程,象征着侵权法律适用体系构建的规模化和体系化发展已趋于成熟。在第一次冲突法重述前,美国习惯通过属地主义为原则,国际礼让为例外的形式,无差异化地选择适用法院地法规则以解决侵权法

---

① 参见田洪鋆:《我们究竟需要怎样的灵活性?——对中国最密切联系原则可控性的思考》,载《中国国际私法与比较法年刊》2018年第2期。

律冲突问题。同时,其还像处理著名的 Home Insurance Co. v. Dick 案①一样,通过违宪审查来认定准据法的适用是否符合其属地化正当程序的要求。应该说,法院地法规则历来在侵权法律适用中具有举足轻重的法律地位,美国开展冲突法重述的最初目的也是更好地对法院地法规则进行解释和合理适用。但是面对一些特殊侵权案件,法院需要考虑的不仅是属地主义的法律规则和政策,同时其还需要考虑当事人之间公平正义问题。如果在法律适用的过程中仅将法院地法规则作为其唯一考量的因素,则将势必不利于当事人合法权益的维护,也会对类似特殊侵权案件起到不良的指引效果,更与国际私法的发展趋势相违背。

随着既得权理论学说的不断深入,美国对侵权冲突规则提出了确定性、可预见性和裁判一致性等要求,原先适用的法院地法规则从绝对适用向相对适用进行了一定转变,并由比尔教授主导对冲突法进行改革,其在分析研判了大量案例之后,提出可以通过侵权行为地法规则的适用来减少侵权法律的冲突,以此规避当事人挑选法院的不良现象,②比尔教授的这一观点被称为美国的第一次冲突法重述。在第一次冲突法重述推行的过程中,由于在判定侵权行为地过程中,就侵权结果发生地的法律定位有所争执。随着案件的积累,法院也逐渐习惯将损害结果发生地作为侵权行为地来予以认定,但即便明确了该问题,许多其他问题仍接踵而至。其中最为重要的是侵权行为地法规则并没有考虑个案的情况,以跨境电商"网络用户隐私权"侵权案件为例,如果一个长期居住在美国的中国籍公民,在中国注册的一家跨境电商平台上进行购物消费,后该消费记录被一位中国籍黑客在英国曝光。在此情形下,如果机械性地仅考虑适用侵权行为地法规则即英国法来审理该侵权案件而不考虑共同属人法等因素,显然过于绝对且极端。因此,在跨境电商"网络用户隐私权"这类特殊侵权案件的法律适用中,虽然并不能够在美国第一次冲突法重述中找到相对应的完美结果,但侵权行为地法规则的提出为侵权冲突法规则的理论和实践作出的巨大贡献并不能被抹去和忽视。

20世纪初期,美国的实用主义哲学浪潮逐渐占据了法学主流,一些学者号召侵权法律适用应突出灵活性的特点,并通过对个案判决一致性的追求来极力批判政府利益分析说和既得权说的适用缺陷,彻底推翻了第一次冲突法重述中

---

① See Home Insurance Co. v. Dick,281 U. S. 387(1930).
② 参见王小骄:《美国冲突法侵权法律适用的演进及其对我国的启示——兼评〈涉外民事关系法律适用法〉之侵权冲突规范》,载《湖北警官学院学报》2012年第9期。

已经建立起来的侵权行为地法规则。第二次冲突法重述是美国三次冲突法重述中,州法院适用侵权法律选择方法最多的一次,在52个州中有24个州予以采用。[1] Babcock v. Jackson 案和 Neumeier v. Kuehner 案[2]是美国第二次冲突法重述中相对著名的两个案件,诸如政府利益分析说、最密切联系说、法院地法说以及较好法律方法等各类法学学说的功能和作用被不断凸显,审理案件的法官通过分析和对比,在融入属人化侵权规则的同时,将最密切联系原则进行了一定程度上的改良,并将其上升到了史无前例的法律地位,以至于其他任何侵权法律适用规则都无法匹及。具体而言,最密切联系原则改变了传统连结点选择的单一性,并在准据法的选择过程中要求对国家利益进行考虑,并提升了其适用的便利性。另外,相较于第一次冲突法重述,美国的第二次冲突法重述更注重侵权冲突法适用的灵活性,因此也赋予了法院更大的自由裁量权以追求个案的公平正义。但随后的司法实践与理论设想却恰恰相反,基于准据法选择可预见性的丧失以及法官的素养各不相同,造成了法律选择理论适用的分散并使大量案件发生了同案不同判的情形,即便是同一个州的法院,这种现象也不能幸免。与此同时,由于缺乏统一的认识,各地法院在适用最密切联系原则的过程中也颇费周折,使一些法院索性选择适用法院地法作为准据法以保护本国公民的权益,这些混乱不堪的局面致使第二次冲突法重述开展得也并不顺利。同时,美国的第二次冲突法重述无法完全适应覆盖互联网领域的全部侵权案件,其适用缺口将随着司法实践的推进变得越来越大。另外,美国的第二次冲突法重述在总结前人提出的各类法律选择方法的基础上,归纳了一套面对侵权法律冲突的三段论分割方法,即"冲突规范的选择""法律冲突的评价""准据法的适用",使人们得以进一步理解了最密切联系原则在冲突规范中的适用性及其缺陷,进而完成了从法律适用的绝对化到相对化转变的任务。虽然目前关于分割方法在侵权冲突法中的适用尚存争议,且倘若没有限制性措施很可能会在司法上出现乱局。[3] 但不可否认的是,美国的第二次冲突法重述为国际侵权法律冲突照亮了前进方向,更为第三次冲突法重述以及现代化的国际私法理论体系奠定了相当重要的基础。

在经历了第一次冲突法重述和第二次冲突法重述的"失败"后,人们开始

---

[1] See Symeon C. Symeondies, *The American Choice of Law Revolution in the Courts: Today and Tomorrow*, Martinus Nijhoff Publishers, p. 65-67(2002).

[2] See Neumeier v. Kuehner, 31 N. Y. 2d 121, 335 N. Y. S. 2d 64, 69, 286 N. E. 2d 454, 457(1972).

[3] See Christopher G. Stevenson, *Depecage: Embracing Complexity to Solve Choice of Law Issues*, Indiana Law Review, Vol. 37, p. 309-311(2003).

意识到在法律适用规则的稳定性和灵活性之间需要寻求一种特殊的法律选择方法来平衡各方当事人的合法权益,由此也打开了美国第三次冲突法重述的大门。一方面,为体现准据法选择的公正性,有限的当事人意思自治原则被引入其中。另一方面,一些例外的法律适用条款也被罗列在内,允许法院根据个案的不同实际情况有条件地予以适用。应该说,美国的第三次冲突法重述并未一味否定和推翻前人的研究成果,而是在前两次冲突法重述的基础上不断变革发展,并意图通过实体法为主导的形式使得传统的法律适用规则更贴近于当代社会。以最密切联系原则的适用变化为例,经过第三次冲突法重述后,其与包括互联网侵权在内的特殊侵权中连结点的选择更为紧密和契合,延伸考量了网址、服务器所在地、网络用户登录地等新的连结点作为准据法选择的依据。另外,最密切联系原则不再如同第二次冲突法重述一样作为司法机关唯一考量的法律规范,第三次冲突法重述还允许其他规则进行必要和适当的补充,并引入了保证个案公平正义的实体审查,这些规则完全有可能杜绝法院地法规则选择的惯常思维。综上可以看出,美国的第三次冲突法重述已经不再单考虑侵权法律冲突的各项规范的适用问题,而是希望通过对各类规范的整合和吸收,建立符合其国情的一套侵权法律适用规范体系,来解决困扰人们已久的侵权法律冲突。就如同 Joseph Hylkema v. Credit Counseling Foundation, Inc. 案[1]形成的司法判例一样,在美国开展第三次冲突法重述后,当一起网络用户隐私权侵权案件的连结点大多指向同一个州或者国家时,该州或国家的法律就会被认为与案件最具有密切联系,进而被予以适用。即便如此,美国的第三次冲突法重述也仅仅为侵权法律冲突提供了一套相对完善的解决思路,但在其具体适用过程中,根据不同国家以及案件的不同类型还应当予以区别对待,以达到侵权冲突法稳定性和灵活性的相对平衡,这就对法院理解和领悟美国第三次冲突法重述的成果提出了相当大的挑战,特别是对于特殊侵权案件,由于其具备一定的复杂性和多样性,这意味着法院适用冲突规则的过程中需要具备更为完备的法学功底和能力。其适用效果如何,还有待各国司法机关的进一步验证。

(三)侵权自体法规则对规范与实践的借鉴

相较于美国冲突法重述的多面开花,英国却在侵权冲突法规则的理论学说上更侧重于向现实主义的道路发展,并同时开展了大量的实证工作,重点对侵权自体法规则的适用方式进行了深入且细致的研究。侵权自体法规则是英国

---

[1] See Joseph Hylkema v. Credit Counseling Foundation, Inc., Fla. App. 4 Dist(2007).

独创的一套理论学说,其创设的初衷在于希望在侵权冲突法领域建立起一套既能适应一般侵权,又能针对特殊侵权例外情况合理调整准据法选择的法律适用特殊规则。可以说,侵权自体法规则为侵权冲突准据法的选择提供了又一重要思路,其首见于合同法领域,但莫里斯教授认为通过单一规则的适用来完全涵盖侵权冲突问题是不切实际的,侵权自体法规则完全能像合同自体法一样,打开以往适用传统侵权冲突规则僵硬性的局面,也能为法院规避反致问题创造一定的空间和条件,于是其于1951年提出了可以尝试在侵权领域适用侵权自体法规则的设想。

在此之前,其实英国法院在审理McElroy v. McAlister案[1]时就已经对传统侵权法律适用规则的不满发声,有学者也借此提出了应当给予侵权自体法更大适用空间的观点,但侵权自体法规则真正意义上的司法探讨是在Chaplin v. Boys案中进行的。在该案中支持适用侵权自体法规则的法官认为其可以保证原告获得更为公平与合理的判决补偿,但反对者却认为侵权行为自体法规则如同最密切联系原则一样缺乏必要的可预见性和确定性。另外,在Alabama Great Southern R. R. v. Carrol案[2]中,经过激烈的争论,法院最终在准据法选择的过程中运用了侵权自体法规则对受害人的赔偿数额进行了考虑,最终根据有利原则的合理适用选择了其认为与案件最有密切联系的法律。应该说,通过这两起案件不难看出,英国侵权行为自体法规则是在逆境中不断发展的侵权冲突规则,和其他国家侵权冲突法的发展一样,它也没有逃脱规则确定性和案件灵活、公正性之间平衡的宿命。然而即便其对侵权行为的法规则在理论和实践上有了一定的突破,但大多数英国法院仍习惯适用双重可诉规则兼有利原则的模式来处理侵权冲突法问题,只有极少的案件完全吸收侵权自体法规则进行裁判。

即便如此,侵权自体法规则积极推动英国双重可诉规则的变革意义却不容忽视,原因在于相较于双重可诉规则而言,侵权自体法规则的法律选择方法更宽广和多变。随着科技的不断进步,侵权行为地的确定变得越发困难,涉外法律关系也变得越发复杂,人们逐渐发现传统的侵权冲突法规范已经不再能够完全胜任部分特殊侵权的法律选择,但是侵权行为自体法规则能弥补互联网侵权行为的偶发性问题,在保护双方当事人合法权益方面也确有无限的发展空间和可能。此外,双重可诉规则中的核心规则即法院地法规则也不断受到诟病,侵

---

[1] See McElroy v. McAlister, S. C. 110(1949).

[2] See Morris, *The Proper Law of a Tort*, Harvard Law Review, Vol. 64, p. 888(1951).

权行为地法规则进而逐渐成为侵权行为的一般规则。另外,由于各国对侵权行为自体法的理论研究和实践相对较少,这也就意味着在具体适用过程中势必会引发各类法律问题,国际私法学只有在明确下列两个问题的基础上,才能更为科学地对侵权行为自体法规则加以适用。

第一,侵权行为自体法规则的适用范围,即面对哪些特殊侵权可以采用侵权行为自体法规则来解决该领域的侵权冲突法问题?

第二,侵权行为自体法规则的适用方式,即采用哪些法律选择方法和规则对侵权行为的准据法进行选择?

笔者认为,侵权行为自体法规则与跨境电商"网络用户隐私权"等特殊侵权案件具有高度的相似性,它们都是随着社会的进步被倒逼出来的产物。跨境电商"网络用户隐私权"侵权案件在现实中具有复杂多变的可能性,而侵权行为自体法规则的适用正好与其相得益彰。因此在面对类似特殊侵权时,侵权行为自体法规则比传统侵权冲突法规则更具有优势。1995 年,英国颁布了《国际私法(杂项规定)》,在其中的第 11 条和第 12 条中能看到侵权行为自体法规则的缩影,如 Johnson v. Conventry Churchill International Ltd. 案[1]、Harding v. Wealands 案[2]以及 Edmunds v. Simmonds 案[3]等典型案例也不断涌现。《国际私法(杂项规定)》将侵权的法律冲突区分一般规则和例外情况来予以适用,并规定了强制性规则、公共政策以及刑事案件等过渡条款,建立起了一套系统且完整的侵权法律适用规则,为其他国家的侵权冲突法探索了新出路。[4] 因此,毫无疑问,侵权行为自体法规则的适用是面对特殊侵权唯一努力的方向和出路。另外,在侵权行为自体法规则的具体适用方式这一问题上,根据前几章的论证,有限的意思自治、共同属人法规则、侵权行为地法规则、最密切联系原则和有利原则等均可以通过科学的设置被融入其中,作为侵权行为自体法理论体系的一部分予以适用。同理,在面对跨境电商"网络用户隐私权"侵权案件时,我们应该在挖掘出其侵权共性问题的基础上再予以探究和实践,才能发挥出侵权行为自体法规则的最大价值和意义。

二、对特殊侵权法律适用的再突破

(一)侵权行为地法规则的突破

从传统意义上来论,侵权行为地法规则是解决侵权冲突法各国所公认的法

---

[1] See Johnson v. Conventry Churchill International Ltd. ,3 All ER 14(1992).
[2] See Harding v. Wealands,EWCA Civ. 1735(2004).
[3] See Edmunds v. Simmonds,1 W. L. R. 2386(2001).
[4] 参见英国《国际私法(杂项规定)》第 11—12 条。

律适用规则,其往往被认定为处理一般涉外侵权法律冲突的最为重要的冲突法规则。虽然至今其仍有非常重要及普遍的影响力,但是通过前几章的论述,可以明确看出,随着科技的发展,其适用领域开始呈现不断减少的态势。涉外网络侵权之债从本质上来说与一般侵权都具有涉外因素,也都会涉及民事过错赔偿的问题,但是其二者在准据法的选择方面仍存在天壤之别。涉外网络侵权之债的发生实则是借助了互联网科技的力量,由此也造成了传统连结点的确定及法律规则的适用难免出现以偏概全的现象,导致无法选择出对案件审理最为合适和有利的准据法。基于这类涉外网络侵权与一般侵权的诸多不同,由此催生出了特殊侵权这一概念。不难发现,关于特殊侵权的法律适用问题,美欧等国花费了几十年的时间进行研究与实践,最具代表性的冲突法重述与侵权行为自体法均可谓扬名内外,但实际效果却不尽如人意。无论是冲突法重述还是侵权行为自体法,抑或其他各国的特殊侵权法律适用规则都没有在确定性和灵活性之间找寻到适用的平衡点。这是由于特殊侵权的种类非常繁杂,涉外网络侵权只是其中的沧海一粟,但即便如此,单就对该领域的法律适用问题就已经在认识和司法实践上出现了一定的"瓶颈"。例如,网络的无国界使侵权行为地法规则中的连结点选择出现了认识上的障碍,网络的虚拟性又使传统属人法的适用出现了偏差。在实务领域中,行为人实施互联网侵权后一旦下线,再去定位其具体身份会产生盲区,导致侵权行为人的主体身份难以确认,这些都促使着特殊侵权的法律适用规则根据个案的不同进行与之对应的转变和发展。侵权行为地法规则作为首要的侵权冲突法规则,其也理所当然地被暴露在了阳光之下。在确定侵权行为地的法律方法上,有学者结合互联网侵权的特色提出了通过适用网址、访问、服务器所在地以及来源国规则等特殊规范来扩大侵权行为地法规则的认定标准。[①] 可以说,暂且不论他们的适用缺陷和问题,至少这些规则相对特殊侵权的法律适用而言,在一定程度上已经有了相当大的突破且兼具相应的适用性,不失为一种解决类似跨境电商"网络用户隐私权"侵权的法律冲突问题的途径。

（二）最密切联系原则的突破

最密切联系原则可谓侵权法律冲突中除侵权行为地法规则外最为重要的

---

① 参见徐素芹:《国际网络侵权行为法律适用问题研究》,载《天津市政法管理干部学院学报》2007年第4期。

又一大适用规范,其已逐渐成为现代侵权冲突法的一大重要标志。① 在具体适用的过程中,相较于适用的法律效果,目前我们更应当关注其适用的规则和方法。与此同时,由于最密切联系地的选择问题往往会涉及具体案件当事人之间的实体价值,因此也显得尤为关键。各国对于最密切联系原则的适用方法其实都存在一些争端。例如,有的国家在涉外侵权案件中通过不同连结点所对应的地区数量来决定最密切联系地的选择,而有些国家却试图通过对案件本身的理解予以决定。但在实践过程中不难发现,通过地区数量的方式选择的准据法具有与案件关联度降低的高度可能性。同样地,虽然最密切联系原则赋予了法官自由裁量权,使其在侵权法律选择过程中能够跟得上时代的步伐,但是基于每个法官的法学素养及对案件的评价有所差异,通过对案件的分析排查必然也会降低法律适用的可预见性,这就造成了最密切联系原则在具体适用的过程中经常会出现不稳定的特征,进而加快其自我改革的步伐。实际上,美国的第三次冲突法重述已经在一定程度上为最密切联系原则的突破贡献了相当大的力量。其深刻认识到了提升最密切联系原则确定性的基础在于找出与案件有关的真正法域,而只有通过与政府利益分析说的结合才能从政府及当事人的利益出发,找到最为合适的最密切联系地的法律予以适用。因此,在跨境电商"网络用户隐私权"侵权的法律适用问题上,基于互联网的虚拟性和危害后果的广泛性,一方面在实践中应扩大最密切联系地的适用范围。例如,将侵权行为地、当事人国籍国和住所、法院地、网址、服务器所在地以及来源国原则等作为最密切联系原则的考量范围,其宽松和灵活的法律选择方法可以极好地匹配互联网的本质特征,也符合当代侵权冲突法中连结点的发展态势。另一方面,由于许多侵权结果发生地的突发和偶然,选择该法域作为准据法将难以保证双方当事人的合法权益,因此权衡利弊,笔者认为最密切联系原则将随着社会的发展进而与其他侵权法律适用规范擦出火花,并一同发挥出其越来越多的示范作用。由此,对于最密切联系原则的突破和改革完全有必要在分析该特殊侵权的特征后,再归纳出相关的核心法域,进而对最密切联系原则进行限定性适用,以此保证其适用的科学与合理。该法律识别的方向也将有助于解决目前最密切联系原则在确定性和个案公正性之间的平衡困局,以使其适用功能和效果达到最佳。

---

① 参见朱纯岚:《论传统冲突规则在网络空间的应用与困境》,载张平主编:《网络法律评论》第5卷,法律出版社2004年版,第248页。

(三)网络社群原则的确立

基于网络侵权的各项复杂特征以及各国关于侵权法律适用的立法缺陷,一些学者提出了网络社群原则这一理论体系。网络社群原则又称虚拟社区原则,顾名思义,是将互联网视作一种独立于现实社会的市民社会,并将现实生活中的法律规范有选择性地复制到了互联网线上进而加以适用。同时,结合互联网的潜在特点,希望通过网络社群原则的确立,进一步延伸和摸索出一套特有的组织形式、行业规范、技术要求及网络规则,以更好地维护网络社会的秩序。可以说,从法律形式上来看,网络社群原则其并非如同成文法一样具有强制执行力,而是类似于制定一种为网络量身定制且能够随着互联网活动的变化而时刻变化的习惯法,进而约束和调整网络用户的各类行为。网络社群原则确立的该自律规范实际上就如同人们日常生活中的道德准则一般,能够不断地被人们自觉接受,以填补各国目前对于互联网侵权法律适用的立法隔阂及空白。当然,网络社群原则的反对声也是此起彼伏,其中最主要的一点是认为其至多只能算是习惯法,而并非传统意义上的成文法,因此也不能作为准据法在侵权冲突法中予以适用。笔者认为,首先,互联网得以正常运转依靠的是其自身所建立的一套生态圈和"游戏规则",即便是黑客的不法分子也不得不遵循,某种程度上来说,该"游戏规则"就是网络社群原则的一种体现。其次,在网上冲浪的过程中,许多网络用户已经在无意识的情形下,将现实生活中的法治理念代入进了互联网中,久而久之形成了大家所公认的一套网络规则,这套网络规则与之前所述的"游戏规则"正在经历着一次大融合。最后,跨境电商"网络用户隐私权"侵权的法律后果虽然切实发生在线下,但是侵权行为本身大多是在线上完成的,在互联网领域,由于政府监管的受限,大多数情况下都是通过行业协会代管的模式调和网络服务提供者和网络用户之间的各类矛盾,因此行业协会在互联网中起到的作用举足轻重。客观来说,网络社群原则并非传统意义上的准据法,其在侵权冲突规则中的适用仍存在一定的缺陷,即便日后得以真正适用,也还有许多难点需要突破。2019年10月20日,我国浙江省桐乡乌镇召开了第六届全球互联网大会,该大会的主题是"智能互联、开放合作——携手共建网络空间命运共同体",与会成员围绕大会中的第四项议题——"合作与治理"进行了激烈讨论。① 由此不难看出,我国也早已认识到了互联网的治理和监管应采取全盘化考虑的方式进行。需要指出的是,综观当今互联网的监管模式,唯

---

① 参见《2019第六届世界互联网大会:智能互联、开放合作——携手共建网络空间命运共同体》,载人民网2019年10月20日,http://it.people.com.cn/GB/119390/118340/430467/index.html。

有行业协会的自律规则或可成为努力的方向。在处理有关互联网侵权冲突法的问题上,我们可以先行尝试将网络社群原则作为准据法空白和缺失的补充予以适用,但是为保证法律适用的确定性,应当对网络社群原则加以必要限制。例如,通过对行业协会规则备案或许可的形式,来规范其适用的规则,以便更好地服务于网络社会。

三、"网络用户隐私权"侵权法律适用的特殊规则

(一)影响跨境电商"网络用户隐私权"侵权法律适用规则的因素

侵权冲突法是国际私法中的一个部门法,虽然出现的概率并不是非常高,但从广义上来说,对侵权法律的选择需要同时考虑如国家主权和公共利益等国际公法层面的问题。跨境电商"网络用户隐私权"侵权作为一种典型的特殊侵权案件,由于其具有复杂多变的侵权特征,因而目前各国并未对其法律适用的具体范围有较为统一的研究和认识。但是,想要对其侵权法律适用的规则有所突破,就必须准确把握和理解其适用范围,并摸索出影响其法律适用规则的因素。综观当今各国跨境电商"网络用户隐私权"侵权法律适用的规范,可以发现,属地、属人和混合这三种因素最容易干扰规则的制定以及法律的适用。因此,探寻这三种因素相互之间的关系,是解决跨境电商"网络用户隐私权"侵权法律适用的重要法宝。

第一,准据法的选择前提是厘清不同案件的法律关系,跨境电商"网络用户隐私权"侵权案件虽被划入了特殊侵权的范畴,但是其本质还是侵权的行为之债。但凡发生了侵权行为,就会存在侵权行为地和侵权结果发生地这一属地因素,跨境电商也并不例外,这也是为何侵权行为地法规则被各国所公认的原因之一。因此,基于属地性的特点,我们需要进一步研究在案件中是否有必要单纯根据属地性选择准据法,简单说来就是要评判案件与属地法之间的联系程度是否唯一。即便属地因素在侵权案件中的适用非常广泛且与案件联系紧密,且行为地法往往会被视为一种维护案件发生地的司法正义及保护受害人的表现形式,但在跨境电商"网络用户隐私权"侵权案件中答案仍显然是否定的,这也是为何侵权行为地法规则难以单一适用,而需要与其他法律适用规则相互配合的本质原因。

第二,除属地因素之外,属人因素在跨境电商"网络用户隐私权"侵权案件中也占据了极高的权重,这是基于其侵害的法益包括了网络用户的私人生活秩序、个人信息安全以及个人资料等内容,侵犯的大多是网络用户的隐私权等人格权。另外,属人因素还表现在一些公法适用的层面。例如,国家司法主权原则或除国家外的国际共同体的权利行使也都会涉及属人法的特征和权威。因

此,在法律适用的过程中需要对公法和私法的法律适用进行一定的平衡。这也是为何海牙国际私法会议曾将消费者居所地作为网络购物侵权案件管辖和法律适用的重要依据,并同时被包括欧盟、加拿大、巴西、美国等国家和地区沿用至今的原因。[①] 无论如何,属人因素存在的价值和意义在于为侵权行为设置最为合理和适当的处置标准,以维护个案的公正,倘若案件没有牵涉公法领域,则属人因素相较于属地因素应该被优先予以考量及适用。

第三,所谓混合因素指的是除常见的属地和属人因素外,对侵权法律适用产生影响的各类其他因素的统称。虽然准据法在侵权案件中的适用具有单一性,但其法律选择的这一过程可能还会涉及对国家间立法目的的考量。在跨境电商"网络用户隐私权"侵权案件中,跨境电商的经营权和网络用户隐私权保护之间的平衡问题最为典型。准据法的选择和适用一方面需要考虑对网络用户的隐私权在一定程度上予以保护,另一方面还需要避免过度保护妨碍了跨境电商的经营权的正当行使。此外,当事人的意思自治也应当被包含在混合因素内被予以一并考虑,在法律适用的方法上,不应单纯基于侵权行为就直接剥夺当事人的意思自治,而应当允许当事人在一定的条件下达成协议以促进矛盾的化解,从而避免跨境电商出现不必要的经济损失。最后,跨境电商"网络用户隐私权"保护的法律适用还应当考虑国家间司法协助的问题,[②]以保证案件的裁判结果最终得以顺利执行。

(二)跨境电商"网络用户隐私权"侵权法律适用的特殊原则

众所周知,跨境电商"网络用户隐私权"侵权法律适用在各国都有一些独具特色的规定,其中以美欧等国的最为著名。特别是自欧盟成立后,其通过一系列立法和规则的制定,使欧洲各成员国间的法律更具协调性和统一性,也对欧洲各国侵权法律冲突的减少发挥了重要的作用。1997年《阿姆斯特丹条约》签订后,欧盟更是大有从国际组织向超级国家赶超的趋势,并进而获权将国际私法的公约作为欧盟法,使其能在各国间被直接适用,正可谓在立法和司法层面都有了前所未有的突破。随着电子商务在欧洲的大力发展,为了保护网络用户隐私权不受侵害,欧盟颁布了《关于涉及个人数据处理的个人保护以及数据自由流动的指令》《关于电子通信领域个人数据处理和隐私保护的指令》等一

---

① 参见刘学在、郑涛:《网购纠纷诉讼中的消费者住所地管辖规则》,载《理论探索》2015年第5期。

② 参见黄志慧:《国际人格权侵权法律适用问题之司法协调:从欧盟到中国》,载《政法论坛》2015年第2期。

系列法律规定,并签署了《斯特拉斯堡条约》及其议定书。这些法令和条约的签订将网络用户隐私权视作公民的基本权利予以保护,并尽可能保证数据信息在欧盟境内的自由流动,为跨境电商"网络用户隐私权"侵权法律适用的协同发展奠定了基础,并逐渐在欧盟境内乃至境外形成了一系列独具特色的法律适用特殊原则,明确了该领域下侵权冲突法的发展方向。

1. 以信息自由传播原则为基础

信息自由传播原则是《关于涉及个人数据处理的个人保护以及数据自由流动的指令》中确立的基本原则①,之所以要确立信息自由传播原则是因为信息的自由传播是互联网发展的必要条件。此外,个人数据的跨境自由流动及交换和处理的速度也将直接影响跨境电商行业的发展效能。因此,通过法案的形式对该原则予以确立,将使互联网及跨境电商的产业在欧盟境内得以急速扩张,该举措也是法律与技术相互融合的产物。针对跨境电商"网络用户隐私权"侵权的法律适用规范而言,基于其制定是以妥善解决各国间涉外侵权争议为出发点,因此需要注意的是,跨境电商仍是互联网领域中的一小部分,任何国家、组织或机构都没有能力在现实生活中阻断互联网的发展及个人数据的自由传播和流动,这也就意味着在这样一个大背景下,侵权冲突法规则的制定也就必然需要遵循信息自由传播原则这个前提条件,实际上欧盟至今现行有效的法律规定,包括侵权冲突规则均是在信息自由传播原则这一基础上订立的,几乎没有出现与其相违背的情形。

2. 以有限当事人意思自治原则为前提

欧洲各国对当事人意思自治原则的适用历来都极为尊重,其也被欧洲议会和理事会明确为一种个人数据处理的基本原则,甚至在跨境数据流转之前也都要求需要经过数据权利人的同意。虽然当事人意思自治原则早期仅被允许适用于合同冲突法领域,但是瑞士在其1988年颁布的《联邦国际私法》中率先尝试规定了当事人意思自治可以被有限地引入侵权冲突法中予以适用。② 随后在1999年召开的海牙国际私法会议上,一些学者也提出了当事人意思自治可以在侵权领域予以适用的观点。2001年,美国纽约州西区法院更是在一起侵权案件中适用了当事人意思自治原则选择了准据法。③ 随着法律冲突的不断升级,当事人意思自治原则的选择范围越来越广,进而被逐渐运用于包括婚姻、

---

① 参见欧盟《关于涉及个人数据处理的个人保护以及数据自由流动的指令》序言3。
② 参见瑞士《联邦国际私法》第15条。
③ See Random House v. Rosetta Books,150 F. Supp. 2d 613(2001).

侵权、继承等其他法律体系之中,并成为各国国际私法立法和实践所公认的法律适用规范。可以说,当事人意思自治原则设置的初衷在于保护契约自由,只要双方的约定没有损害"国家安全"和"公共利益",就能够大大减轻法院选择法律的负担,简化法律适用的流程。需要特别指出的是,本书所述的意思自治仅指当事人双方经过洽谈后对侵权准据法的选择达成一致的意思表示,其并不包含单方意思自治的内容。其原因在于适用单方意思自治的国家赋予的受害人有限或者无限选择准据法的权利,[1]这其实是一种法律拟制的结果而不能等同于当事人双方意思自治的法律效果。因此,本书对单方意思自治不再进行过多探讨。此外,从准据法选择的范围上来看,笔者不赞同授权当事人无限扩张其选择权即允许其选择世界任何一国的法律,虽然这种模式体现了对当事人意思自治的尊重,但是无疑会在法律查明和适用上浪费巨大的司法资源,也不利于妥善解决问题。当事人有限的意思自治其实属于侵权自体法的一部分,基于互联网侵权的复杂性进而被单独予以考虑。相比之下,通过对当事人意思自治进行一定的限定,即选择与案件有密切联系的法律更容易被司法机关所接受,同时也能够为当事人准据法的选择提供参考和便利,避免出现挑选法院等现象,进而导致他国司法主权受损。总体上来看,法律的适用规范毕竟是程序性问题,如果一味追求对侵权行为的法理理解,明确禁止当事人的意思自治,进而选择了与案件关联性不大的准据法,反而忽略了法律最为原始的化解纠纷职能,无疑也为当事人的诉讼带去了额外的成本和难度。

对于当事人意思自治原则在侵权冲突法中的适用,有的学者认为侵权案件的发生是基于法律的规定,因此法律的适用并不能由当事人的自由意志所决定。笔者对此不敢苟同,虽然意思自治在侵权法律适用中的作用一直充满了争议,[2]但笔者认为区分民事案件与刑事案件最为根本的特点在于是否允许当事人意思自治。其原因在于侵权法属于民法范畴,而民法与刑法所保护的法益又有所不同,前者属于私法范畴,而后者属于公法范畴。可见,侵权法的立法功能不在于惩戒而在于责任承担和损失弥补,这也与美国 Bricefio v. Sprint Spectrum 案[3]的判决一致。在佛罗里达州居住的布莱瑟佛基于网络隐私权将

---

[1] 参见张丽珍:《论法律选择中的单方意思自治——以〈涉外民事关系法律适用法〉第 42 条、第 45 条为引》,载华东政法大学国际法人文基地,华东政法大学国际法研究中心主办:《华政国际法评论》第 1 卷,法律出版社 2012 年版。

[2] 参见蔡斯芊:《我国涉外一般侵权法律适用实证研究——以 346 份裁判文书为中心》,载《时代法学》2020 年第 1 期。

[3] See Bricefio v. Sprint Spectrum, L. P. Fla. App. 3 Dist(2005).

注册在堪萨斯州的斯宾特公司告上了法院,布莱瑟佛认为应当适用侵权行为地法即佛罗里达州的法律作为准据法,但是斯宾特公司却认为其与布莱瑟佛已经在此前明确约定了仲裁条款,而审查仲裁条款需要适用堪萨斯州的法律规定,双方就此各执一词。最后,法院经过审理后认定,基于原被告已经在此前通过合同条款的形式约定了准据法的适用,而该条款的约定过程并不存在欺诈和胁迫等因素,更无违反法律强制性规定的情形,因此应当遵照当事人之间的意思自治,即适用堪萨斯州的法律对仲裁条款的适用进行审查。另外,除了知识产权侵权等特殊的侵权案件,应当允许和鼓励包括一般侵权在内的其他各类民事法律关系的当事人之间在民事行为发生前后对法律适用的规则进行约定,以加强法律适用的可预见性,弱化法律选择不当而可能导致的法律风险。

另外还有人可能会认为,不应该承认当事人在侵权行为发生前对可能适用的侵权准据法进行意思自治。针对跨境电商"网络用户隐私权"侵权案件,有一种情况恰恰是一个特例,即侵权行为发生在跨境电商平台和网络用户之间。虽然跨境电商"网络用户隐私权"这类特殊侵权案件的侵权主体是多变的,但是侵权对象却是极其明确的,即网络用户。与此同时,与跨境电商平台有关的侵权案件大多还会出现侵权与合同的竞合问题。虽然网络用户在平台内注册会员之初往往双方不会存在侵权行为的可预见性,然而在实务中当事人双方在缔约时就已对侵权之债的权利义务包括准据法的选择进行了明确约定,这种情况也多有发生。只要法院经过审查后认为当事人的意思自治没有违反双方国家强制性规定,[1]且侵权行为人是跨境电商平台,就不能无端否决这种契约精神。反之,其还将大大促进侵权法律适用的可预见性以及法院判决结果的一致性,减少跨境电商中侵权法律冲突的产生,进而得以迅速在复杂互联网格局下解决各项法律选择相关问题。

需要注意的是,虽然《关于电子通信领域个人数据处理和隐私保护的指令》没有对当事人意思自治的方式进行约定,但是从其立法本意不难看出,其要求当事人的合意是明示的。在该问题上,有的学者认为如果法院在审理过程中经过当事人双方的口头确认,可以确定其真实意思表示,[2]因此也可以选定侵权准据法。[3] 笔者认为该观点是不能被接受的,基于跨境电商的涉外特征以

---

[1] 参见王立武:《国际私法的强制性规则适用制度研究》,中国人民大学出版社2015年版,第270页。

[2] 参见徐锦堂:《当事人合意选法实证研究——以我国涉外审判实践为中心》,人民出版社2010年版,第153页。

[3] 参见沈娟:《法律选择协议效力的法律适用辩释》,载《法学研究》2015年第6期。

及各国法律文化的差异,如果允许默示或者通过文义理解来确定当事人意思自治的成立会显得过于随意且很有可能会发生违反当事人真实意思的情形。从立法和司法实践的角度出发,许多国家的法律包括我国《法律适用法》就规定了涉外侵权准据法的选择只能通过当事人之间的明示进行。[①] 因此在司法实务中,也根本不可能存在法院通过口头询问当事人的方式来确定侵权准据法,如果存在这类现象,也属于违反程序法的情形。

3. 以有利原则为衡平

受到"政府利益分析说"的影响,通过对诉讼当事人利益分析的比对,有利原则抛弃了绝对平等的国际私法观念转而向实质正义迈出坚定步伐,其最初源于行政法并不断变革后引入了民事领域。有利原则创建的初衷是希望通过对个人利益与公共利益的权衡,以期达到保护弱势一方当事人的合法权益的法律效果。因此,其适用的关键即在于比较和衡量公法和私法两种权利在侵权冲突状况下的失衡程度,以此作为准据法选择的依据。虽然出现得有些突然,但其仍被一些国家的司法体系所欣然接受。目前,有利原则主要通过两种形式被运用于特殊侵权冲突法律适用中。第一,与强制性规则、公共秩序保留等规范配合适用;第二,在有利原则的引导下制定新的法律适用规则或选择有利于判决承认和执行的法律。笔者认为有利原则和最密切联系原则一样,均对特殊侵权的法律适用有一定的指引作用,而以上两种方法也均可以运用到跨境电商"网络用户隐私权"侵权案件中,作为解决其侵权冲突的有效手段。首先,如果没有及时对跨境电商"网络用户隐私权"侵权予以制止,严重的可能会危害到"国家安全"和"公共利益",因此强制性规则完全有必要纳入该特殊侵权领域中予以考虑,而强制性规则适用与否的前提条件正是法院对有利原则的合理适用。具体而言,法院在衡量是否优先适用强制性规则的问题上,需要先对"国家安全"和"公共利益"与受害人之间的权益进行比对分析,一旦发现确系存在"国家安全"和"公共利益"受损的可能性,就应当及时启动强制性规则的适用程序。因此也可以说,有利原则是强制性规则适用的基本判断准则。其次,在有利原则引导下的特殊侵权法律适用规则,通过增加连结点或者授权受害人和法院选择准据法等方式,为侵权冲突法的产生提供了有效解决手段。此外,任何一项涉外判决都需要经过承认和执行方能最终体现其法律效力,因此选择对判决承认和执行更为有利的准据法也是法律选择方法中较为重要的一环。由此可见,有利原则的正当适用需要满足必要性、适当性以及均衡性这三项条件。

---

① 参见我国《法律适用法》第44条。

必要性强调的是权利的目的适当和必要,即个人隐私权制度建构的目标应当明确及合理,且只有在网络用户隐私权涉及重大公共利益时才可以完全让渡于"国家安全"和"公共利益"。适当性指的是需要对个体权利损害的方式进行适当调整和应对,即在协调网络用户隐私权与"国家安全"和"公共利益"的问题上,如果最终决定需要将网络用户的隐私权进行让渡,那么无论是在让渡内容,还是让渡方式上,都需要尽可能确保其对个人的损害最小化。例如,需要真实、客观地向社会公众披露适当且必要的信息,而非采取博人眼球的方式来迎合社会公众的口味,以至于对网络用户的人格权实施不必要的二次伤害。相对于前两者而言,均衡性的要求则更高,其往往还会涉及对多种权利进行平衡的问题,[1]因此在三者中的难度也是最大的。在对均衡性的把握及予以适用的过程中,需要注意结合个案的不同情况来进行综合评判。例如,1964 年美国联邦最高法院就针对该问题在 Sullivan v. New York Times Co. 案[2]中根据美国《宪法》的精神,在新闻媒体报道和公职人员权利与自由之间创建了新的规则并寻求到了一定平衡。因此,对于司法机关而言,倘若在跨境电商"网络用户隐私权"侵权法律适用中需要通过有利原则在网络用户与"国家安全"和"公共利益"之间促成衡平,就需要严格遵循上述规定和要求,否则就会产生网络用户隐私权进一步受损,"国家安全"和"公共利益"保护不充分等多重问题。

此外,根据传统的理论学说,有的学者可能会认为有利原则在特殊侵权中应该主要是在行为人与受害人之间进行比对适用的法律选择规则。但是笔者认为,该观点将有利原则的适用限定在了弱者保护层面,是一种对有利原则的误解,也是过于片面的。在跨境电子商务的交易中,为了向网络用户提供相关配套服务,跨境电商确实都会要求网络用户事先向其授权披露相关个人数据信息,不同的跨境电商平台所采用的技术手段和企业经营管理模式各不相同,导致黑客侵入、故意泄露等事件频发,进而影响了法律对网络用户的个人隐私权保护。此外,个人数据信息的自由传播,也同时加剧了跨境电商"网络用户隐私权"在电子交易行为发生时被侵犯的可能性。一些学者继而认为由于网络用户在跨境电商平台上注册时没有协商选择的余地以及对合同的修改权限,因此,侵权法律适用必须依赖于有利原则对其弱者身份进行一定的法律救济和弥补,即若网络用户的隐私权在跨境电商中遭受了侵害,则在管辖法院和准据法的选择上应从法律对网络用户的保护程度、准据法的可预见性等有利于其权利

---

[1] 参见梁迎修:《权利冲突的司法化解》,载《法学研究》2014 年第 2 期。
[2] See Sullivan v. New York Times Co. ,376U. S. 254(1964).

救济的多角度予以考量,这才有了有利原则在欧盟被积极适用的用武之地。笔者认为,即便上述现象确实存在,但也并不能据此将网络用户认定为弱者,原因在于商务谈判中经常会出现缔约的强势方和弱势方,而强势方也往往不允许弱势方对合同内容进行修改,最为典型的是消费者与开发商签订购房合同,而法院在处理其二者之间发生的纠纷时,一般不会将购房者认定为弱势群体进而适用有利原则进行法律的选择和裁判。以此类推,在跨境电商中网络用户也同样不能据此认定为弱者进而适用有利原则。此外,有利原则是一个法律原则,其源于美国1969年的 Turcotte 案,[①]该案件首次确立了有利原则在法律选择中的适用地位。但在有利原则的适用解释上,部分学者认为法院在该案中是通过适用有利原则中的弱者保护进而作出的裁判。相对于弱者保护,笔者更认为法院是基于对判决承认和执行的有效保障进行的裁判,虽然最终选择准据法的结果相同,但其内在适用原因将直接影响有利原则在其他特殊侵权案件的应用。因此,针对有利原则的适用原因及范围,必须进行深入探讨。首先,根据前文所述,即便有利原则存在对弱者保护的考量,其法律功能也并非仅此一种。其次,在跨境电商"网络用户隐私权"侵权的案件中,无论是行为人还是受害人都是平等的民事法律主体,在未经法院开庭审理的情形下,其二者之间本并不该有强弱之分,以排除恶意诉讼的可能。最后,特殊侵权法律适用的规则是一种程序性规则,在运用该规则选择准据法的过程中,没有必要纳入有利原则进行适用。反之,如果是在实体法审理的阶段,有利原则倒是可以作为法院判定赔偿数额的依据,以此来弥补国家间赔偿标准的不一,或是考虑将来判决在他国的承认和执行问题,进而对当事人双方进行必要的法律调适,以达到法律意义上的衡平。

4. 以来源国原则为补充

来源国原则又称原始国原则或卫星传输国原则,其并不是国际私法中有关侵权法律适用的传统规则,而是在技术优先适用原则基础上基于卫星通信技术延伸出来的一项新的理论学说。2000年,来源国原则被欧盟《电子商务指令》所正式采纳。[②] 2001年,美国联邦最高法院也曾根据来源国原则选定弗吉尼亚州法律作为准据法,继而对一起网络消费侵权案件进行了审理。[③] 20世纪70

---

① See Turcotte v. Ford Motor Company,248 A. 2d 917(1969).

② See *Directive 2000/31/EC of the European Parliament and of the Council of 8 June 2000 on Certain Legal Aspects of Information Society Services*, in Particular Electronic Commerce, in the Internal Market(*Directive on Electronic Commerce*), Official Journal, p. 1-16(2000).

③ See A & M Records,Inc. v. Napster,Inc. ,239 F. 3d 1004(2001).

年代，来源国原则首次在非法获取无线电信号的侵权案件中适用。随着科学技术的不断发展，当今卫星的网络科技足以覆盖全球各个国家，在侵权行为地法规则在互联网上适用受限的情况下，来源国原则能够迅速帮助法院定位侵权结果的发生地，甚至有学者认为来源国原则是互联网领域少有的能够解决侵权冲突法问题的原则之一，其具有将侵权行为的监管落实到属地化的优势和作用，因此也得以被众多学者所拥护。具体而言，来源国原则是将数据上传地视为侵权结果发生地来加以适用的原则，其顺利克服了侵权行为地在互联网上遍及各地且难以识别的难点，运用类似卫星定位的技术手段能直接锁定数据上传地，进而选择出最为契合互联网侵权案件的准据法予以适用。即便来源国原则相对传统侵权法律适用规则而言具有一定的优势，但是其并非没有任何适用条件，一般而言，来源国原则的适用需要在东道国和母国之间订立双边或多边协议的前提条件下，尽可能确保两国间侵权领域中的立法相一致，才有被两国司法机关所接受的基础。此外，倘若发生数据上传地的法律缺失的情况，则在跨境电商"网络用户隐私权"案件实体审理过程中，将难以保证当事人在案件中的合法权益，与此同时，通过来源国原则选择准据法往往也不利于保护网络用户的相关权益，其单一适用的后果也势必会阻碍正常的跨境电商运转秩序。因此在实务中，来源国原则也被习惯作为其他侵权法律适用原则的补充予以辅助适用。

5. 以区分原则为例外

虽然各国都对网络用户隐私权的保护极为重视，但是由于立法及司法体制的各不相同，其技术保护的要求也并不可能完全相同。区分原则是欧盟创建的一种特殊规则，根据《关于涉及个人数据处理的个人保护以及数据自由流动的指令》第25条的规定，对于能够按照指令要求对个人数据提供适当性保护的第三国而言，成员国可以向其传输正在处理或者将在传输后进行处理的数据信息，但第三国如无法确保其符合技术适应性要求，则成员国需要通过采取相应手段和措施禁止其数据传输。可见，区分原则实则是将网络数据的技术保护要求拔高，并根据已经划定的技术标准，通过各国数据传输中有关的数据性质、操作目的和时间、数据传输来源国和目的国以及相关国家的法律及行业规定等因素对不同国家的网络数据技术保护进行评级，进而将国家划分为"技术达标国"和"技术未达标国"，以便在侵权冲突法中对不同国家按照其评级区分对待。对于"技术达标国"而言，其与欧盟成员国的数据是被授权自由流通的，而在"技术未达标国"则会被严令禁止。其实，在区分原则发展的初期，欧盟成员国之间也同样面临技术保护要求不协调的问题。然而在区分原则被创建之后，通过不断的立法和实践优化,各成员国终于在数据保护的技术标准和要求上达到了趋同。综观当今世界,区分原则仅在类似欧盟这样的超国家体制中发挥了预期作用,其是在长期摸索中总结并归纳出的一种特殊原则。虽然其他国家完全复制并予以适用的难度较大,但其对跨境电商"网络用户隐私权"侵权的法律适用的借鉴意义极为重大,可谓欧盟侵权冲突法制度得以顺利适用和发展的调试器。

此外,由于美国联邦政府并没有统一对跨境数据保护技术和流动规定进行立法,其对互联网企业数据的合规治理所采取的是行业自律为主的监管模式。相较而言,欧盟却通过颁布法令的形式很好地权衡了成员国内部立法与行业自律规范两者之间的关系,这种互联网领域监管方面的反差也意味着美国在客观上显然无法满足欧盟关于数据充分保护的要求,也无法与欧盟各成员国的立法进行协调和匹配。在欧盟严格施行区分原则的背景和前提条件下,为了减小其在个人数据技术保护方面的压力,保证美欧之间的跨境电子商务交易免受影响,在广泛征询意见后,2000年7月,美国商务部与欧盟委员会达成了"安全港协议",以在相互接收和传输个人数据时对包括跨境电商在内的企业进行相应规制,确保美国的互联网企业不受欧盟及其成员国关于隐私法的不当保护措施的干预。具体而言,"安全港协议"建立的原则在于将区分原则的适用范围进行了扩大,即事先通过欧盟委员会对采取数据保护高标准的美国部分行业协会的自律规范进行确认,使美国网络服务提供者在自觉加入该自律组织并承诺遵守"安全港协议"规定的充分性保护标准的基础上,将其纳入《安全港企业名录》的范围内,据此授权其和欧盟境内公司进行自由的电子交易,并进而相互传输和使用网络数据。[①] 可惜的是,"安全港协议"实施后没多久,2013年美国发生了"棱镜门"事件,使全世界对美国的个人网络数据保护技术提出了质疑。[②] 另外,虽然美国商务部多次表示其会采取措施预防互联网企业的违规行为,但是实际上对于那些承诺将遵守行业自我规制的企业而言,当其违反"安全港协议"时政府部门的介入程度却非常有限。与此同时,基于评判企业是否违规所依据的法律是美国法,这也使美欧间"安全港协议"的效力饱受争议。2015年10月,一位奥地利公民更是在爱尔兰正式向脸书提起诉讼,法院经过

[①] 参见高志明:《个人信息流转环节的法律规制》,载《上海政法学院学报(法治论丛)》2015年第5期。

[②] 参见黄道丽、何治乐:《欧美数据跨境流动监管立法的"大数据现象"及中国策略》,载《情报杂志》2017年第4期。

审理后认为欧盟委员会不仅存在怠于履行相应职责的情形,而且在具体适用的过程中也只能局限于美国和欧盟企业,对政府却不加限制。此外,"安全港协议"也没有明确规定个人使用其自身网络数据的救济方式和途径。[1] 因此,"安全港协议"最终被判决为无效,结束了其短暂生涯和使命。美国学者詹姆斯认为"安全港协议"无疑对美国的经济发展起到了巨大作用,特别是确保了互联网领域的企业不被欧盟的高技术要求所抛弃。但其认为,在"安全港协议"的法律性质和地位方面,授权欧盟委员会跳过联邦政府的立法,进而承认某些特定自律组织的规定,这些都将使该自律组织脱离美国政府的控制,有违美国的司法主权。[2] 不可否认,"安全港协议"被人们认为是避免美国互联网公司与欧盟的业务往来中断或面临欧洲当局起诉的重要途径,协议签订的背景和目的是鼓励欧盟与美国之间开展更为紧密和顺畅的国际电子商务交易,因为它不仅促进了数据信息的跨国自由流动,而且还保护了跨境网络用户的隐私权,但与此同时,在一定层面上确实也体现出了美国发展互联网经济的妥协和无奈。由于"安全港协议"在具体适用中缺乏相应的透明度,因此其也只能作为一种促进经济增长的过渡手段,这种制度创新虽然能够提升互联网行业一时的数据合规治理能力,进而更有效地保护网络用户的隐私权。但从长远的角度来看,倘若美国忽视了数据保护标准立法的重要性,则极有可能出现行业自律的监管失控,以及侵权法律适用的差异不断拉大。因此,唯有制定高水平的技术保护标准才是世界各国解决侵权冲突法的当务之急,也是避免和缓和侵权冲突法的有效途径。

在"安全港协议"以失败告终后,为了落实对"网络用户隐私权"的数据保护义务,维持跨境电商对经济发展的巨大利益输送,美欧之间又展开了新一轮的谈判,并于2016年达成了更为严格的"隐私盾协议",再度顺利实现了企业间数据的合法流转。[3] 虽然"隐私盾协议"表面上仍采用了企业自愿加入的模式,但其实质却与"安全港协议"仍然存在显著差异。[4] 一方面,其在原有基础上通过建立联络点、提高信息透明度、召开年度总结会议等形式进一步强化了

---

[1] See Maximilian Schrems v. Data Protection Commissioner, Case C-362/14(2015).
[2] See James M. Assay, *The EU-U. S. Privacy Safe Harbor: Smooth Sailing or Troubled Waters?*, Commlaw Conspectus, Vol. 9, p. 145-156(2001).
[3] See Lisa J. Sotto & Christopher D. Hydak, *The EU-US Privacy Shield:A How-To Guide*, Hunton & Williams Lawyer Insights(2016).
[4] 参见张生:《美国跨境数据流动的国际法规制路径与中国的因应》,载《经贸法律评论》2019年第4期。

政府监管的内容;另一方面,也进一步深化了美国商务部与欧盟委员会的合作模式,并将第三方对网络用户个人数据的保护纳入其中,进而扩大了协议的规制对象范围。具体而言,作为替代"安全港协议"的文件,"隐私盾协议"突破了原有"安全港协议"中基于"国家安全"和"公共利益"等因素对公权力的豁免,明确了美国政府在使用来自欧盟的跨境数据时,需要满足的必要性和适当性要求,并同时创立了监察员机制处理欧盟网络用户的投诉问题,扩大了欧盟公民私力救济的法律途径。[1] 根据"隐私盾协议"的规定,包括亚马逊、谷歌等美国跨境电商平台在处理来自欧洲的网络用户个人数据信息时,需要在对个人信息处理的合法、合规予以承诺的基础上,遵循欧盟成员国的数据保护机构的相关决策。此外,为保证"隐私盾协议"不再重蹈覆辙,美国和欧盟还于2016年年末订立了"保护伞协议",在面临侵权诉讼时将美国和欧盟网络用户置于相同的法律地位,进一步巩固了"隐私盾协议"中关于数据跨境流转的相关规则。[2] 可以说,"隐私盾协议"弥补了欧盟与美国之间数据自由流动法律的缺失,为促进信息自由流动及跨境电商的发展起到了积极的作用,也体现了区分原则在与跨境电商有关的涉外侵权案件法律适用中的重要作用。

综上,区分原则在跨境电商"网络用户隐私权"侵权法律中的适用将在一定程度上减少侵权冲突的发生,并在客观上通过技术水准的提升,进而对各成员国公民的网络隐私权予以保护,更为防止侵害"国家安全"和"公共利益"等相关事件的发生作出了重大贡献。但欧盟对区分原则的适用也同时存在一定的缺陷和问题,最为典型的是对于区分原则的适用依赖性极大,因此忽略了法律适用的基本准则。例如《关于电子通信领域个人数据处理和隐私保护的指令》就规定了当网络用户的隐私权遭到侵害时,成员国的国内法应当予以适用,而无论其他国家的法律是否认可该侵权行为。[3] 因此不难看出,欧盟在区分原则的适用方式上排除了英国的双重可诉规则,转而严格适用了法院地法规则,这种适用方式虽然在客观上对在欧盟境内发生的网络用户隐私权起到了相当具有成效的保护效果,但是其适用的局限性使网络用户隐私权保护与侵权法律适用规则间的关系变得逐渐失衡,也不符合国际私法中侵权冲突法规则的发展规律。此外,"安全港协议"和"隐私盾协议"的相继确立从本质上来看是美

---

[1] 参见桂畅旎:《美欧跨境数据传输〈隐私盾协议〉前瞻》,载《中国信息安全》2016年第3期。
[2] 参见《聚焦美国和欧盟"隐私护盾公约"(上)》,载中国经济网,http://intl.ce.cn/specials/zxgjzh/201608/26/t20160826_15286617.shtml。
[3] 参见高红静:《欧盟个人数据保护的做法及启示》,载《保密科学技术》2018年第9期。

国和欧盟向经济发展妥协的产物。① 其虽然体现了欧盟数据保护制度在世界范围内超前的影响力,同时也标志着国家对公权力的使用范围开始不断受限,但是斯诺登曾认为"隐私盾协议"的订立仍然象征意义大于实质意义,当今的美国法律也在客观上缺乏对欧洲公民个人网络数据的足够保护。② 反之,如果对"隐私盾协议"的适用过于扩大化,抑或擅自将其作为国际贸易谈判的衡量因素,则难免会有无端设置技术壁垒之嫌。因此,区分原则的适用虽然具有一定的必要性,但在面对跨境电商"网络用户隐私权"侵权的法律适用相关问题时,仍应当以跨界的眼光,结合国际法、国际贸易以及各国不同的国情和特色加以不断完善,而非闭门造车,到头来反而事倍功半。

6. 以技术优先适用原则为参考

在互联网侵权有关的法律适用中,想要完全脱离现实生活似乎存在相当大的难度,但传统的法律适用规则由于极度脱离互联网技术,因而也难以起到有效作用。可见,唯有依托互联网技术进而在原有法律适用基础上进行一定的变革或制定相应规则才是唯一出路。基于各国对于跨境电商"网络用户隐私权"保护的技术水平可能存在显著差异,这也将必然使区域间的立法出现相对不平衡的现象。在一些技术保护的发达地区,其在处理数据保护和跨境传输方面的能力显然高于技术保护欠发达地区,因此有关侵权的法律制定也势必会在技术保护的发达地区相对完善,在当今世界网络数据保护技术参差不齐的格局下,选择技术保护发达地区的法律规定显然有助于迅速化解各项矛盾,也便于法院的审理。但即便如此,考虑到可能会出现的立法滞后以及侵犯他国司法主权的问题,技术优先适用原则的单一适用在某种层面来说也与互联网全球化发展的步伐相悖,因此,侵权冲突法亟待找寻一种解决途径,各国行业规范在法律适用中的地位和作用也被随之不断放大和凸显。从传统意义上来论,行业规范并不属于法律规定,这也导致其在侵权冲突法中的适用一直受阻,由此一些学者也极力反对行业规范纳入准据法选择的范围。此外,世界范围内还存在数以万计的互联网自律组织,虽然其制定的行业规范相较于法律而言在技术的强大支撑下显得更切实际,但问题在于不同国家的行业规范之间也会存在一定的差异,且行业规范普遍缺乏强制执行力,这些都是侵权冲突法中面临的不小问题。综上,笔者认为,首先,跨境电商"网络用户隐私权"侵权就本质上而言是互联网

---

① 参见许多奇:《个人数据跨境流动规制的国际格局及中国应对》,载《法学论坛》2018 年第 3 期。

② See Natasha Lomas, *Draft Text of EU-US Privacy Shield Deal Fails to Impress the Man Who Slayed Safe Harbor*, Techcrunch (Feb. 29, 2016), https://techcrunch.com/2016/02/29/lipstick-on-a-pig/.

侵权类案件,考虑到互联网的复杂性、特殊性以及相关法律的普遍滞后性,应当赋予技术优先适用原则在侵权法律适用中引导和参考的法律地位,即无论是在处理准据法的选择还是法院管辖权问题上都应当对当地技术保护的发达程度进行一定的考察,这样准据法才会与案件具有较高的关联度,也才具有真正的生命和活力。其次,若涉及侵权实体法较为完善的国家和地区,在侵权法律适用过程中应当以解决案件纠纷为出发点,将技术保护发达国家和地区的法律作为准据法备选路径之一予以统筹考虑。最后,倘若发现与案件有关的国家和地区相关立法缺失或者滞后,则可以基于行业规范的潜在监管职责,将其视为一种行业惯例进而作为准据法的一部分予以适用。但需要指出的是,在对行业规范进行适用前,需要事先征得行业协会所在国立法及司法机关的认可或备案,以便将行业规范的作用发挥到极限。

(三)跨境电商"网络用户隐私权"侵权法律适用的国际实践

跨境电商的高速发展不仅受到了来自世界各国的广泛关注,近年来更是引起了许多国际组织的注意,久而久之,关于"网络用户隐私权"侵权法律适用的国际协调也逐渐被国际社会深刻理解,并不断通过一些国际实践予以应对和尝试。大体上来说,虽然各国立法存在一定差异,但是关于侵权冲突法的基本原则几乎没有任何分歧,因此国际上有望对侵权冲突的实体规范达成一定共识,并随着高密度的电商业务发展实现趋同和共通。此外,不断推进的国际实践使人们发现,国家对于互联网侵权案件的法律意识既包含了涉及国家司法主权的公法内容,同时又涵盖了传统侵权冲突法的私法内涵,公法私法化的必经过程也是另一大重要参考因素。基于以上种种,目前在关于互联网侵权冲突法的协调问题上,主要还是以确定侵权法律原则为主的方式进行,但在涉及跨境电商"网络用户隐私权"侵权法律适用的具体问题时,可能还需要各国际组织的成员国通过在其境内推行内国法予以规范和落实,以便能够在发生具体个案时加以调整和适用。

1. 经济合作与发展组织

经合组织其实历来都非常关注互联网上侵权行为的法律适用问题及对于"网络用户隐私权"的保护。为解决困扰已久的"网络用户隐私权"法律适用问题,经合组织理事会于1980年开创了国际隐私保护的先例,对外发布了《关于隐私保护与个人数据跨界流动的指导方针》,首次对"技术优先适用原则"的可行性加以分析,并指出了解决互联网侵权连结点多样化的问题的关键在于通过更为灵活的方式寻找与案件相适应的准据法。① 经过不断的摸索和实践,1997年经合组织还进一步出台了重要文件②,在原有基础上深化了成员国的合作模式,要求必须制定保护网络用户隐私权免受不法侵害的内国法进行规制,并且这些内国法还需要符合收集限制原则、目的规范原则、安全保障原则、数据质量原则和使用限制原则这五大原则的要求。随着跨境数据的流动日益加剧,2007年经合组织再次公布了《关于跨越国境实施隐私法律的报告》,明确了跨境数据保护在"网络用户隐私权"侵权法律适用中的作用和地位。值得注意的是,经合组织还于2008年在韩国首尔召开了议题为"网络经济未来"的部长级会议,对"网络用户隐私权"的法律适用进行了一定层面上的学术研讨,包括连结点的选择方式、当事人意思自治原则、共同属人法原则等多项议题都被作为这次部长级会议讨论的主要问题予以探讨,以期明确最密切联系原则在跨境电商中的适用方向。

2. 海牙国际私法会议

海牙国际私法会议也非常重视对"网络用户隐私权"法律适用问题的研究,特别是在1999年日内瓦召开的会议上,成员国代表分别围绕合同和侵权这两个领域进行了广泛的探讨。在合同领域,代表们对引入共同属人法作为跨境电商"网络用户隐私权"侵权法律适用的规则没有过多分歧,只是无法就进一步对共同属人法滞后或缺失后的法律适用达成共识。在侵权领域,代表们经过激烈讨论后明确了针对"网络用户隐私权"侵权法律适用的一个基本方向,即通过当事人意思自治原则、最密切联系原则以及共同属人法等灵活多变的方法来克服侵权行为地法规则在互联网上的局限性。虽然其没有明确具体的适用范围,但至少为未来的研究奠定了基础,即当传统侵权法律适用规则无法适应互联网侵权案件时,应当在确保当事人意思自治的前提下,对共同属人法和最密切联系原则进行必要分析,依据案件的不同情况,合法且合理地选择侵权法律适用的规则,最终达到当事人之间权利义务的平衡。

3. 亚洲太平洋经济合作组织(以下简称亚太经合组织)

虽然亚太经合组织对于"网络用户隐私权"侵权法律适用的研究起步较晚,但是其涉猎的广度和深度却丝毫不逊色于其他国际组织。为了使个人信息

---

① 参见郝思洋:《大数据时代个人信息保护的路径探索》,载《北京邮电大学学报(社会科学版)》2016年第5期。

② 文件名称英文原文为 Implementing the OECD "Privacy Guidelines" in the Electronic Environment: Focus on the Internet。

数据能够通过互联网实现在各国间的自由流动,2004年召开的亚太经合组织部长级会议就由包括中国在内的21个经济体共同合作开发了《亚太经合组织隐私保护框架》,简明扼要地确立了针对"网络用户隐私权"保护的原则性规定,丰富和开拓了各国在解决侵权冲突法问题上的思路。[①] 与此同时,亚太经合组织还非常关注针对"网络用户隐私权"的国际协调机制研究,其建立的隐私框架同时也为跨境电商日常的跨国经营活动提供了充分和必要的指引。即便如此,仍需要指出的是,亚太经合组织的创建目的是促进各国的经济繁荣发展,因此其解决侵权法律适用问题的出发点也并非单纯的法学研究,而是希望在解决侵权冲突法之后,能保证跨境电商为各国带去持续收益。这也就导致了在具体规则的选用上,亚太经合组织会在客观上考虑各国对"网络用户隐私权"的立法保护状况,进而在无形中放大了对"技术优先适用原则"的适用比重。基于以上背景和目的,许多国家希望通过对侵权法律适用规则产生影响进而争取网络监管的主动权,由此也造成了成员国在一定程度上难以相互协调妥协,也无法就具体侵权法律适用规则达成一致的不良影响。

4. 互联网名称与数字地址分配机构

跨境电商"网络用户隐私权"侵权法律适用问题其实还与互联网的监管主体有着一定联系。基于互联网全球互联的跨界属性,一旦互联网监管主体被予以明确,则可以有效缓解侵权冲突的产生,进而更为全面地保护本国公民的合法权益,这也是世界各国争相抢夺这一权利的背后原因。众所周知,互联网起源于美国,在很长一段时间里美国商务部负责了包括域名注册、发放、管理、维护等一系列监管工作,但随着互联网使用频率的不断提高,各国均对美国在互联网监管方面的单方主导地位表示不安,于是互联网共管的呼声也被不断放大。在全球舆论的压力下,美国不得已于1996年与其他国家共同成立了名为"互联网名称与数字地址分配机构"的非营利性国际组织,其直接取代了美国对互联网长期独立监管的垄断地位,确保互联网的开放性、可交互性和稳定性不受来自某一个单一国家的影响和干预。[②] 随后,互联网名称与数字地址分配机构分别在2003年的日内瓦会议以及2005年的突尼斯会议上相继对解决互联网治理冲突的矛盾性问题展开激烈探讨,虽然会议明确了国际协调对于隐私

---

① See Asia-Pacific Economic Cooperation, *APEC Privacy Framework*, APEC (Nov. 15, 2005), https://www.apec.org/Publications/2017/08/APEC-Privacy-Framework-(2015).

② 参见《美国在国际压力下交出互联网域名管理权》,载新华网,http://www.xinhuanet.com/world/2016-10/01/c_1119658020.htm。

与公共安全的重要意义,但各国并未就国际协调的具体实施措施达成一致。以美国为首的一些国家认为应当通过流动型的模式对互联网进行治理,而其他国家则普遍认为应当维持互联网名称与数字地址分配机构当下的监管模式,其背后的政治目的可见一斑。

5. 欧共体—欧盟

欧洲一直致力于在政治、经济、社会、文化、法律等领域的一体化发展,因此在欧洲这块大陆上非常有望在各国间形成一套统一的侵权冲突法认知。其实,为了保障市场的正常运转和各国公民能享受到同等且合法的待遇,早在欧共体时代就已有国际私法统一化立法的尝试,最早可追溯到1969年《比荷卢经济联盟统一商标法》这一国际条约的签订。① 随后,1972年公布的《关于合同及非合同债务法律适用公约的草案》更是明确了侵权行为地法规则在侵权冲突法中的重要地位。但当时的成员国没有赋予欧共体对国际私法统一的立法权,因此,早期国际条约的缔结都是依靠成员国的单边或多边谈判形成的,随着晚期成员国数量的不断增加,国际条约缔结所需考虑的因素也越发复杂,最终导致侵权冲突法没有完成统一的立法工作。借鉴了前人的经验并吸取教训,欧盟在其成立后就率先在1999年《阿姆斯特丹条约》中解决了困扰欧共体多年的国际私法立法权的授权问题。② 紧接着,在欧盟委员会对侵权冲突法进行了多次具有变革性质的尝试后,其于2007年通过并公布了迄今为止在欧盟领域内最具影响力的《非合同之债的法律适用条例》。不可否认,虽然欧盟具备了在其成员国直接推行和适用法律的能力,但在具体适用过程中包括适用范围、时效等问题仍存在许多例外情形需要各国进行协调和应对。③ 对于侵权冲突法的适用规则和方法,《非合同之债的法律适用条例》几乎全盘否决了美国惯用的分割方法,而是通过整体选择的方法,将侵权行为区分为一般侵权、特殊侵权以及例外情况三种类型,并根据个案进行预先分析,且在增设可预见性规则来判断侵权行为地的情况下,选择准据法予以适用。④ 在例外情况方面,其进一步限定和规范了当事人意思自治、强制性规则和公共秩序保留等的适用条件,使侵权准据法的选择能够充分考虑不同案件情况,进而使侵权行为地法规则、共

---

① 参见比利时、荷兰、卢森堡《比荷卢经济联盟统一商标法》第36条。
② 参见欧盟《阿姆斯特丹条约》第16章。
③ See Symeon C. & S. ymeonides, *Rome II and Tort Conflicts:A Missed Opportunity*, American Journal of Comparative Law, Vol. 56(2008).
④ 参见王秀转:《欧盟〈关于非合同之债的法律适用条例〉中的法律选择方法与规则评述》,载沈四宝、王军主编:《国际商法论丛》第10卷,法律出版社2010年版。

同属人法和最密切联系原则在传统的基础上进行了再细化。具体而言,《非合同之债的法律适用条例》的立法者认为在大量现代侵权案件中,共同属人法规则相较于侵权行为地法规则的适用而言甚至更为迫切。[①] 从立法的结果也不难看出,其实际上是强调了属人因素在法律选择中的作用,但其并未否认属地化侵权在侵权法律适用中的地位,因此最终得以采用了共同属人法为主,侵权行为地法规则为补充的侵权冲突法规则适用顺序。另外,最密切联系原则作为共同属人法的例外情况也发挥了巨大作用。从总体上来看,虽然欧盟的《非合同之债的法律适用条例》并没能完全摆脱传统的法律选择方法,对例外情况的规定也远未达到与案件相互完美匹配适用的地步,但其毕竟填补了非合同之债法律适用在欧洲范围内的空白。另外,在跨境电商"网络用户隐私权"侵权法律适用的问题上,其加大了特殊侵权的涵盖范围,相比于其他国际组织而言则更为完整和系统,且其具备的立法和司法统一特性能够适应当下冲突法的发展趋势和潮流,为全球国际私法的一体化发展提供了一条可推广、可复制、可借鉴的思路。

本章小结

随着跨境电商行业在各国的不断发展,"网络用户隐私权"的新型侵权行为也接踵而来。本章讨论了国际私法上从一般侵权行为法律适用规则到特殊侵权行为法律适用规则的发展,这些新规则既吸收了传统规则的合理成分,又反映了社会经济的发展特点,兼具"混合"性质。

传统的侵权法律适用规则——法院地法规则、侵权行为地法规则以及双重可诉规则——在调整一般侵权行为时发挥了重要作用。随着社会经济的发展,侵权形态也在发生变化,国际私法上的侵权法律适用规则经过不断修正、改良、注入新的灵活性规则,以适应社会的发展。从一般侵权到特殊侵权的划分,大陆法系国家的国际私法已经把一些侵权行为归入特殊侵权范畴,制定了不同于一般侵权行为法律适用的新规则。瑞士《联邦国际私法》首先把新的侵权类型单列,如产品责任、不正当竞争、诽谤、交通运输、原子核设施等,对这些特殊侵权行为制定了不同的法律适用规则。美国在司法实践中经过"冲突法的革命",赋予侵权冲突法规则新的活力。政府利益说、最密切联系原则以及较好

---

① See Peter Stone, *The Rome II Regulation on Choice of Law in Tort*, Ankara Law Review, p. 107 (2007).

法律选择方法等灵活的原则,改变了传统侵权行为地法的僵硬规则。在经济全球化背景下,跨境交易变得更为频繁,而互联网的迅速发展又使实体空间向虚拟空间发展。跨境电商改变了人们的生活方式和消费模式,同样也带来很多新的法律问题。对于跨境电商"网络用户隐私权"侵权法律适用来说,目前各国仍未对其法律适用的具体规则有比较一致的做法,理论上也存在分歧。

近年来,我国的立法和司法实践也关注到这些新问题。例如,最高人民法院《关于审理侵害信息网络传播权民事纠纷案件适用法律若干问题的规定》将侵权行为地的选定范围进行了扩大解释,被诉侵权行为的网络服务器、计算机终端等设备所在地以及原告发现侵权内容的计算机终端等设备所在地等三类与案件有关的联系地都可以成为准据法所选择的依据。虽然该规定仅将法律适用限定在侵犯信息网络传播权纠纷领域,但为今后的立法奠定了良好的基础。

本书认为,可以在吸收传统侵权行为法律适用规则的基础上,增加新的连接点,用"混合"规则来调整"网络用户隐私权"这种新型侵权行为。经过分析、比较和梳理一些国家关于跨境电商"网络用户隐私权"的侵权法律适用规则,尤其是比较欧盟与美国"网络用户隐私权"保护在侵权法律适用上的规则变化与司法实践,结合我国电商行业的发展特点,笔者认为,我国在处理"网络用户隐私权"案件时可以根据不同的案件类型,采取"混合"列序的适用方法来决定法律的适用。例如,可以从以下 6 个方面加以考量,即"以信息自由传播原则为基础""以有限当事人意思自治原则为前提""以有利原则为衡平""以来源国原则为补充""以区分原则为例外""以技术优先适用原则为参考"等特殊规则。

第四章 跨境电商"网络用户隐私权"侵权法律适用的例外

由于一些跨境电商"网络用户隐私权"侵权案件会涉及"国家安全"和"公共利益"等问题,因此势必在探寻其法律适用的过程中会面临根据适用规则所选择的准据法与一国内国强行法发生冲突的情形,也就当然难以绕开两者之间相互协调的话题。最为常见的侵权法律适用例外包括强制性规则、公共秩序保留、法律规避,需要指出的是虽然国际法对于这三种情况的定义都非常清晰和明确,一般都在涉及一国或社会公共的重大利益时,通过类似公法性质的强制规则作为直接调整民商事纠纷的准据法予以选择,而无须当事人之间另行达成约定或依据其他冲突规则选择,但各国却在实际适用的过程中存在一定法律解释上的差异。此外,美国政府对中国华为和中兴的制裁[1]也反映出了一些国家还存在出于政治目的,通过对强制性规则的滥用以及对他国加设贸易壁垒,违法干预国家间正常国际贸易的情形。司法实践中,当个案的侵权冲突规则所指向的法律基于上述三种情况与一国内国法相冲突时,法院一般会直接排除依侵权冲突规则所确定准据法的适用,以保护其所在国国家利益不受不法侵害,例如,在《非合同之债的法律适用条例》中就规定了当法院地的强制性规则在案件中存在适用的价值时,则应当优先予以适用。此外,就公共秩序保留而言,其也规定了一旦其他国家的法律规则对法院地国的公共政策和秩序构成实质性违反,则可以拒绝适用。因此,对强制性规则、公共秩序保留、法律规避进行梳理,并进而摸索出其在跨境电商"网络用户隐私权"侵权法律适用中的地位和价值至关重要。倘若各国仍闭门造车,对侵权法律适用的例外范围继续保持差异化发展,则显然将不利于其制定初衷,也与法律规则的可预见性要求相背离。[2] 为便于对跨境电商"网络用户隐私权"侵权法律适用的制度加以完善,我

---

[1] 参见《中芯国际退出美国市场,只是为了替华为、中兴鸣不平?》,载百度百家号,https://baijiahao.baidu.com/s?id=1665938717048761894&wfr=spider&for=pc,2025年4月18日访问。

[2] See Russell J. Weintraub, *The Choice-of-Law rules of the European Community Regulation on the Law Applicable to Non-Contractual Obligations: Simple and Predictable, Consequences-Based, or Neither?*, Texas International Law Journal, Vol. 43, p. 413(2007).

们需要先行解决以下若干问题,即在其法律适用的过程中是否也当然包括上述这些例外情况？又是否可以使用这些特殊规则来协调侵权冲突法规则与内国法之间的关系进而在一定程度上达到平衡？此外,在互联网侵权领域是否存在传统以外的其他例外情况？这些例外情况的适用价值和意义又在哪里？

第一节 强制性规则的确立

众所周知,强制性规则是现代国际私法的一大特色,由于其很好地保护了法院地法所在国的相关权益,因此也被世界各国在消费者权益保护、反垄断、外汇管制等领域所广泛适用,成为在侵权法律适用规则中,统筹各种法律冲突的有效方式。然而,互联网同传统报纸、杂志等大众媒体具有相类似的传播属性,且更甚之。因此,跨境电商在依托互联网为人们提供便利生活的同时,一旦发生侵犯网络用户隐私权行为,往往意味着受害人将遭受更为巨大的损失。从客观上来看,基于互联网侵权的散发性,这种侵权的后果对属地法和属人法规则的适用带去了一定现实上的难度。在侵权法律适用本身已经产生矛盾和冲突的大背景下,是否还有必要在跨境电商"网络用户隐私权"侵权法律适用中确立强制性规则似乎是摆在人们面前的一大问题,针对这一问题存在两个截然不同的应对思路。一部分学者认为对互联网加以严格和过度监管是一种时代的倒退,他们认为互联网上侵权的行为多为个体行为且兼具匿名性,受害人一般不会因此遭受过大损失。因此,人们往往会把这类侵权行为归因于个案,认为其并不会导致"国家安全"和"公共利益"受损,也就当然丧失了确立强制性规则的必要。相反,另一部分学者认为应当在互联网侵权冲突法中构建一定的强制性规则,以确保法律适用的行使更为科学合理,持该论调的人大多赞同"互联网治理从严论"的基调,即通过预防和处罚并用的方式打击个体侵权行为,使网络空间更为安定,并在可能造成"国家安全"和"公共利益"受损等特定情形时及时适用内国法介入和干预。综上,判断是否有必要在跨境电商"网络用户隐私权"侵权法律适用中确立强制性规则的标准实际上取决于"国家安全"和"公共利益"在其中涉及的可能性。显而易见,强制性规则在跨境电商"网络用户隐私权"侵权法律适用中的例外作用是不可替代的,其既能避免"国家安全"和"公共利益"在法律适用中遭受损失,还能促进跨境电商行业的发展,同时为国家间的司法协助创造有利基础和条件。

一、避免国家安全和公共利益受损

我国《民法典》、欧盟《通用数据保护条例》及其他国家的数据保护立法都很好地保护了网络用户的隐私权,但网络用户使用跨境电商进行消费看似是其个人的行为而与国家安全毫无关联,实际上其在被侵权时却极有可能造成"国家安全"和"公共利益"受损,这也是许多国家采取公法的手段对网络用户的隐私权进行保护的原因。为了避免公法和私法之间的冲突,更好地平衡跨境电商行业发展和"网络用户隐私权"之间的关系,强制性规则的确立至关重要。其决定了国家公法介入的时间,也为协调公法和私法之间的关系找到了一条出路。Cookies 技术的存在使网络用户在互联网上的轨迹有迹可循,这也就意味着网络用户在跨境电商上浏览页面或填写信息后保留的数据将被自动存储进入跨境电商预先架设的服务器中作为其提供服务的载体和依据。对于这些被跨境电商收集后的数据而言,一旦被他人滥用或非法使用就可能会侵犯网络用户的隐私权,成为非常典型的跨境电商上的侵权行为。一般而言,跨境电商在搜集相关信息后会统一将信息存储进其服务器,而不会对数据区分具体类别。但一些国家在互联网发展变革的环境下意识到了数据保护的重要性,进而通过立法的形式将跨境电商收集的信息进行了一定的区分。例如,我国曾将跨境电商搜集的信息区分为"个人数据""企业数据""国家数据"三类,即通常认为由国家掌握的数据才可能影响国家和公共利益,但随着社会步入大数据的时代,一些以金融、能源、电信、交通等基础设施为主营业务的重要企业在日常生活过程中所产生的数据一旦泄露也可能会对网络安全造成重大损害,因此再单纯通过数据来源的形式区分数据的重要性以避免"国家安全"和"公共利益"受损逐渐显然变得步履维艰。[①] 在此基础上我国于 2017 年颁布了《网络安全法》,不再根据数据的获取源头对数据加以区分,而是根据数据的内容简化了归类方式,将数据归类为"一般数据"和"重要数据"两类,由此也就意味着无论是"个人数据"还是"企业数据"或是"国家数据"都可能被归为重要数据的范畴进而成为影响"国家安全"和"公共利益"的因素。非但如此,我国还通过法律拟制的方式对重要数据的范围进一步予以明确。例如,在 2017 年 4 月公开的《个人信息和重要数据出境安全评估办法(征求意见稿)》中,就直接将原本被归类为"个人数据"的"含有或累计含有 50 万人以上的个人信息"作为重要数据予以看待,并要求在跨境流转前落实必要的安全评估和本地存储要求,以防止"国

[①] 参见北京大学互联网发展研究中心:《从立法价值取向出发理解"网络安全法"中的"重要数据"》,载北大互联网发展研究中心微博 2017 年 4 月 11 日,https://weibo.com/ttarticle/p/show? id = 2309404095431402509593。

家安全"和"公共利益"受损。[①] 需要注意的是,重要数据是以保护"国家安全"和"公共利益"为立法目的加以确立的概念,对于网络运营者自身在开展主营业务过程中所积累的包括知识产权、商业秘密等的数据产生的侵权行为,应当仍旧作为一般的民商事法律关系进行处理,不应过多将其优先处理,以保证侵权冲突法的适用平等。除非该跨境电商所拥有的知识产权或商业秘密存在损害"国家安全"和"公共利益"的可能。由此可见,为避免"国家安全"和"公共利益"受损,在跨境电商"网络用户隐私权"侵权法律适用中考虑强制性规则的适用在当代侵权冲突法中将极其不可或缺。

二、避免阻碍跨境电商行业的发展

强制性规则的确立有助于不断扩大国家有关跨境电商行业发展和扶持环境的举措,这同时也是一项基础性工作。如果一国侵权冲突法没有引入强制性规则,则该国制定的侵权冲突规则势必将与其他国家产生较大间隙,同时据此形成的判决文书也很可能被他国拒绝承认和执行。考虑到强制性规则缺失所带来的法律适用的不对等,为避免由此导致的国家和公共利益受损,缺乏强制性规则的国家反而会尽可能在其国内限制和减缓跨境电商行业的发展,虽说难免吞下"恶性循环"的苦果,但也确实无济于事。另外,考虑到区分原则的法律适用目前在国际社会中被普遍遵循,加之"安全港协议"和"隐私盾协议"均在侵权法律适用中起到了较为良好的标榜功能。因此,各国也都在围绕跨境电商"网络用户隐私权"保护的高技术发展层面狠下功夫,尽可能在隐私保护层面与国际通行标准相对接,这也有助于各国在国际司法协助中满足互惠原则适用的基本条件。然而,对于缺乏强制性规则约束的国家而言,即使其在客观上已经达到了跨境电商中关于"网络用户隐私权"的高技术保护标准,但这也并不意味着在"国家安全"和"公共利益"方面就可以高枕无忧了;相反,其暴露的风险可能更甚,原因在于一旦该国的技术保护标准被他国所认可,那么该国境内的数据在他国之间进行跨境流转将变得更为频繁和便利,倘若该国的某项数据流转因为侵犯网络用户的隐私权而在他国被提起侵权之诉,则最后的判决结果很可能直接归责于该国,又由于该国没有制定侵权法律适用的强制性规则,因此其国家利益也势必受到更大程度的拖累。

三、避免国际司法协助的低效和无序

强制性规则目前实际上已然成为世界各国国际私法体系中的重要组成部

---

① 参见中华人民共和国国家互联网信息办公室:《国家互联网信息办公室关于〈个人信息和重要数据出境安全评估办法(征求意见稿)〉公开征求意见的通知》,载中国网信网,http://www.cac.gov.cn/2017-04/11/c_1120785691.htm。

分，而随着互联网时代的到来，跨国的涉外民商事纠纷呈现多发的态势，因此国际司法协助问题也逐渐被各国所重视。总体上来看，国家间的司法协助和互惠原则的适用从侧面上也反映了一国司法体系在国际上的受公认程度，伴随大陆法系和英美法系国家立法与司法层面的融合，可以预见各国国家间司法协助的密切联系也将是国际私法发展的一大重要趋势。但即便如此，仍有许多潜在因素影响着国际司法协助问题的顺利实施，如案件的受理范围不符合要求、诉讼标的违法、判决的程序违法、公共秩序保留等。虽说强制性规则确立的根本目的是保护法院所在地的国家和公众权益免受来自境内外的不法侵害，但是倘若一国在其侵权冲突法中缺乏对强制性规则适用的规定，则也可能会导致该国与其他国家间的国际司法协助产生阻隔。具体而言，若国家 A 的侵权冲突法中没有规定任何强制性规则，而该国公民 B 却在使用跨境电商提供的网络服务时侵犯了 C 国网络用户的隐私权，进而在 C 国被提起诉讼，如果 C 国认为公民 B 的行为可能会导致其国家安全受到危害，则会根据强制性规则直接适用 C 国的内国法作为裁判的准据法，基于该判决并不符合 A 国的内国法，因此很大程度上会被 A 国拒绝承认与执行。根据国际法上的对等原则，C 国将来在面对来自 A 国的类似判决时，也可能会基于 A 国在侵权冲突法中缺乏强制性规则，进而拒绝对其适用互惠原则，这种情况显然不利于两国间建立长期友好的国际司法协助关系，也会使国际司法协助变得更为无序。另外，即便 A 国和 C 国都规定了强制性规则，倘若司法机关在选择适用该强制性规则时过度解释导致该规则被扩大或滥用，则同样也可能会导致上述后果。因此，在跨境电商"网络用户隐私权"侵权的法律适用中有必要先行确立相应的强制性规则，以考虑互联网的高传播性导致国家权益受损的可能。同时，由于强制性规则在侵权冲突法中毕竟属于特殊规则，因而还需要尽可能明确其适用范围，并结合跨境电商的特殊情况，有针对性地对其加以合理适用，以符合强制性规则的适用要求，进而避免所作判决被他国拒绝承认和执行的风险。

第二节　强制性规则的适用

一、强制性规则的适用范围

强制性规则是法国学者弗朗西斯在其撰写的《反致理论和国际私法的体系冲突》一文中基于调整涉外民商事法律的规则顺序，进一步强调其在侵权冲突法中的优先适用地位而提出的概念，其也被称为"直接适用的法"。从实质内容上来看，强制性规则既包含了侵权冲突法中的法律适用规则，同时又具备了实体法层面的权利义务内容,因此,在司法实践中其也经常被视为涉外纠纷的解决途径之一被广泛适用。强制性规则在创建初期大多被运用于公法层面,但随着互联网全球一体化发展态势的加剧,其理论边界和适用范围逐渐从公法转向私法,但即便如此,强制性规则的适用仍需遵循一定的前提条件,其并未在国际私法领域中被彻底放开。需要特别指出的是,本书所探讨的强制性规则特指具有一定公法性质的强制性规则,即其虽可以在跨境电商"网络用户隐私权"侵权等传统国际私法法律适用中予以直接适用,但其本质仍以公法为考量原则,也就是将判断案件是否涉及国家政治、安全和重大公共利益等问题,作为适用强制性规则的核心法律价值。但各国的政治、文化差异,在认定强制性规则的构成要件方面可能存在不一致,这直接导致其适用范围和边界仍然存在诸多不清晰之处。例如,公共利益的范围在不同国家有认识上的区别,单单就如何在公共利益和网络用户隐私权中找到平衡点这一问题在各国就会有不同的答案。[1] 此外,国家安全作为一种公共利益的表现形式与网络用户隐私权一样都属于较为理论化的概念,为提高强制性规则适用的确定性,也需要进一步明确其所涉范围。[2] 再者,K. U. V. v. Netherlands 案的裁判结果,更是凸显了强制性规则在各国层面的认定标准各有不同。[3] 这些因素都导致了在司法实践中必须授权法官一定的自由裁量权才能借助个案的不同情况以及结合其他侵权冲突法规则来进行判断。从强制性规则的适用范围来看,传统意义上的强制性规则一般指的是法院地法的强制性规则,即法院直接适用强制性规则本身或其内国法以维护国家的重大利益,但是在公法私法化热潮推行的过程中,一些国际组织不断放宽强制性规则的适用条件和范围。例如,欧共体于 1980 年颁布的《关于合同债务的法律适用公约》就明文规定了只要该国的国家利益和案件具有利害关系且该强制性规则确有适用之必要,外国的强制性规则就可以在案件中作为冲突规范进行准据法的指引或予以直接适用。[4] 另外,在加拿大、俄罗斯、突尼斯等国的立法中也存在相类似的规定,但笔者认为目前世界上绝大多数国家都没有承认外国强制性规则的立法和判例。因此,在一国法院审理涉

---

[1] 参见张鸿霞、郑宁等:《网络环境下隐私权的法律保护研究》,中国政法大学出版社 2013 年版,第 201 页。
[2] 参见张民安主编:《隐私权的比较研究——法国、德国、美国及其他国家的隐私权》,中山大学出版社 2013 年版,第 471-472 页。
[3] 参见陆海娜、[奥]伊丽莎白·史泰纳主编:《欧洲人权法院经典判例节选与分析(第二卷):家庭与隐私权》,知识产权出版社 2016 年版,第 170-172 页。
[4] 参见《关于合同债务的法律适用公约》第 7 条。

外侵权案件时,适用外国强制性规则的做法仍有待商榷。首先,强制性规则在各国广泛适用的前提条件是其维护了内国法的重大权益,但该冲突规范具有一定的特殊性,如果肆意对其进行扩大化适用可能会过度授权法官的自由裁量权,造成案件准据法选择的不公。其次,法院地国在司法实践中相对于案件本身而言并没有优先维护他国"国家安全"和"公共利益"之国际义务,在内国法的侵权冲突规范和他国的国家利益相冲突的问题上,应当将内国的司法规范进行优先适用,以彰显自身的司法主权不受外部事项干扰。最后,当事人意思自治原则作为典型的侵权法律适用原则在侵权冲突法中起到了不可或缺的重要作用,当事人意思自治原则同其他侵权冲突法规则不同,从广义上来看,其也可以被视作侵权法律适用的一种例外情况,而适用外国的强制性规则将与当事人意思自治原则在一定程度上形成新的矛盾和冲突。在现实生活中当事人通过意思自治进而排除或规避他国相关法律规定的现象非常常见,倘若过分适用外国的强制性规则,将使当事人意思自治原则的规范形同虚设,不利于两者之间的相互协调。

二、强制性规则与其他规则的关系

(一)公共秩序保留

为了使强制性规则的适用更为科学,避免在适用过程中与其他规则之间形成歧义或者重叠,有必要将强制性规则与其他规则进行对比以此明确其适用方法和范围。就公共秩序保留而言,其最先起源于1804年的法国《民法典》,当初创设该规则的目的是排除外国法和国际惯例在国内案件中适用的可能性。由此可见,强制性规则与公共秩序保留是两个极其相近的原则,国际私法有必要厘清个人网络用户隐私权保护与公共秩序保留之间的关系和界限,避免适用的不科学而产生两者间的失衡。另外,虽然强制性规则与公共秩序保留在侵权冲突法中存在共同点,但其二者不能相互概括。综观世界各国的国际私法立法实践,无论立法国遵循的是什么法系,强制性规则和公共秩序保留都多被各国所同时适用。从内容上看,公共秩序保留涉及的范围比强制性规则更广,实务中国家对外政策、社会道德准则以及人民善良风俗等都可能会被列为其适用的考量因素,这与强制性规则的适用主要考虑"国家安全"和"公共利益"有着显著的区别。另外,在侵权法律适用的方式上两者也存在不一致之处,强制性规则的适用以排除侵权冲突法规则为前提条件,即可以通过直接适用的形式对准据法进行确定,而公共秩序保留需要在事先运用侵权冲突法规范的前提条件下再去分析所适用的准据法是否符合公共秩序保留的一些例外条件。基于以上的不同特点,法院在适用强制性规则和公共秩序保留时应当有条件地严格把握两者的不同功能和定位,以期达到侵权冲突规范的适用目的。此外,从前文的论证中可得,在跨境电商"网络用户隐私权"侵权法律适用中确立强制性规则是非常必要的一项举措,但是笔者认为公共秩序保留却不适合在该领域中进行适用,其原因在于公共秩序保留往往都与社会道德层面的一些准则有关,而这些准则的适用往往都会存在一定的模糊地带,全球范围内在短时间也无法彻底统一,其没有适用的基础和必要。另外,倘若需要对公共秩序保留加以适用,这就意味着法律将授予法院相对于强制性规则更大的自由裁量权,以保证这一侵权法律适用例外规则的行使,这也不符合冲突法规范发展的趋势和要求。基于公共秩序保留所带来的模糊性和不确定性,各国对于其适用的态度一般都较为谨慎,而强制性规则在跨境电商侵权领域中的适用具有直接和高效的特点,网络用户隐私权也能很好地满足强制性规则的适用特征。可见,相对于公共秩序保留,适用强制性规则能够很好地弥补公共秩序保留确定性因素的不足,保障"国家安全"和"公共利益"免受不必要的损害。

(二)法律规避

制造涉外的连结点和外国法的适用条件,通过不同国家法律的差异化规定,突破一国国内冲突法的相关规则,进而选择对自己最为有利的法律进行适用是典型法律规避的适用过程,而要解答在跨境电商"网络用户隐私权"侵权法律适用中是否需要为法律规避预留空间这一问题,就需要对法律规避的特征进行一定的了解和梳理。首先,法律规避只存在于大陆法系国家,因为英美法系国家并没有成文的侵权冲突法,其是比照先前发生的大量判例来决定准据法的适用,在法律选择的方法上更为灵活多变。例如,美国就通过一些已经形成的冲突法判例作为协调其国内法和法律原则的重要工具。[1] 其次,虽然法律规避的范围仅限于国际民商事法律关系,但其最终规避的法律却往往还会涉及国家战略、经济基础、民族矛盾等多领域问题,具有行政法的特性,[2]其适用目的的还在于排除原有侵权冲突法规则的适用进而选择对自己更为有利的法律。最后,法律规避的范围既包括国际法,又包括国内法。因此从宏观上来看,法律规避的存在实则是在倒逼国家进一步完善自身侵权法律适用的各项规则,以排除原先规则制定的疏漏被他国公民恶意滥用的可能。但也正是因为法律规避存

---

[1] See Friedrich K. Juenger, *Choice of Law and Multistate Justice*, Transnatinal Publisher, Inc. , p. 194 (2005).

[2] 参见[美]弗里德里希·K. 荣格:《法律选择与涉外司法》,霍政欣、徐妮娜译,北京大学出版社2007年版,第106页。

在适用的不确定性和多样性,才会导致法院难以判断当事人是否存在法律规避的行为,因此也无法对其加以限定和排除。此外,法律规避也可能会违反法律适用的公平原则,为一国的国内司法审判工作徒增一定压力。基于此,包括我国、白俄罗斯、乌克兰在内的许多国家在制定其本国的法律适用法时,并没有对法律规避加以明确规定。① 另外,根据欧盟的《电子商务指令》的相关规定,无论跨境电商平台所架设的服务器身在何处,只要该跨境电商主要经营地在欧盟境内,就需要适用欧盟法。如果跨境电商故意规避欧盟某一成员国法律,将其主营业务迁移至另一成员国境内,则该行为可以被规避国根据其本国法予以相应制裁。通过这一规定,欧盟得以有效限制甚至禁止跨境电商在其成员国之间滥用法律规避的行为,也可以看出其对当事人采取法律规避的消极态度。可见,法律规避作为侵权冲突法中一种逃避法律适用的传统方法,虽然其与公共秩序保留、强制性规则有着相类似的法律后果,但是它们之间适用的前提条件和要求却截然不同。通过对法律规避特征的分析不难得出,法律规避虽然从表面上来看与公共秩序保留相类似,但是在具体适用的范围和要求上仍有一些不同,其与公共秩序保留之间存在一定的交叉关系,但其二者并不完全重合,因此,法律规避并不属于公共秩序保留的范畴。另外,在法律规避与强制性规则的问题上,部分学者认为强制性规则是法律规避适用过程中派生或者引进的一种产物,②笔者对此不敢苟同。法律规避的适用条件一般是诉讼参与人的自主行为,具有一定的私法特性,而强制性规则的适用往往是基于"国家安全"和"公共利益",具有一定的公法及强行法的特点。结合跨境电商行业的特点,在法律适用过程中,法院需要首先考虑的是"国家安全"和"公共利益",而并非个体规避法律行为的合法性。综上,虽然法律规避具有排除他国侵权法律适用的法律效果,在司法实践中也存在一定的特殊价值和适用必要,但其终究不适合在跨境电商所涉侵犯人格权案件中广泛适用,甚至在面对法律规避适用的不确定性时,更应当谨而慎之,以避免"国家安全"和"公共利益"受损。

(三)安全行为规则

安全行为规则是欧盟《非合同之债的法律适用条例》中规定的一项重要规则,其与1971年海牙《交通事故法律适用公约》的规定如出一辙。安全行为规则主要指在涉外侵权案件中,法院在确认侵权行为人的相关责任时,应当适当考虑侵权结果发生地的法律是否适用安全行为规则。虽然安全行为规则被规

---

① 参见许庆坤:《国际私法中的法律规避制度:再生还是消亡》,载《法学研究》2013年第5期。
② 参见马海明:《法律规避原论》,西南政法大学2017年博士学位论文。

定在了欧盟的《非合同之债的法律适用条例》中,但其条款内容与强制性规则还是有显著区别的。安全行为规则实则并不是一项侵权冲突规则,法院在审理涉外侵权案件时,也并无完全适用的必要。根据条款的字面意思,法院在适用安全行为规则时具有一定的自由裁量权。相比于强制性规则适用内国强行法,安全行为规则适用的内国法并无强行适用的基础和要求。此外,只有在审查侵权行为人过错责任时才可能会涉及对安全行为规则的考察。可见,安全行为规则在侵权案件中一般仅作为一种事实要素被予以介入适用,也不属于严格意义上的法律选择方法。因此,在跨境电商"网络用户隐私权"法律适用中不宜纳入安全行为规则作为侵权冲突法的规则予以适用,其至多只能成为一种法律适用的参考,以避免与强制性规则的适用产生矛盾。

第三节 其他例外规则

相对于强制性规则,虽然公共秩序保留和法律规避并没有在跨境电商"网络用户隐私权"侵权法律之中适用的必要,但这并不意味着就不存在其他例外的适用规则。需要指出的是,即便国际私法已经在一定程度上尽可能地排除和避免了来自公权力的冲击和干预,但侵权法律选择的方法和规则制定也一定会涉及国家、其他公共利益与个体利益之间的平衡问题,这一现象与当今公法私法化的发展趋势也是相一致的。例如,在跨境电商领域,由于各国发展跨境电商存在一定的先后顺序,从国家间侵权法律冲突角度来看,发达国家势必更注重对消费者的保护,而欠发达国家往往考虑经济效益,会在侵权冲突法的适用上更侧重于企业权益。同理,在网络用户的隐私权受到侵犯时,一些国家为了对外展现其言论自由度,会适当放宽在其本国境内发生的网络用户人格权的侵权认定方式,甚至这一行为可能还会影响其国际协调。即便如此,以上这些例证也仅是发生在私权利之间,倘若面对私权利和公权力的问题,可能会出现"一边倒"的态势,即公权力仍是侵权法律适用规则中最需要考虑的话题。可想而知,无法保证自身国家安全的国际私法体系是承载不了除国家利益外其他权益的平衡问题的。因此,国家安全和公共利益仍应被视作跨境电商"网络用户隐私权"侵权法律适用中的"安全阀",正如 William v. American Online, Inc. 案[1],当事人之间签订的任何有关法律适用的协议只要违反美国当地的公共政策就有可能被认定为无效。另外,美国还将公共政策的适用范围从侵权法律适

---

[1] See William v. American Online, Inc., 2001 WL 135825(2001).

用扩展到管辖问题,其法律地位之重要性一目了然。在明确了公权力适用优先性这一原则的基础上,跨境电商"网络用户隐私权"侵权法律适用规则这一问题就变得相对简单,即需要结合跨境电商领域独有的特点,制定出符合其发展规律和要求的例外规则,以更为全面地保护"国家安全"和"公共利益"免受不法行为人的侵害。

一、国家安全审查制度

互联网的出现使传统法律适用的规则出现了在网络社会中难以适用的情形,各国在实践中既有发展跨境电商来促进经济建设的动力,同时又清楚地发现传统国际私法理论体系"法不配位"现象已经非常严重。因此,虽然有学者提出在各国侵权法冲突的问题上,应该将网络空间与现实空间予以区分来适用法律,但其适用的前提条件却在于建立和健全有关网络法的体系建设,在解决这一问题前,世界上没有一个国家愿意即刻舍弃自身内国法,转而单纯向网络法发展,即便眼前的经济利益令人垂涎。另外,网络法的构建实际上需要依托于跨境电商交易的安全性和公正性。[①] 往小的说,只有保证信息的安全才能确保合同的稳定,进而确定法律适用的规则。往大的讲,数据信息的保护技术也是衡量一国"国家安全"和"公共利益"是否容易遭到侵害的一项重要指标。由此,各国都在信息数据保护领域,不断通过创建侵权法律适用的例外规则来更好地适应互联网的发展,国家安全审查制度是跨境电商"网络用户隐私权"侵权法律适用中首先需要建立的一项基本制度。以欧盟为例,虽然各国之间的立法差异较大,但是在面对有关国家安全的问题上,各国都基本遵循着相类似的法律原则和制度。与此同时,欧盟境内的数据保护技术要求极为严格,网络数据可以在欧盟成员国之间自由流通,由此可见,信息社会服务的自由化便利也是欧盟所极力追求的价值取向。但是在现实生活中,存在大量发生在欧盟成员国与非成员国之间的跨境电商交易行为,这就需要对非成员国的网络用户隐私权法律及技术保护进行一定的考察,以此来评判是否允许数据在两国间自由流通。欧盟的这一制度被称为"预先评估制度",其实则就是以国家安全审查制度为原型推陈出新的产物。另外,也正是基于对数据流通安全的考量,欧盟与美国在数据流转领域花费了若干年的时间,才最终达成了举世瞩目的"安全港协议"和"隐私盾协议",为国际侵权法律的适用规则奠定了良好的基础。具体而言,欧盟的"预先评估制度"对成员国和非成员国的数据保护提出了八项较

[①] 参见周忠海:《论电子商务中的管辖权》,载陈安主编:《国际经济法论丛》第7卷,法律出版社2003年版。

高要求。

(一)个人网络数据是否被公平与合法地处理

通过 Innovation (Mail Order) Co., Ltd. v. Data Protection Commissioner 案[1]、British Gas Trading Ltd. v. Data Protection Registrar、Philip McGefink v. Royal Bank of Scotland 案等案件的审理和裁判,欧盟明确了个人网络数据在跨境流转前需要被预先公平与合法处理这一关键原则,虽然在实务领域就公平和合法的认定方式仍存在一些争论,但这并不会对"预先评估制度"的适用造成过大影响。

(二)个人网络数据的获取需要基于明确且合法的目的

该原则要求跨境电商在处理个人网络数据前向信息专员报送其合法目的,并保证其实际采取的处理方式不与已给出之目的相违背。由于欧盟境内的数据流转和传播是完全自由的,所以信息入境后跨境电商一般还需要对网络数据处理的过程做出适时且必要的检查,以避免其超出原先向信息专员备案的范围。另外,之所以要求跨境电商对数据流转目的提前进行报送,一方面是基于政府的监管,另一方面是为了提高信息处理的透明度,进而使侵犯"网络用户隐私权"的可能性降至最低。

(三)个人网络数据的处理应当遵循适当性的原则,且不能过度

该原则在具体适用过程中最容易出现问题之处在于适当性的认定,此外,法院在 Rannymede Autonomous Council v. Data Protection Registrar 案、Chief of Police of Humberside County v. Information Commissioner 案中均对网络数据处理的适当性要求进行了相应解答。但由于适当性仍是较为含混的法律术语,不同案件可能涉及的适当性要素有所不同,甚至会出现在数据流转或处理时可能并不适当,但这些数据信息在将来可能会有用等特殊情形,这就需要法院通过个案来进行处理。

(四)个人网络数据的处理必须精准无误

跨境电商有责任采取措施确保所持有之个人网络数据是准确和最新的,实践中跨境电商也几乎不可能违反这一规则,原因在于只有在网络数据信息是完全准确的情况下,跨境电商对数据主体做出的判断才可能是准确的,以此达到后续大数据精准营销的目的。

(五)个人网络数据的保存期限应当适度

该原则要求一旦网络用户要求跨境电商对其终止服务,跨境电商就必须对

---

[1] See Innovation (Mail Order) Co., Ltd. v. Data Protection Commissioner, Case DA/9231/49/1.

其之前所掌握的个人网络数据信息做出妥善及安全的处置。在实践中,欧盟的信息专员一般会要求跨境电商采用一套常规检查系统,进而对所有的网络信息进行定期检查,以便确保任何存在的网络信息都是有必要保留的。尽管这一要求看似有些多余,但也正因有了这一要求,才确保了跨境电商及时更新其所持有的信息,保障相关信息能得到最为高效的使用。另外,对于一些当下没有过多现实用途,但在将来却有可能会产生相应作用的个人网络数据,欧盟要求各成员国或符合"预先评估制度"的非成员国,负起对信息保存时效限制的立法责任,在保护"网络用户隐私权"和不过分增加跨境电商经营成本和负担之间把握好平衡。

(六)个人网络数据的处理应当符合数据主体的权利

欧盟的"预先评估制度"不仅对跨境电商提出了要求,还赋予了网络用户相关权益。例如,网络用户可以通过书面的形式向跨境电商查阅与之相关的个人网络数据,而跨境电商需要在收到书面通知的40天内向网络用户给出查询结果,并提供任何与网络用户个人信息有关的正副本及其他配套材料,但跨境电商在查询前有权要求网络用户进行身份验证。

(七)持有人应当采取必要措施保证个人网络数据的安全

个人网络数据安全保护一直是欧盟落实"预先评估制度"的重中之重,特别是2007年英国税务海关总署丢失了两张包含所有儿童福利接收者个人及银行信息的磁盘后,数据安全问题就一直成为国际社会所关注的热点。在实践中,数据安全漏洞导致个人网络数据安全被侵害的现象时有发生,一般多因网络数据遭黑客入侵进而被盗取,也有未经授权的主体非法向第三人披露等情形。一旦发生黑客入侵事件,势必会给数据所有人和持有者带去巨大的损害,因此欧盟也历来都非常重视此类安全问题。在总结经验教训后,欧盟提高了跨境电商对个人网络数据安全的责任范围,明确要求跨境电商在日常经营活动中落实数据保护安全的技术措施。此外,欧洲人权法院也在一起案件中认为,面对数据安全,尤其涉及敏感信息时,跨境电商应当尽到积极的责任,采取实用且有效的保护措施以防止所持有之个人信息被滥用。

(八)个人网络数据安全事故的信息报送义务

近年来,虽然欧盟在数据保护立法体系上猛下功夫,但仍难以根除网络数据安全事故。因此,为加快政府在发现事故后的响应速度,欧盟出台了《数据安全漏洞通知法》,增设了跨境电商在信息安全事故发生后及时作出通知的义务。其要求一旦发生个人信息被侵害的恶性事件,跨境电商平台不得无故拖延,须在第一时间报告国家权力机关。此外,如果相关的违法行为亦侵害到了网络用户的隐私权,则当事人也须获得通知。如果跨境电商无法证明其在持有个人网络数据时尽到了安全保护义务,则其还需要对政府及网络用户作出解释和相关建议。需要说明的是,即便数据安全事故的认定标准以及跨境电商所采取的通知方式仍然尚待解决,但是欧盟提出的这一要求却在很大程度上弥补了成员国对于数据安全监管滞后的问题,为数据安全事故损失的最小化奠定基础。

从"预先评估制度"的内容上来分析不难看出,欧盟在数据保护领域对其成员国的要求之高非其他国家能够匹及,以至于很大一部分非欧盟成员国包括中国都难以将跨境电商延伸至欧盟境内。但不可否认的是,正是由于欧盟对数据保护领域建立起了较高技术标准,才使世界各国意识到数据安全的重要意义。在实务中,倘若一国的数据保护法律和技术要求达不到欧盟的高度,即使是以国家的经济利益受损为代价,欧盟成员国也会将该国通过跨境电商流通数据的行为视作一种潜在的危害国家安全的行为,进而被予以禁止。因此,可以预判,数据安全将成为互联网领域未来世界各国所重点发展的趋势和核心要素。此外,在国际私法领域,欧盟设立"预先评估制度"的原因在于其希望通过对该制度的落实,减少欧盟成员国之间发生侵权法律冲突的可能,但其在随后制度的适用过程中却发现,非但成员国之间的侵权法律冲突减少了,在适用相同技术保护要求的前提条件下,成员国之间所涉侵害国家安全和公共利益的可能性也变得微乎其微。需要指出的是,即便"预先评估制度"在数据自由流通方面规定了较为严格的限制条件,但当满足数据所有人同意流转;为维护公共利益之必要;为保护数据所有人重大利益之必要;数据传输行为涉及公共利益;数据流转是跨境电商交易之必需事项等五种情形时,仍有一定的例外空间。出现这样的例外规则,其主要原因在于确保"国家安全"和"公共利益"免受侵犯的同时,对一些特殊例外情形的豁免有助于确保合同的顺利履行,以尽量维持跨境电商对欧盟成员国经济的贡献程度。

相较于欧盟而言,我国暂时没有能够建立起一套完善的国家安全审查制度,也没有采用类似欧盟"预先评估制度"的严格做法来保障个人网络数据流通的安全性。2016年11月7日颁布的《网络安全法》对互联网行业的规范意义重大。《网络安全法》将网络空间上升到了国家主权层面,认为网络空间主权是我国国家主权在网络空间中的自然延伸和表现。此外,在个人网络数据的技术保护方面,虽然其仍与欧盟的相关规定存在一定差距,但是《网络安全法》构建的五个级别的网络安全等级保护制度也足以满足我国当下现实需求。除技术层面外,《网络安全法》还从监管规范上着手,要求跨境电商建立个人信息的保护和流通制度,针对目前个人信息泄露及非法买卖和分享等社会乱象出了一记重拳,既杜绝了个人网络数据被非法滥用,又使政府监管不过度干预跨境电商等网络服务提供者为网络用户提供相关服务的质量。需要指出的是,我国在数据迁移跨境领域的主管部门是国家网信办,其担负着审查个人网络数据是否能够出境的重要职责。一般而言,针对关键信息基础设施运营者、个人信息等重要数据,经过安全评估认为不会危害"国家安全"和"公共利益",并经个人信息主体同意的,个人网络数据才能够被允许出境。但是国家网信办的审核仅仅是单向的,即其只需要在数据对外流转时予以审核,而针对境外数据流转至境内的法律及行业监管在《网络安全法》中并无规定。无论如何,《网络安全法》的出台为我国国家安全审查制度体系的建立贡献了巨大力量,在数据对外跨境流转这一问题上,我国的法律也毫不含糊地规定了类似欧盟"预先评估制度"的强制性规则,为跨境电商"网络用户隐私权"侵权的法律适用提出了新的例外规则。2018 年 11 月出台的《互联网个人信息安全保护指引(征求意见稿)》,就个人信息处理的原则及个人信息主体的实体权利在一定范围内给出了指导性意见。

二、本地存储制度

本地存储制度是除国家安全审查制度外,世界各国在互联网领域适用较为广泛的另一类特殊规则。该规则实际上起源于 2013 年的斯诺登事件,在斯诺登事件被爆出后,各国纷纷开始制定相应规则,对网络数据的跨境流动进行必要管控,其背后实则隐含着各国政府对跨境电商这类网络服务提供者控制网络数据的担忧,以及对国家网络空间主权的维护。所谓本地存储制度,指的是一国要求本国网络用户将其在互联网上所产生的网络数据储存在本国境内的强制性规定。另外,也有学者将本地存储制度定义为数据所在地法律要求其国家公民收集、处理及存储数据的过程都需要在该国境内完成。[①] 需要注意的是,各国在建立和适用本地存储制度方面,主要存在适用主体、方式和范围三大方面的区别。

在适用主体方面。例如,俄罗斯于 2014 年颁布了《澄清电信和电信网络中的个人数据处理程序的修正案》,强制要求包括跨境电商在内的所有主体在互联网上形成的网络数据都需要存储在其境内,[②] 而我国却仅将本地存储制度落

[①] 参见胡凌:《隐私的终结——大数据时代的个体生活危机》,载 CSDN 博客 2017 年 7 月 3 日,https://blog.csdn.net/weixin_34258078/article/details/90507902。

[②] See Anupam Chande, *Data Nationalism*, Emory L. J., Vol. 64(2015).

实主体限定在了关键信息基础设施运营者之中,发生此类现象的原因在于各国对网络安全的态度有所不同。相较于俄罗斯,虽然我国的《网络安全法》采用了较为宽松的政策,给本地存储制度在境内的适用预留了一定空间。但这并不意味着我国不重视对国家网络空间主权的维护。相反,基于对我国战略发展的通盘考量,我国采取了与跨太平洋伙伴关系协定(Trans-Pacific Partnership Agreement,TPP)的对外政策相类似的方式,即意图通过对数据本地化的限制来加强贸易自由化的推进。可见,较为宽松的本地存储制度的确更符合当下国内经济发展的自然规律,在确保维护国家网络空间主权的同时,更能兼顾数据跨境流通的自由度和便捷度,进而提升跨境电商在我国的发展。

在具体适用方式层面,由于本地存储制度的主要创设目的在于对隐私数据的安全保护,因此各国往往会根据自身经济情况和技术对本地存储制度的适用方式予以调节。具体而言,注重互联网经济发展的国家一般会选择采用数据备份制的方式对跨境数据进行监管,而我国等一些发展中国家往往会通过制定强行法来要求与"国家安全"和"公共利益"相关联的特定类别的网络数据强制存储在立法国境内。目前最为严格的本地存储制度(如俄罗斯)要求在互联网上形成的所有数据均应当在其境内储存,并进一步适用安全认证措施作为数据跨境流转的前提条件。

此外,无论是对于跨境电商还是对于其他互联网企业,只要其在网络上从事商业行为,就势必需要与各类网络数据打交道,其中也离不开收集、使用、披露、共享、删除等话题。因此,想要分析本地存储制度这一例外规则对跨境电商"网络用户隐私权"侵权法律适用的影响,就必须理解本地存储制度的适用范围。众所周知,我国的《网络安全法》认为关键信息基础设施运营者在从事商事活动中收集和产生的个人信息和重要数据必须被予以本地化存储。因此,也就当然引申出了另一个话题,即对"重要数据""个人信息""个人网络数据"的界定问题。由于目前学界并未对三者之间的区别和适用范围达成共识,这也在客观上阻碍了侵权冲突法的发展,为有关跨境电商行业中数据治理的国际融合带去了一定障碍。具体来说,各国都有其各自对"个人信息"的理解和定义。例如,德国《联邦数据保护法》就言简意赅地认为"个人信息"指的就是已识别或可识别的个人信息的信息,[1]而类似欧盟等判例法系国家和组织则由于已经形成了许多判例而规定得更为详尽。例如,经济合作与发展组织颁布的《关于保护隐私与个人数据跨境流动的指南》中就规定了"个人信息"指的是"任何与

---

[1] 参见德国《联邦数据保护法》第3条。

已识别或可识别的数据主体有关的信息"。加拿大、冰岛等国家,将"个人信息"的保护范围拓展到了已经死亡的自然人。总的来说,"个人信息"一般是指个人特征、宗教信仰、行为习惯等与自然人或其家庭具有密切联系且具备可识别条件的数据资料。由于通过个人信息并不一定能够定位出一个人在现实生活中的身份,因此其所涵盖的范围要远远大于公民的隐私权。此外,《数据保护指令1998》认为"个人信息"应当具备三个特征,即"与一个生命体相关之数据""这些数据可以通过信息本身或可能被数据控制者加以识别和使用""识别和使用后的结果将直接影响到该数据主体"。① 需要注意的是,英国上议院认为如果对数据进行的处理使相关信息被匿名化,则这些信息不再被视为"个人信息"。此处的"被匿名化"所达到的程度是数据的不可识别性,即通过对原始数据的二次加工形成数据模型,以达到第三方难以通过对"被匿名化"后的数据进行识别的效果。由于数据信息的零星,即便不能单独通过该信息识别个体身份,但基于其涵盖了一定人格属性,因此其仍属于"个人信息"的范畴。另外结合司法实践对"个人信息"的认定以及说明可以得出,②对数据信息的可识别程度乃是认定该数据是否属于"个人信息"的重要判断标准。

另外,在"个人网络数据"方面,有学者将其定义为"与个人有关,并能加以识别的全部个人数据信息"③。相较于该表述,《通用数据保护条例》给其下的定义可能更为完整与合理,其认为"个人网络数据"是"与已识别或可识别的自然人相关的任何网络数据信息"。由此可见,"个人网络数据"的概念与个人信息相类似,其实际上是"个人信息"在网络空间中的延伸,也是"个人信息"的组成部分。需要注意的是,有许多人认为数据主体包括了"个人信息和资料",这种观点是错误的。就现有技术来论,只有在互联网上才能使个体的数据呈现信息化的表达形式,因此笔者认为"个人网络数据"源于数据主体,但由于"个人信息和资料"所涵盖的范围更广,并不能据此推导出其也源于数据主体这一结论。此外,随着大数据和人工智能时代的到来,跨境电商对"个人网络数据"的收集和使用也必然会越来越深入。可见,对"个人网络数据"的保护势必将成为现代各国保护网络用户隐私权的重要核心。

就"重要数据"而言,不可否认,包括欧盟在内的其他国家和组织并未对其形成统一有效的认识,现实中也鲜有在本地存储制度中狭义适用"重要数据"

---

① 参见英国《数据保护指令1998》第1条。
② See Jonathan v. Medical Defense Alliance, EWHC 347(2004).
③ 汤啸天:《网络空间的个人数据与隐私权保护》,载《政法论坛》2000年第1期。

的情形,我国却是个例外情况。我国《网络安全法》规定了"个人信息"和"重要数据"在数据跨境流转时需要事先经过有关单位的安全评估,符合条件的才能够被予以放行。就"重要数据"的涵盖范围这一问题,国家网信办于2017年4月11日颁布的《个人信息和重要数据出境安全评估办法(征求意见稿)》给出了部分答案。虽然其规定了重要数据是指与国家安全、经济发展,以及社会公共利益密切相关的数据,具体范围参照国家有关标准和重要数据识别指南,但我国目前尚未出台重要数据识别指南,这直接导致如果该法律规范仍旧缺失,我国在适用此类"强制性规则"时将极有可能出现无以为继的局面。加之如果出现跨境电商对其网络用户的隐私数据保护不当,就极有可能被他国的不法分子所利用,进而对我国"国家安全"和"公共利益"造成重大危害。考虑到以上问题,《个人信息和重要数据出境安全评估办法(征求意见稿)》第9条即通过列举的形式明确了目前我国数据跨境流转的安全评估标准,[①]从其内容上来看,其直接将原本被归类为"个人网络数据"的"含有或累计含有50万人以上的个人信息"作为重要数据予以看待,并要求在跨境流转前落实必要的安全评估和本地存储要求。可见,"重要数据"与"个人网络数据"在满足一定条件时也存在相互重合之处,且在发生侵权法律冲突时,应同时适用中国法。

  总的来说,数据安全问题并不单纯在于其储存在哪里,实际上其也难以抵御来自境外有损国家安全的间谍或监控行为。因此从表面上来看,严格落实本地存储制度是弊大于利的举措,既不利于国家短期内的经济发展,也与当下国际社会的发展相违背。但不可否认的是,从长远来看,如果过于弱化或限定本地存储制度的适用,则会面临更为严峻的"国家安全"和"公共利益"问题,甚至还可能会无端加剧跨境电商"网络用户隐私权"侵权法律的冲突。因此可以预计,本地存储制度的适用势必将在跨境电商等互联网新型产业在世界经济中的占比趋于稳定后变得更为严格。就我国而言,《网络安全法》虽然对本地存储制度进行了一定程度的规定,但相较于短暂的经济增长,我国更应当重视互联网对"国家安全"和"公共利益"的冲击和影响。与此同时,也应当注意到国际社会对我国跨境数据流转政策的质疑,有必要在国家政策层面深化和改革出更具现实意义以及更具可操作性的本地存储制度规范,或通过立法的形式对个人信息、个人网络数据、重要数据与隐私权之间的关系(见图3)进行梳理和明确,来更为科学地规范本地存储制度的落地,以符合未来跨境电商发展趋势和预期。

---

  ① 参见我国《个人信息和重要数据出境安全评估办法(征求意见稿)》第9条。

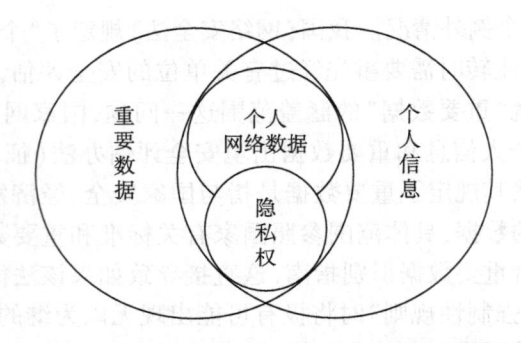

图3 个人信息、个人网络数据、重要数据与隐私权之间的关系

三、跨境数据流动规则

与跨境电商"网络用户隐私权"法律适用相关的另一大例外规则是跨境数据的流动规则。经合组织在其颁布的《跨境数据流动宣言》和《关于保护隐私与个人数据跨境流动的指南》中曾将跨境数据流动规则界定为"就有关个人网络数据跨越国边境时,相关国家就数据的处理、存储和读取活动所应遵循的要求和准则"[1]。需要指出的是,虽然跨境数据流动规则在《关于保护隐私与个人数据跨境流动的指南》制定过程中早已得到了专家组应有的重视,但由于其涉及多学科交叉以及考虑到互联网技术仍在不断推陈出新等问题,专家组最终认为目前暂不适宜在不同国家间就跨境数据流动规则及法律适用问题建立统一架构,各国仍应根据自身不同情况采取与他国签订双边、多边协议的方式就数据跨境流转问题予以协调处理。然而在实践中,即便这些国际条约和协议最终得以成功缔结,其也仅能就较为原则性的规定进行明确,这种对跨境数据流转碎片化的零星规定存在缺乏具体操作准则的缺陷,也为国家间司法协调等带来了一定障碍,由此也意味着目前跨境数据流动规则并不适合在全球范围内推广施行。可见,跨境数据流动规则停滞不前的背后原因在于立法保护存在一定冲突,具体而言,各国很难在跨境数据的自由流动与数据保护技术要求和规则间找寻到平衡点,也很难理顺跨境数据流动规则与国家主权、个人隐私和贸易承诺之间的关系。另外,各国目前所采用的举措各不相同,比如,欧盟采用了严苛的跨境数据流动规则对网络用户隐私权加以保护,而美国却采用了截然不同的行业自律模式进行监管,但其适用必然导致技术保护标准存在缺陷,进而被欧盟所摒弃,这也是"安全港协议"起初失败的原因之一。

---

[1] Chandran R., *Transborder Data Flows: Implications for Multinational Corporations*, 30 Business Horizons 74(1987).

即便如此,从世界范围内跨境数据流动规则的形成地点和时间来看,不难发现在一些互联网技术高度发达的地区和国际组织之间,跨境数据流动规则仍在侵权冲突法领域发挥关键作用。例如,"隐私盾协议"的规定过于严格,大大减少了成员国之间形成侵权冲突的可能,避免了欧盟成员国的国家安全受到侵害。目前,全球范围内最具代表性的两大地区性的跨境数据流动规则是欧盟于2018年颁布的《通用数据保护条例》和亚太经合组织的《跨境隐私保护规则》约束性规则。[①] 就《通用数据保护条例》中的跨境数据流动规则而言,其来源于原欧盟《个人数据保护指令》中有关跨国公司在个人网络数据处理过程中所应遵循的欧盟标准,该欧盟标准也被称为约束性规则,其体现了一国在跨境数据传输技术保护方面的水平高低。[②] 因此,《通用数据保护条例》延续了约束性规则中立法者有关数据的跨境流转需要满足"对数据加以充分保护"这一首要条件,在欧盟委员会对数据的安全性进行持续性的评估后,才会获准其跨境流转。与此同时,跨境电商也需要在数据跨境转移的过程中给予适当安全保障。对于未经欧盟委员会授权的数据流转,需要经过法院判决或仲裁裁决,但前提条件是第三国与欧盟成员国之间缔结了司法互助协议且该数据流转行为不会对成员国形成不利影响。除此之外,《通用数据保护条例》还规定了许多例外及豁免情形,以系统性地全盘考量数据跨境流转问题。从《通用数据保护条例》关于数据跨境流转的立法精神来看,其与"隐私盾协议"是如出一辙的,虽然欧盟历来秉持着成员国之间"信息流转自由"的原则来发展网络科技。但对第三国而言,欧盟却选择了建立严苛的数据跨境流转规则体系来进行监管。该举措在客观上的确有效减少了成员国国家安全受到侵害的可能性,也从根本上避免了跨境电商"网络用户隐私权"侵权案件的产生。相对于欧盟在数据跨境流转领域的"突飞猛进",亚太经合组织是在"一步一个脚印"中成长起来的。其早在2003年就成立了电商指导小组,并在指导小组的号召下,于2004年由各成员国签署了《亚太经合组织隐私保护框架》。在随后的若干年中,亚太经合组织颁布了包括《跨境隐私保护规则》在内的众多与数据跨境流转有关的执行规则,建立了完善的网络用户隐私权及数据保护体系,这可谓是跨境数据保护的里程碑。[③]《跨境隐私保护规则》的设立宗旨是希望成员国之间能够通过更为

---

① 参见张舵:《跨境数据流动的法律规制问题研究》,对外经济贸易大学2018年博士学位论文。
② 参见弓永钦:《跨境电子商务中的个人信息保护问题研究》,对外经济贸易大学2016年博士学位论文。
③ 参见徐磊:《APEC跨境商业个人数据隐私保护规则与实施》,载《商业时代》2014年第30期。

有效和安全的方式跨境传递个人网络数据,并切实保护各成员国网络用户的隐私权,其建立的责任代理机构"白名单制度"是一大亮点,即将经亚太经合组织审核后认为符合要求的责任代理机构对外公布,以使其能够及时、有效审查跨境电商类商业机构在跨境数据流转过程中有无合规问题。在这些外部环境的刺激下,为了促进经济的发展,美国与其他13国于2016年签订了《跨太平洋伙伴关系协议》(TPP),就数据的跨境流转规则首次进行了规定。[①] 与欧盟不同的是,TPP对数据跨境流转选择了更为宽松的监管方式,即直接允许各缔约国之间自由流转数据,而没有针对技术保护标准进行强制性规定。虽然在不到一年的时间里美国就宣布退出了TPP,导致TPP的影响力大不如前,但不可否认其在跨境数据流转的规则方面发挥了应有作用,甚至受到了许多非缔约国的重视。

本章小结

"国家安全"和"公共利益"是跨境电商"网络用户隐私权"强制性规则的法律适用前提,本章讨论了跨境电商"网络用户隐私权"侵权法律适用的例外情况,并通过对"强制性规则"、"公共秩序保留"以及"法律规避规则"在跨境电商"网络用户隐私权"中的适用关系进行对比和说明,提出"国家安全审查制度""本地存储制度""跨境数据流动规范"等一系列规则创设和适用的重要意义。

在当代国际私法领域,强制性规则在一些法律关系中已被普遍引入。例如,在产品责任、反垄断、外汇管制、消费者保护和劳动合同中大多数国家在国际私法立法中都规定了强制性规则。随着各国在跨境电商领域积攒的力量不断加强,基于"国家安全"和"公共利益"的考量,互联网上数据的跨境收集、存储、流转等规范的作用变得举足轻重。为了使侵权法律适用得以发挥重要作用,有必要在现有规则的基础上摸索出一条符合跨境电商"网络用户隐私权"侵权法律适用的创新路径。因此,我国应当积极建立"国家安全审查制度""本地存储制度""跨境数据流动规范"等来维护我国的"国家安全"和"公共利益"。特别是对于"本地存储制度",《网络安全法》虽然对其进行了一定程度的规定,但"个人信息""个人网络数据""重要数据"之间的关系仍未明确,这将极大阻碍其适用效率。此外,各国在跨境数据的自由流动和数据保护技术规范

---

① 参见《跨太平洋伙伴关系协议》第14.11条。

方面的差异,也使"跨境数据流动规范"很难真正落地实施。

  本书认为,强制性规则在跨境电商"网络用户隐私权"侵权法律适用中的例外作用是不可替代的,其既能避免"国家安全"和"公共利益"在法律适用中遭受损失,又能促进跨境电商行业的发展,同时为国家间的司法协助创造有利基础和条件。首先,我国应该继续坚持以国家主权原则为主导的法律规则,即明确电子数据的所有权,并融合属地化管理以确保我国司法机关能够对跨境电商上的侵权行为行使管辖权,但在具体监管的过程中仍需避免过度限制行为,将政府监管对商业的影响降至最低。其次,当事人间的合法权益保护是侵权冲突规则存在的首要条件。虽然相较于跨境电商,网络用户一般会被认定为弱势一方,但从双方合法权益平衡的视角来看,我们不能一味寻求某种法律适用规则,而应当通过更为灵活的政策和规则,来衡量个人网络数据流动的自由度与数据保护规则之间的关系,以此维护当事人权益的平等,维护国家的网络主权。再次,司法便利原则的适用也将大力提升司法便捷程度,保障当事人诉权的行使。最后,虽然美国退出 TPP 的号角已经吹响,但国际司法协助的积极趋势仍未改变,互联网技术也使得各国间的关系更为紧密。由于跨境电商"网络用户隐私权"侵权案件大多涉及跨境执行问题。因此,国际司法协助也应当被一并予以考虑,甚至可以通过"不方便法院原则"的适用更好地减少侵权法律冲突的发生,保障法院判决被他国承认和执行。

第五章 我国跨境电商"网络用户隐私权"侵权法律适用的完善

虽然我国对跨境电商"网络用户隐私权"有着特有的保护方式，在侵权法律适用上也已自成了一套体系，但是随着互联网的不断发展和变化，包括"网址""访问""服务器所在地"在内的混合连结点迅速兴起，进一步激化了传统侵权冲突法的矛盾。现代侵权冲突法不再安于仅仅追求冲突正义的现实价值，而是由其转向为更为科学且合理的实质正义。显然，在面对跨境电商"网络用户隐私权"侵权所适用的法律规则和保护方式时，我国习惯沿用的传统法律适用规则已经出现了滞后现象。因此，单纯依靠传统的侵权冲突规则已经难以彻底解决相关侵权案件准据法的选择问题。此外，虽然国际上尚没有互联网领域较为公认的侵权法律适用规则，但由于跨境电商具有跨地域性的涉外特点，我国适用的这套严格的法律适用规则在客观上也难以和国际接轨，这在现实中不仅会影响案件判决后与其他国家的司法互惠和协助，而且数据保护技术不过关会进而导致个人网络数据跨境受限，甚至使我国跨境电商的经济效益受到影响。另外，在完善侵权法律适用规则的过程中，我们需要以兼顾和平衡"国家安全"和"公共利益"、跨境电商的成长性、当事人间的合法权益以及国际协调，尽可能将侵权冲突法的功能和作用发挥到最大。据此，本章将在梳理跨境电商"网络用户隐私权"产生背景、法律冲突以及侵权法律适用规则的基础上，进一步探讨和研究我国相关侵权制度的弊端和不足，并结合立法实践和现状完善相应规则，以期找到一条跨境电商"网络用户隐私权"侵权法律适用的正确路径。

第一节 我国跨境电商"网络用户隐私权"侵权法律适用的立法与司法

一、法律适用的立法形式

侵权法律适用作为国际私法中的一个重要分支历来受到世界各国的重视，虽然我国不断在国际法上寻求更高的突破，但就侵权法律适用的相关立法而言却仍显得过于单调。1986年公布的《民法通则》是第一部将国际私法相关规范引入我国内国法体系的法律,其中有关涉外侵权法律适用的规定也极大地拓宽了当时人们的视野。在随后的一段时间里,我国的侵权冲突法一直处于停滞状态,但随着改革开放的进程不断加快,中国国际私法学会于2000年颁布的极具前瞻性的《国际私法示范法》,大大缩小了我国与其他国家在涉外侵权立法规则上的差距。但被我国司法机关真正适用的一部法律是《法律适用法》,其在一定程度上奠定了我国侵权冲突法的基础,相关司法解释的出台也进一步理顺了司法机关在处理涉外侵权案件中的思路。需要注意的是,《法律适用法》首次确立了强制性规则在侵权冲突法中的法律地位,另外其还进一步明确了公共秩序保留的适用范围,为我国"国家安全"和"公共利益"的保障起到了安全阀的作用。从以上这些立法特点可以看出,我国在侵权法律适用领域部分承继了其他不同法系国家的规定,选择了侵权行为地法规则、共同属人法规则、当事人意思自治这三个类别予以适用。在侵权法律适用的规则方面,虽然《法律适用法》废除了双重可诉规则在我国的适用,但不可否认,在面对类似跨境电商"网络用户隐私权"等新型侵权法律适用案件时,双重可诉规则仍存在其他规则所不具备的效能。与此同时,包括《国际私法示范法》在内的法律规定还将最密切联系原则和当事人意思自治原则作为准据法选择的补充,深化了侵权法律适用规则的体系建设,使其能够兼具灵活性的特点来调整个案之间的差异。除此之外,我国侵权冲突法的立法进程还带有浓重的国际实践色彩。例如,《国际私法示范法》的起草就借鉴了1973年的《海牙产品责任法律适用公约》,其规定的特殊侵权参考了瑞士的侵权冲突法立法,将涉外产品责任、涉外人格权侵权和涉外知识产权侵权等三种类别作为常规的特殊侵权予以调整[1],并取得了一定的成果。随着社会的发展,可以预测特殊侵权的适用范围势必将不断扩大。因此,通过对原有法律适用规则的突破来更好地平衡各方当事人之间的权益,才是司法机关在涉外侵权案件中选定最为合适的准据法的途径。

二、法律适用的基本类型

我国的《法律适用法》和世界其他国家一样,将法律适用区分为合同之债和非合同之债,通过适用不同的规则来选择准据法。一般来说,非合同之债包括侵权、不当得利和无因管理等法律关系。由于国际私法并未对涉外侵权行为的种类达成较为统一的认识,因此我国按实体法进行区分的方式,将侵权行为之债分为一般侵权行为之债和特殊侵权行为之债。其实,一般侵权行为之债和

---

[1] 参见《海牙产品责任法律适用公约》第4-7条。

特殊侵权行为之债的区分方式并不是一蹴而就的。无论是大陆法系还是英美法系国家原先都没有这一区分方式,在侵权法律适用领域再细化出特殊的侵权行为之债,是基于侵权行为的复杂性、公法私法化思想、法律全球化浪潮和侵权冲突法发展趋势等多种综合因素,故而特殊侵权行为之债的法律适用问题才逐渐作为一种专门性的课题被各国学者所研究探讨。对于一般侵权行为之债,大陆法系和英美法系国家根据自身的立法及司法体系,采取了侵权行为地法规则、共同属人法规则、双重可诉规则、当事人意思自治原则以及最密切联系原则等各种法律选择的规则和方法作为协调侵权法律适用的依据,以解决涉外侵权准据法的选择问题。在面对一般侵权行为之债的相关涉外案件时,我国既考虑到了属人化侵权的要素,也考虑到了属地化侵权和混合侵权的要素。因此,在侵权法律适用的选择上更倾向于建立确定性和可预见性的规则来指引准据法的选择,但司法实践仍在确定连结点的问题上存在一定的缺陷,也无法单纯通过立法的形式加强属地和属人因素与案件本身的关联度。无论如何,我国一般侵权行为之债也同世界其他国家一样,经历了从简易到精细的发展过程,虽然各国不同的法律体系促使一般侵权的法律适用的规范和方法出现了相互融合的态势,但在实践中仍存在巨大的差异。相对于一般侵权行为之债,跨境电商"网络用户隐私权"侵权是另外一种较为典型的案例,其既具备一般侵权行为之债的属性,又存在网络侵权的复杂特征,因此人们倾向于将类似的互联网侵权纳入特殊侵权行为之债的范畴予以考量。所谓特殊侵权行为之债,指的是此类案件不适合采用一般侵权行为之债的法律适用方法和规则作为判定准据法的依据,一般在处理此类侵权案件时,会有专门的实体法进行特别规定。但截至目前,关于特殊侵权行为之债的种类和范围还没有一个较为完整和统一的规定。众所周知,互联网侵权的法律选择一般都会涉及国家经济发展、言论自由以及当事人人格权保护等话题。另外,互联网的虚拟性和跨地域化的特点也对传统侵权冲突法提出了更高要求和挑战。这也就意味着在准据法的选择过程中需要考虑相对于一般侵权行为之债更多的因素,涉外互联网人格权侵权案件中连结点的选择更是如此。另外,由于人格权侵权属于私权范畴,且各国对其保护的范围也各不相同,因此针对跨境电商"网络用户隐私权"侵权类似案件的侵权法律冲突可能更为激烈。目前,我国《法律适用法》第 46 条提及了涉外互联网人格权侵权将受害人的属人法作为准据法予以适用,虽然无法从该条文推断出人格权的涵盖范围及侵权的认定标准,但仍可以看出我国运用了属人和属地的混合要素作为连结点的评判标准进而确定准据法。针对该条款,由于其无法兼顾其他属地和属人要素与案件本身的联系程度,因此在实务中确实也大大削弱了连结点的确定方式,同时也无法尽可能达到言论自由和人格权保护的平衡,显然仍有一定的改良空间。

三、法律适用的司法实践

虽然我国各地区之间涉外民商事案件分布不均,但由于"一带一路"倡议的进一步推进,除我国的沿海城市外,我国与"一带一路"共建国家之间的联系将变得更为紧密,在各国公民开展自由贸易的过程中,势必也会引发出更多的涉外民商事法律纠纷。与此同时,根据中国裁判文书网中的查询数据,近五年来,我国法院在审理涉外案件中适用《法律适用法》的数量也在增加。适用我国《法律适用法》审理涉外案件的压力将进一步加大,明确我国侵权冲突规则的需求也迫在眉睫。在法律选择的方法和规范方面,虽然我国选择了多边的法律选择方法,即通过侵权行为地法规则和共同属人法规则作为案件法律选择的依据,但由于我国在侵权冲突法中订立的国际条约过少,因此在司法实践中法院多习惯以侵权行为地法规则作为侵权冲突法的解决方法,致使共同属人法丧失了其在涉外侵权案件中应有的价值。另外,互联网的扩张也加剧了涉外网络侵权案件发生的可能,特别是跨境电商领域的侵权案件,多有可能出现合同和侵权竞合的现象,由于我国法律并没有对特殊侵权行为之债进行一定的规范和指导,仅有最高人民法院《关于审理涉及计算机网络域名民事纠纷案件适用法律若干问题的解释》等部分司法解释作为法律适用的参考。因此,法院在涉及跨境电商"网络用户隐私权"侵权的法律适用司法实践中也多有回避或索性适用侵权行为地法规则对准据法进行"一刀切"式的确定,这不利于我国涉外侵权冲突法规则的确立,甚至会影响我国"一带一路"等国家战略的落地和实施。

第二节 我国跨境电商"网络用户隐私权"法律规则之缺陷

一、"网络用户隐私权"保护的立法缺陷

(一)尚未形成一套完整的立法体系

"网络用户隐私权"具有互联网的属性,因此将其与公民隐私权进行比较不难发现其二者既有相同之处,又有显著区别。针对"网络用户隐私权"保护的立法,应当兼顾其虚拟性的特点,同时突出其跨国性的涉外特点。虽然《民法典》在第六章中明确了隐私权和个人信息的范围和概念,[1]但可惜仍然没有

---

[1] 参见我国《民法典》第 1032、1034 条。

能够完全确立对"网络用户隐私权"这一特殊权属的保护规则,而除《民法典》以外,其他法律规范均散见于我国的一些行政法规或部门规章中,并不能形成一套较为完整和系统的立法体系。从立法形式上看,我国立法也与世界其他各国就"网络用户隐私权"保护进行单独立法的现象相差甚远。显然,目前我国关于"网络用户隐私权"保护的立法缺陷无法完全应对跨境电商高速发展对用户权益所可能带来的不良影响,也无法为强制性规则的规范化发展奠定基础。

(二)法出多门且立法层级普遍较低

我国关于"网络用户隐私权"保护的立法体系既包括司法解释、行政法规,又包括地方性法规和部门规章,以共享单车中的用户隐私保护为例,在全国范围内就有不下数十个规范性文件。此外,这一现象在《人口健康信息管理办法(试行)》《地图管理条例》①《网络出版服务管理规定》②中也都有类似情形出现。从这些文件所规定的内容来看,虽然大都明确了保护"网络用户隐私权"的必要性,但由于各地立法及属地化管理的差异,各类规范的实施细则和要求各有千秋。此外,一些地方性法规在"网络用户隐私权"保护方面的规定也都是简单重复或者一笔带过,并未深究或明确所应采取的方式。这些规范性文件从形式上来看远未达到法律的要求,同时也无法与互联网的发展速度相匹配,更无从保证网络用户的合法权益。"网络用户隐私权"的立法是一项极其复杂的工作,仅仅依靠各地政府甚至单纯依靠国务院各部委很难起到真正效果。由于"网络用户隐私权"在跨境电商中的保护还会涉及互联网的跨国及涉外属性,在法律规定具体实施的过程中单靠部分地区的推行,实际上难以兼顾整体利益。因此,综观我国"网络用户隐私权"保护的立法工作,其呈现出了法出多门且立法层级普遍较低的特点,在客观上也阻碍了网络用户隐私权保障工作的推进。

(三)立法内容滞后缺乏必要的保障

从立法内容来看,我国"网络用户隐私权"保护的相关规定普遍较为原则且笼统和间接,在司法实践中几乎没有可操作性。例如,在数据保护方面,跨境电商是否可以作为数据的合法持有人使用其所控制的数据在立法中并未得以明确,这就可能导致立法对跨境电商使用数据范围合法性判定的缺失,进而无法区分行为人的侵权行为是否成立。同时,就侵权行为人责任承担的标准和方式法律也未有明确规定,使涉外民事赔偿的数额与境外形成了较大差距,由此

---

① 参见我国《地图管理条例》第35条。
② 参见我国《网络出版服务管理规定》第25条。

将会造成我国法院形成的判决难以在他国执行的困境。除上述情形外,立法内容的滞后也是一大问题。虽然我国在隐私权保护领域的立法启动时间较早,但就"网络用户隐私权"保护的话题并未得以深入研究。首先,随着我国《民法典》的出台,公民隐私权和个人信息保护的法律地位有所提高,但是回顾以往,最高人民法院《关于贯彻执行〈中华人民共和国民法通则〉若干问题的意见(试行)》(已失效)[1]以及《关于审理名誉权案件若干问题的解答》(已失效)[2]等相关规定,在很长的一段时间里均未将公民隐私权作为一种人格权予以看待,而是参照名誉权加以保护。隐私权和名誉权虽有一定的共通性,但是其调整和保护公民的法益却各不相同,因此关于隐私权保护法律规定的滞后,在一定程度上加剧了我国境内公民隐私权被侵害的可能,也使实施侵权行为的违法成本大大降低。其次,我国并不像欧盟等国家和地区成立了信息管理办公室或者招募信息专员等主管机关全面负责跨境电商的数据使用合规的监管,而是根据不同行政机关的行政职能和条块分类管理,这一监管模式不但大大降低了数据合规监管的效率,而且在面对侵害"网络用户隐私权"相关案件时,往往自顾不暇,最终只能交付法院处置。最后,我国的立法过于强调对属地化网络用户权益的保护,并未考虑到国际私法中的涉外因素,即便是区际侵权的法律冲突也未在《法律适用法》有所规定,这些现象都使立法与司法实践有所空缺,且并不符合世界其他国家保护的路径和趋势,也不利于我国跨境电商的稳步发展。

二、《法律适用法》及其司法解释的缺陷

(一)"网络用户隐私权"侵权的归类缺乏法理依据

瑞士创建了特殊侵权行为之债的法律适用规则之后,随着社会的发展和国际交流的紧密联系,各国通常将交通事故、产品责任、不正当竞争等几类涉外侵权行为视为特殊侵权行为,通过适用与之相对应的不同规则来解决侵权冲突法相关问题。然而,科技的发展使特殊侵权行为之债的范围逐步扩大,近年来一些涉外网络侵权行为也被一些国家归类为特殊侵权行为,并根据网络侵权的特征,创设了专门调整互联网侵权法律冲突的相关规则,以此应对日益严峻的互联网侵权潮流。跨境电商作为互联网的一种商业模式和种类,其低成本、高转化的特点深受世界各国商务人士的喜爱,相对于一般侵权行为之债,其既具备一般侵权行为之债的属性,又存在网络侵权的复杂特征,因此在准据法的选择

---

[1] 参见最高人民法院《关于贯彻执行〈中华人民共和国民法通则〉若干问题的意见(试行)》第140条。

[2] 参见最高人民法院《关于审理名誉权案件若干问题的解答》第7条。

过程中需要考虑一般侵权行为之债以外更多的因素,以连结点为例,传统的侵权冲突法以侵权行为地作为判定准据法的连结点,而跨境电商"网络用户隐私权"的侵权往往需要根据混合连结点来判断与案件最具密切联系地并以此作为侵权冲突法的解决方式。目前,我国颁布的《法律适用法》对跨境电商"网络用户隐私权"是否属于特殊侵权行为之债不置可否,单从第46条来看,立法机关似乎有意将其归类为特殊侵权行为之债予以处理,但反观单一适用"被侵权人经常居住地"的规定又过于简单和直接,其也并不能满足不同侵权案件的不同背景。因此,在司法实践中确有必要将其归类问题纳入侵权冲突法体系中一并予以考量。特殊侵权行为之债系法律拟制的产物,其产生的特殊性意味着在法理依据缺失的情形下,司法机关多只能通过一般侵权行为之债的相应规则去解决跨境电商"网络用户隐私权"的涉外侵权问题,并可能间接导致适用规则的乱象丛生。

(二)"网络用户隐私权"侵权的法律适用缺乏统一规则

从数量上看,跨境电商"网络用户隐私权"涉外侵权案件正在逐年增加,但侵权法律适用的方法和规则却仍停滞不前,甚至还有些脱离实践。目前,《法律适用法》中的第44条和第46条是我国处理跨境电商"网络用户隐私权"侵权法律适用中涉及的两大规则。其中,第44条规范了一般侵权行为之债中的法律适用问题,其融入了"侵权行为地法规则""共同属人法规则""当事人意思自治原则",虽然仍存在一些问题,但综合来看其已经具备了一定的灵活性和可预测性,符合侵权冲突法的立法目的。与之相反的是第46条,该条规定了通过互联网侵犯公民人格权的涉外案件所适用的准据法是"被侵权人经常居所地法律"。然而,案件的发生和演变是一个相对动态的过程,这样的规定不具备系统应对各类案件的能力,因而有进行修订之必要。此外,根据"中国裁判文书网"中的查询数据,我国的《法律适用法》自2010年颁布后的近十年中,法院适用第44条和第46条处理人格权纠纷和网络侵权责任纠纷的案件共计只有118件(其中:适用第44条的106件;适用第46条的12件)。由此可见,这两条法条在司法审判中的适用率极低,显然已经与现实脱离。另外,大部分案件依据第44条的规定,以侵权行为地法规则为由,倾向性地选择了我国法院所在地的法律即中国法作为准据法进行裁判。之所以会出现这一现象,在于跨境电商"网络用户隐私权"法律适用规则缺乏统一性。在"无法可依"的情形下,相对外国法,司法工作人员一方面更习惯于先入为主选择适用中国法来断案,另一方面也担心法律思维的不同导致外国法的适用存在偏差。与此同时,相对于侵权行为地法规则,最密切联系原则也是被忽视的一项重要规则。根据

《法律适用法》第2条的规定,在传统侵权行为地法规则难以解决一些特殊侵权行为的法律适用问题时,最密切联系原则无疑是一剂良药,弥补了侵权冲突规则的缺失所可能带来的不良后果。但由于跨境电商"网络用户隐私权"法律适用的定性不明,最终没有得到司法机关的应有重视,也并未作为一种侵权法律适用规则的补充被合理运用。

（三）有关国家安全和公共利益的强制性规则缺损

自从《网络安全法》颁布以来,跨境电商在我国境内流转数据的行为被纳入严格监管。总的来说,其规定的国家安全审查制度和本地存储制度均对跨境电商的数据保护和治理提出了更高要求。然而这些强制性规则在"网络用户隐私权"的侵权法律适用层面还存在一定缺损和不足。首先,国家网信办对国家安全审查制度的落实和审核仅仅是单向的,即其只需要在数据对外流转时予以审核,而境外数据流转至境内的行业监管等在《网络安全法》中并无规定。其次,基于促进跨境电商行业发展的考虑,我国目前仅将国家安全审查制度和本地存储制度落实的对象限定为关键信息基础设施运营者,并未像俄罗斯一样将适用对象扩大至全网,究其必要性,其中仍有亟待探讨和摸索之处。此外,对于"个人信息"和"重要数据"的解释不明也阻碍了强制性规则的落地,为中国法的适用制造了短板,同时也为跨境电商行业中数据治理的国际融合带去了一定障碍。倘若跨境电商对其网络用户的隐私数据保护不当,就极有可能被他国的不法分子所利用,进而对我国"国家安全"和"公共利益"造成重大危害。综上,随着美国制裁的加剧及反贸易全球化主义的浪潮再度席卷全球,本地存储制度的适用势必将在跨境电商等互联网新型产业在世界经济中的占比趋于稳定后变得更为严格。考虑到跨境电商为我国经济带去的短期增长态势,我国更应当重视互联网对"国家安全"和"公共利益"的冲击和影响,在侵权冲突法体系中建立起一套系统且完备的强制性规则,在保护"国家安全"和"公共利益"的同时,平衡各方当事人的权益,以使中国法的适用程序和条件符合国际私法的惯例,共促国际司法互惠与和谐。

三、数据保护法律制度的匮乏

早在克林顿时期,美国就已经开始着手研究跨境数据保护的相关议题,经过二十多年的发展,逐渐形成了跨大西洋数据流动的雏形,并通过各类双边及多边的服务贸易嫁接,为其政策推进奠定了一定基础。斯诺登事件之后,各国更是注意到了全球数据的流动与现有政府监管领域的间隙,纷纷加大了对网络安全的资金投入,跨境电商的数据保护治理是其中的一项重要工作,因为其涉及了一国的网络空间主权;对公民的隐私权保护;侵权法律适用以及服务贸易规则等一系列话题。与美欧相比,我国的数据保护治理主要围绕网络安全。因此,我国的《网络安全法》在数据保护治理方面除了提出网络空间主权原则之外,还规定了跨境电商在收集、使用、披露和分享网络用户个人信息时需要满足合法性、正当性和必要性这三个要件。此外,关键信息基础设施运营者还需要对特定数据进行本地化存储,并履行强制的国家安全审查制度。看似"高标准、严要求"的数据治理体系,实则仍有事项需要改进。尽管本地化存储制度已然成为世界各国在数据保护治理浪潮中的一项重要环节,但是各国在实际适用过程中仍旧区分了不同种类形式,包括数据备份、数据留存、特定数据留存以及数据留存在一国的自有服务器中等。① 相比而言,我国并未对上述数据本地化存储的方式进行细化,也未明确数据备份和留存的关系。这些法律的滞后和空白容易导致一些例外情形,不利于侵权冲突法中强制性规则的规范化运作。此外,在数据跨境流转过程中运用类似政府审批和许可制度也有违全球数据经济发展的趋势,我国完全可以考虑借鉴欧盟当下的做法,将对数据跨境流转中的事前监管向事中、事后监管转移,通过适当引入企业自评机制,进而发挥监管的效能,达到监管的目的。

四、司法实践的游离

(一)"网络用户隐私权"侵权与合同的竞合

"网络用户隐私权"的保护在司法实践中还可能会涉及侵权和合同之债两大问题,即在跨境电商侵害"网络用户隐私权"后,网络用户可以选择通过诉诸侵权行为或者合同违约向跨境电商主张相应权利。根据行业惯例,网络用户在跨境电商平台上消费前必须进行实名注册,并与跨境电商签订《注册协议》和《隐私权保护政策》以此规范双方之间的权利义务,并明确约定跨境电商收集、使用、披露和分享网络用户个人网络数据权限范围。根据该协议约定,跨境电商一般都被赋予了保护"网络用户隐私权"的义务,当跨境电商主动或由于疏于管理进而被动侵害"网络用户隐私权"时,网络用户可以根据协议进行起诉维权。因而,侵权和违约行为的竞合关系只可能发生在跨境电商和网络用户之间,也只可能在跨境电商侵害"网络用户隐私权"的案件中发生。需要注意的是,侵权和合同的竞合存在法条竞合、请求权竞合两种类型。② 此外,又由于各国法律体系的不同,对"网络用户隐私权"保护的侵权和违约的法律规定也各

---

① 参见贾开:《跨境数据流动的全球治理:权力冲突与政策合作——以欧美数据跨境流动监管制度的演进为例》,载《汕头大学学报(人文社会科学版)》2017年第5期。

② 参见许凯:《侵权冲突法研究》,华东政法大学2012年博士学位论文。

不相同,这就意味着相同的一起案件在不同国家就法律的适用、管辖权、侵权行为的认定和赔偿标准等问题的处理方法也并不必然相同。例如,1999 年在日内瓦召开的海牙国际私法会议曾就互联网领域合同和侵权的法律适用问题展开了激烈讨论,成员国在会议中普遍认为合同违约应当适用消费者经常居所地法律,有趣的是,这与我国《法律适用法》第 46 条中关于互联网侵权法律适用的规定是一致的。其实这一适用标准和规定均存在一项重大风险,即当消费者经常居所地法律出现空缺和滞后时,往往会干扰案件的正常审理。对于互联网侵权而言,由于其发生的概率更大且涉及的侵权主体更多,因此各国更对其慎之又慎。有成员国提出采用我国现阶段的做法,即在面对跨境电商"网络用户隐私权"侵权时应当将被侵权人经常居住地法律作为准据法。与此同时,为防止侵权法律适用规则的僵化。还有一些成员国认为应该将侵权行为地和损害后果发生地的法律进行重叠适用,并融入当事人意思自治和最密切联系原则进行补充。由于侵权行为地法规则和被侵权人的经常居住地在互联网领域都具有一定的局限性,且互联网在各国的发展有先后的差别,该问题也最终被予以搁置,即便是在 2000 年的渥太华会议上也并未完全得以解决。另外,两者竞合关系的识别问题也困扰了国际私法会议多年。① 相比之下,欧洲法院审理的一起案件中,原告为奥地利消费者协会,其认为亚马逊公司与奥地利消费者之间协议约定的法律适用不符合法律规定,因此将亚马逊公司告上了法庭,请求法院确认该条款无效。欧洲法院经过审理,严肃地将法律适用作为案件的焦点进行充分分析论证,并最终基于公平原则确认该合同条款无效。两起案件虽然发生于同年且相类似,但是法院作出的裁判结果和理由却大相径庭。欧洲法院从保护消费者的立场出发,对法律适用的效力进行充分说明分析,为将来类似案件的裁判奠定了基础,而我国法院长期存在"重实体而轻程序"的思维局限,似乎并未真正意识到法律适用的重要性,最后作出的判决也显然并不完全具有说服力。② 综上,随着当今跨境电商的飞速发展,解决侵权与违约法律适用的问题已经迫在眉睫,因此,我国在面对此类问题时,应当充分考虑国际私法中各类规则的适用条件,从现实层面出发,厘清侵权和违约竞合在跨境电商"网络用户隐私权"法律适用中的界限,在正确识别法律关系的基础上,加强最密切联

---

① 参见肖雯:《跨境消费者合同法律适用问题研究》,西南政法大学 2016 年博士学位论文。
② 参见李晶、张冰:《跨境网络消费者合同的法律适用问题探析》,载中国国际私法学会、武汉大学国际法研究所编:《中国国际私法与比较法年刊》第 23 卷,法律出版社 2018 年版。

系原则在法律适用中的地位,并通过选定合理且必要的规则,最终确保法律适用的灵活性,保障当事人的合法权益能够得到应有救济。

(二)"网络用户隐私权"侵权的时际冲突

"网络用户隐私权"侵权的时际冲突也是司法实践中的常见问题之一。所谓时际冲突的概念起源于萨维尼的《现代罗马法体系》第八卷,其认为法律是随着时间的变化不断变化的。虽然从表面上来看法律事实并未发生改变,但是案件所适用的法律及其对应的法律关系可能基于新法典的颁布和修订进而相应转变,因此国家需要制定相应规则来确定法律适用的时间段和范围,以解决侵权案件中可能发生的时际冲突。就跨境电商"网络用户隐私权"侵权案件而言,导致其发生时际冲突的因素有许多,互联网侵权案件往往是在不断发展和变化的,就共同属人法的运用来看,当事人住所地的不确定性会直接导致连结点发生改变,最终使准据法的适用变得越发混乱及模糊。非但如此,法院地法的侵权冲突规范甚至包括冲突规范所援引的实体法也可能被更迭和修订。基于以上种种,为解决互联网人格权侵权案件中存在的上述问题,应当将侵权行为发生时作为依据属地或属人规则确定准据法的重要时间节点。另外,考虑到各国实体法及侵权冲突规范变动的可能依旧存在,可以在国际私法体系中进一步强化"法不溯及既往"的要求,以保障侵权冲突法的确定性和可预测性。例如,我国最高人民法院《关于适用〈中华人民共和国涉外民事关系法律适用法〉若干问题的解释(一)》第2条就对此进行了规定。

(三)"网络用户隐私权"侵权的区际冲突

"网络用户隐私权"侵权的法律适用一般多涉及公法和私法方面的诸多问题,这也是其难以在各国间形成通用规则的原因之一。但随着国际私法学界的多年争论,其中也不乏明确了一些跨境电商"网络用户隐私权"侵权法律适用的定位和目标。从实践中来看,解决这一法律问题的关键是通过冲突规则的确定性规避当事人在无规则情形下肆意挑选法院的现象,而欧洲法院的一些判例也在区际冲突的问题上提供了许多重要价值和思路。我国"网络用户隐私权"侵权的区际冲突主要存在于两个方面,分别为和其他国家的区际冲突以及内地(大陆)与港澳台之间的区际冲突。虽然我国《法律适用法》借鉴了欧洲法院的司法实践,也体现了其重要的法律地位和价值,但是其仍有值得商榷之处。可以说,由于《法律适用法》并未对涉港澳台之间的区际冲突进行规范,因而我国内地(大陆)法院在审理与港澳台地区有关的案件时,往往会类推适用《民法典》的相关规定,这也使《民法典》在涉港澳台之间的区际冲突中所体现的法律价值远大于《法律适用法》,这种现象的发生显然过于"反常",也并不合理。另外,依据《法律适用法》第46条,将"被侵权人经常居所地"作为互联网人格权侵权法律适用连结点的做法也无助于法律规避的问题解决,而且当"被侵害人经常居所地"出现滞后和空白时,也难以满足冲突法规则的制定初衷。单一连结点的做法与当今互联网高速发展的时代并不匹配,有必要放眼境外关于国际私法的相关立法和实践,就第46条进行相应完善,以深化连结点在"网络用户隐私权"侵权法律适用中的重要作用。

五、行业规范的脱节

（一）行业规范在"网络用户隐私权"侵权协调中的重要作用

除了通过立法的形式来规范跨境电商平台在日常经营活动中的各类行为,世界各国往往还习惯在跨境电商行业中创设自律组织,并建立与之对应的行业规范作为政府监管的另一种表现形式,美国就是以行业自律为主导的典型国家。总体而言,自律组织和行业规范的设立主要有三大方面的优势。首先,行业自律组织的架设能进一步维护国家法律的尊严,保证法律的有效适用。其次,行业规范的约束能弥补由于法律滞后所带来的一系列监管问题。最后,行业自律组织的设立能够在政府和跨境电商企业中起到桥梁的纽带作用,使政府出台的各项政策和举措更好落地。另外,跨境电商行业规范与其他监管模式相比还有一定的优越性,实践中仅通过政府单一监管的形式规范"网络用户隐私权"的保障机制,一方面会大大增加政府的立法和执法成本;另一方面,也不可能起到有效预防和杜绝侵权行为发生的作用,而跨境电商行业规范的即时性和高效能可以为"网络用户隐私权"的保护起到更为积极的作用。具体而言,行业规范的即时性和高效能是借助了跨境电商作为网络服务提供者的特征进而产生的价值体系,即当一个互联网涉外侵权行为发生时,跨境电商作为网络服务提供者可以在第一时间监测并掌握相关情况,及时采取断开链接、删除侵权文字等举措,避免侵权行为在互联网上进一步扩散,从而避免连结点被无端扩大而为后期法律适用带去不便。因此,虽然行业规范能否作为司法实践的参考基础仍有争论,但在互联网规则并未在国际私法体系中明确统一的当下,其起到的监管作用和价值却仍不容小觑,行业规范势必将成为保护"网络用户隐私权"的又一大主要途径,并在侵权法律适用中起到更为重要的补充和协调作用。此外,为厘清行业规范对跨境电商"网络用户隐私权"侵权法律适用规则的影响,经过前期的调查和归类,笔者对全球范围内较为著名的一些具有一定行业代表性的跨境电商平台进行了研究,并收集了这些平台所提供的网络用户的《注册协议》,结合其法律适用相关条款绘制成表2。

表2 跨境电商平台《注册协议》中有关法律适用规定的若干对比(截至2020年7月)

序号	电商平台	国家和地区	法律适用	《注册协议》条款
1	亚马逊	中国	中国法	通过使用任何亚马逊服务,您同意本使用条件以及您和本网站之间发生的任何争议均适用中华人民共和国法律(服务条款另行规定的情形除外)
		美国	联邦法律和华盛顿州法	通过使用任何亚马逊服务,您同意本使用条件以及您和本网站之间发生的任何争议均不考虑法律冲突,并适用联邦法律和华盛顿州法律
		英国	英国强制性规则和卢森堡法	受卢森堡法律管辖并明确排除《联合国国际货物销售合同公约》的适用。如果您是消费者,并且在欧盟或英国有惯常居所,那么您还可以享受居住国法律的强制性规定为您提供的保护
2	易贝	美国	加利福尼亚州法	本协议受加利福尼亚州法律的管辖,因为它们适用于加利福尼亚居民之间在加利福尼亚州之间签订并完全在加利福尼亚州内执行的协议,而无法律冲突规定
3	乌克玛	俄罗斯	中国法	买卖双方之间的关系受中国法律管辖
4	Allegro	波兰	波兰法	与用户签订的合同之间的关系受波兰法律的管辖
		捷克	捷克法	与用户签订的合同之间的关系受捷克法律的管辖
		匈牙利	匈牙利法	与用户签订的合同之间的关系受匈牙利法律的管辖

续表

序号	电商平台	国家和地区	法律适用	《注册协议》条款
5	Qoo10	新加坡	新加坡法	通过访问本网站,您同意在不考虑法律冲突原则的基础上,选择新加坡法律作为本用户协议以及您与公司之间可能发生的任何形式争议的解决依据
		马来西亚	新加坡法	通过访问本网站,您同意在不考虑法律冲突原则的基础上,选择新加坡法律作为本用户协议以及您与公司之间可能发生的任何形式争议的解决依据
		印度尼西亚	印度尼西亚法	通过访问本网站,您同意在不考虑法律纠纷性质的前提下,由印度尼西亚共和国的法律管辖您与公司之间可能发生的任何形式的任何纠纷,包括但不限于《电子信息交易法》《消费者保护法》《贸易法》《工业法》《健康法》《色情法》
		中国香港	香港法	本协议之效力、解释、变更、执行与争议解决均适用中华人民共和国香港特别行政区法律,如无相关法律规定,则应参照通用国际商业惯例和(或)行业惯例
6	Flipkart	印度	印度法	在不考虑法律冲突的情形下,应适用印度法对本协议进行解释,将其作为因使用服务或与本协议有关事项而引起的任何争议的解决方式
7	Mercado Livre	巴西	巴西法	与本平台有关的所有事务均受巴西联邦共和国现行法律的管辖
8	Gmarket	韩国	韩国法	本协议的订立、执行和解释及使用本网站而引起的争议的解决均应适用韩国法,且不适用任何法律冲突规则

表2可以反映出跨境电商行业规范的以下特征:第一,大多数国家和地区的跨境电商平台出于法律文化及司法便捷的原因,都选择了适用公司主要经营

地的法律作为解决各方当事人纠纷的依据。第二,虽然跨境电商平台极易产生涉外纠纷,但在侵权和合同法律适用的问题上,相关行业规范并未像传统国际私法规则一般区分得这么明确和清晰,而是选择加强当事人意思自治原则的适用权重,将侵权和合同放在一个层面上考虑法律适用的相关问题,这使法律适用产生了灵活多变的效果。第三,英国等一些国家的跨境电商平台在制定相关行业规范时,还考虑了强制性规则的作用,并将强制性规则作为侵权或合同法律适用的前提条件。这一做法具有一定的实践参考价值,融合强制性规则也使得行业规范的适用更加契合强行法规定。综上,跨境电商的行业规范对"网络用户隐私权"侵权的协调作用是显而易见的,尤其是在各国法律仍未有系统且清晰的适用逻辑的情形下,积极寻求行业规范的合理适用,也是解决当事人间纠纷的一大利器。

(二)行业规范参与"网络用户隐私权"侵权协调的域外经验

在我国跨境电商行业自律没有普及的当下,有必要以完善各类行业自律规范为目的,学习和借鉴"网络用户隐私权"侵权协调的域外经验,并根据互联网发展的实际状况确定"网络用户隐私权"保护的具体方法。相对于世界其他国家而言,美国是典型的通过引入一定市场竞争机制和行业自律模式来自由规范跨境电商的国家,自1993年克林顿批准设立隐私工作小组之后,美国政府以行业自律为主导的监管方针就始终没有发生改变。美国政府通过建立"在线隐私联盟"等组织并出台相关跨境电商的行业指引来为"网络用户隐私权"的保护提供支持,虽然此类行业指引并没有强制执行力,"在线隐私联盟"的成员也都是自由进出的,但是久而久之,"在线隐私联盟"的标准已经成为市场上公认的一种评定跨境电商有无充分保障"网络用户隐私权"的方式。此外,同"在线隐私联盟"类似,美国跨境电商的相关行业组织还自发成立了一些"网络隐私认证"机构,负责对符合数据安全要求的跨境电商发放 seal 认证标志。例如,阿里巴巴网站就获得了"TRUSTe"发放的 seal 认证标志,"TRUSTe"还针对未成年人设计了专门的隐私保护认证标志,"BBBonline"则制定了强制执行的程序,如对违规者取消会员资格并移交政府监管部门处理等规定。即便这些"网络隐私认证"机构具有一定的商业属性,但由于其规定非常严格,因此,也深受广大网络用户的认同。需要指出的是,除了信息保护的认证和监管工作外,"TRUSTe"在发放了 seal 认证标志后,还为跨境电商提供 ODR 的在线争端解决服务,跨境电商可以在获得 seal 认证标志后购买"TRUSTe"合作的 ODR 在线争端解决服务提供商,以便在诉前介入相关争议进而化解矛盾。例如,易趣网就采取了这一纠纷解决方式。另外,从技术保护手段来看,美国跨境电商行业一般采取"个人隐私选择平台"的模式,即由消费者在其电脑上预先安装这一软件程序,并根据其个人喜好选择信息披露的方式和途径,当电脑系统检测到跨境电商平台的收集个人网络数据的方式不符合用户喜好时,则会给出相应提示,从而提醒客户是否允许进入该网站。这种方式虽然普及起来较为困难,但从实施效果上来看,却能很好地协调跨境电商与部分网络用户之间的关系,尽可能避免侵权行为的发生。另外,即便欧盟更倾向于通过立法的形式保护"网络用户的隐私权",但是其于 2004 年起开始举办的"互联网安全论坛"却逐渐尝试在原有立法的基础上,通过行业自律的形式来监管跨境电商的实际经营。可见,通过互联网行业自律来配合各国监管措施的执行已经得到了许多国家的共识,研究行业规范参与"网络用户隐私权"侵权协调的域外经验对规范互联网涉外侵权冲突规则具有重要价值和意义。

(三) 我国行业规范的缺失

随着电子商务行业自律组织所制定行业规范的适用范围不断扩大,其现实意义和价值也被不断彰显。一般而言,与电子商务有关的行业自律组织依据管辖区域主要可以划分为全国性和地方性两类。为促进我国电子商务产业的发展,经原信息产业部申请,并由国务院批准,2000 年 6 月,中国电子商务协会成立。但可惜的是,由于其"连续三年未按规定接受全国性社会团体年度检查",最终被中国民政部于 2018 年作出了撤销登记的行政处罚。[①] 2001 年 5 月,我国互联网行业的企事业单位共同发起成立了中国互联网协会。[②] 中国互联网协会在成立后为了行使管理职责,制定了《中国互联网行业自律公约》等一系列重要的行业规范,为互联网企业的合规建设奠定了一定基础。其中,《中国互联网行业自律公约》是最为关键的一项行业规范,其就电子商务所涉及的实名认证、Cookies 问题、行业自律机制以及资质认证等事项均一一作出了规定,作为行政执法的"组合拳"进而被大力宣扬。因此可以说,虽然中国互联网协会的成立在一定程度上为我国互联网行业自律规范起到了积极作用,也为行业规范治理的国际化接轨创造了有利条件。但是客观上来看,由于全国性的电子商务专属的行业自律组织仍存在空缺,这就为跨境电商的立法和政策推进带去了潜在困难,也与我国《电子商务法》的立法精神背道而驰。与全国性的跨境

---

① 参见百度百科:中国电子商务协会,载百度网,https://baike.baidu.com/item/%E4%B8%AD%E5%9B%BD%E7%94%B5%E5%AD%90%E5%95%86%E5%8A%A1%E5%8D%8F%E4%BC%9A/134678?fr=aladdin。

② 参见中国互联网协会:协会介绍,载中国互联网协会网,https://www.isc.org.cn/。

电商行业自律组织不同的是,我国各地方性的协会呈现遍地开花的态势,无论是在北京、上海、广州、杭州等省会城市或直辖市,还是在无锡等地级市都出现了电子商务协会的身影,甚至上海市的各区县如浦东新区也设有电子商务协会。由此可见,我国各地方性的电子商务行业自律组织仍有相当大的群众基础,在立法及政策推广方面具有迅速普及和施行的优势。但总体而言,我国电子商务行业发展仍存在以下几个方面的问题。首先,全国性行业自律组织的缺位使得电子商务的发展并未形成合力,中国互联网协会的影响力较小,各地容易出现各自为政的局面,不符合当下互联网行业发展的路径需要。其次,各地对于跨境电商的准入和监管门槛以及监管要求各有不同,使政府对跨境电商的监管"散而不精"。再次,现有的行业自律规范在一定程度上缺乏执行力,许多跨境电商相对而言更尊崇对经营利润的获取。最后,我国的电子商务行业自律规范并没有充分借鉴已有的经验,也没有将行业协会的规范作为法律适用的补充予以看待,因此其未能在侵权冲突法中起到很好的协调作用。

此外,从我国跨境电商平台自有规则上来看,也有许多缺失和不足。例如,作为连接千家万户的互联网即时通信电商平台的腾讯公司,它的隐私声明中就缺乏强制性的执行条款,也没有建立一套完善的数据安全保护技术规范。同时,其也默认所有使用腾讯即时通信软件的网络用户都已阅读隐私声明并同意该条款,这就为潜在的侵权事件提供了可能。再者,以阿里巴巴为例,其作为我国著名的 B2C 跨境电商平台,为中小企业的经营活动提供了商机,也成就了许多企业的腾飞。但有趣的是,即便是同一个阿里巴巴,其对外的隐私保护政策及技术要求也各不相同。例如,Alibaba.com 和 www.1688.com 是阿里巴巴旗下的两个域名网址。其中,Alibaba.com 负责全球网络,而 www.1688.com 负责国内网络。虽然不同司法管辖权的立法要求各不相同,但由于美国、欧盟等一些国家和国际组织的执法者在面对侵权隐私案件时可以通过罚款来对跨境电商平台加以制裁。在美国公布的《联邦贸易委员会公平信息实践报告》中也有对行业自我监管后施行行政监管和执法的积极肯定。因此 Alibaba.com 的相关协议和政策显然制定得比 www.1688.com 更为完善,条款也更为先进。综上,对比腾讯和阿里巴巴不难看出,我国跨境电商相关行业规范不仅在技术和规则上存在完善的需求,还要在政府监管及强制性执行条款的设置上狠下功夫。否则,跨境电商制定的相关规则很可能成为一纸空文,甚至可能成为不法商家规避法律的"保护伞"。

第三节　我国跨境电商"网络用户隐私权"侵权法律适用规则的完善

跨境电商"网络用户隐私权"的保护对全球各国而言都是一个新的课题，基于它对世界经济贡献的巨大价值，各国都对其法律适用规则的完善极为重视。从目前来看，以国际协调为主的趋势更为明显，一些国际组织也制定了一些原则性条款以此来对实体行业进行规范。但国际协调需要从尊重他国国家主权和公民私权的角度出发，这是国际私法规范不能突破的一条底线，我国也不例外。无论是在技术领域还是在实体法的保护层面，各国的当务之急是在跨境电商"网络用户隐私权"侵权法律适用规则上达成共识并作出相应改变，只有这样才能进一步确立新的国际惯例，并明确案件所适用的准据法。从法律选择方法的角度出发，在连结点选择上，排他式方法论和分配式的方法论两者仍争执不下。同时，我国《法律适用法》第44条和第46条的规定也并不符合当下发展趋势，其显然具有一定的适用局限。因此应在确立必要侵权法律适用规则的前提下，将强制性规则、弱者保护原则、区分原则、当事人意思自治原则以及最密切联系原则等进行有效融合，这将大大有助于我国侵权冲突法基本体系的建设，也能为法律适用的确定性和可预测性奠定相应基础。

一、重视国家安全审查制度

即便我国的《网络安全法》规定了类似欧盟"预先评估制度"的强制性规则，为跨境电商"网络用户隐私权"侵权的法律适用提出了新的例外规则，但就跨境电商侵权相关适用制度仍存在完善的必要。需要指出的是，国家安全审查制度的建立是一个较为复杂的概念，其既应当包括对数据安全评估制度的建立，同时还应当涵盖对数据存储技术规范的建立，两者缺一不可。因此在立法的过程中，需要结合跨境电商全球化和本地化的经营和管理特点，对商业模式和技术要求等进行一定程度的优化。近年来以美国为首的贸易保护主义出现抬头的态势，国家安全审查制度作为一种国际私法中的强制性规则，势必将在世界各国中发挥重要作用，并进而成为维护"国家安全"和"公共利益"的重要手段。然而，从我国目前的法律规定来看，《网络安全法》仅仅将关键信息基础设施运营者列入强制监管的范畴，这也就意味跨境电商的数据存储和数据跨境流转均没有被涵盖在内，客观上也使我国的"国家安全"和"公共利益"被暴露在了阳光之下。众所周知，衡量国家或个体行为是否损害一国国家安全的重点并不单纯在于数据的储存地点，还在于如何有效抵御来自境外的间谍或监控行为。据此,美国的司法机关也认为无论数据存储在何处,其均对案件具有相应的管辖权。① 考虑到网络安全构建的必要性,纵然在一定程度上会存在阻碍跨境电商行业发展的不良影响,我国仍应当以国家安全为重,在全网领域系统性地严格贯彻和执行国家安全审查制度和本地化存储制度,而非在部分重点零星领域施行。具体而言,我国首先需要出台相应实施细则,就《网络安全法》中的"个人信息"和"重要数据"进行一定的解释和说明。其次,还需要针对数据存储技术规范进行更为细致的规定,明确数据备份、数据留存、特定数据留存以及数据留存在一国的自有服务器中等各类情形的技术要求,以填补法律上的滞后和空白,防止网络中可能出现的侵害网络用户隐私权的行为,尽可能满足欧盟关于网络数据保护"充分性"的要求,并更好地协调与他国在国家安全审查制度适用过程中的关系。最后,虽然我国国家互联网信息办公室具有一定的行政监管和处罚职能,但其毕竟并非主管网络安全的专属行政机关。此外,我国设置的网络安全管理局也只是工信部的内设机构,因此可以说,我国目前并没有专门的关于网络用户隐私权保护的行政机关,这一现象对法律和政策的推进极为不利,因而有必要规划相关机构的设置问题,这不仅是世界各国通行的做法,也能为后期的司法工作减负。

二、制定跨境数据流动规则

跨境数据流动规则的建立是国家安全保护的重要标志,其在涉外侵权法律适用方面的意义在于能够极大减缓侵权法律适用的冲突,具有避免引起涉外侵权案件的功能。因此,我国必须不断学习世界各国先进的跨境数据流动规则,提高隐私保护的整体水平,对外展现大国应有之风范。此外,虽然我国国家市场监督管理总局与国家标准化管理委员会于 2020 年 3 月 6 日联合发布了《信息安全技术、个人信息安全规范》,就网络信息安全的技术性规范事宜进行了细化规定,但就跨境数据流动规则的相关问题仍未给予明确指导。② 目前,我国数据迁移跨境领域的主管部门是国家网信办,但其仅对关键信息基础设施运营者、个人信息等重要数据的跨境流转进行出境的单向审核,无论是监管方式还是辐射范围,都存在有待完善之处。首先,从跨境数据流动规则的适用范围和对象来看,应当扩展至在中国领域内建设、运营、维护、使用和监督网络的全

---

① See Jennifer Daskal, *Law Enforcement Access to Data Across Borders*: *TheEvolving Security and Rights Issues*, Journal of National Security Law & Policy(2016).

② 参见网络与信息技术中心:《信息安全技术、个人信息安全规范》(2020 年版),载安徽科技学院党委网信办 2020 年 8 月 21 日, http://www.ahstu.edu.cn/wlzx/info/1011/1478.htm。

部主体,包括网络运营者、网络关键设备和网络安全专用产品经营者和生产者,提供安全认证、安全监测服务的机构,信息采集和使用者以及关键信息基础设施运营者等。其次,跨境数据流动规则的建立也应当是双向的,即无论数据向外迁徙还是向内迁徙都应当受到这一规则的规制。再次,我国的数据安全评估制度还缺乏统一且系统的标准。例如,重大安全事件的界定等问题均存在一定的模糊地带,而且我国至今仍没有针对不同对象制定各自不同的保护标准和流通规则,这些都不利于政府的有效监管。最后,结合国际业务及数据安全布局等因素,我国可以适当考虑选取一些较有实力的中国企业,与欧盟成员国认可的具备"充分保护认定"的国家共建数据中心,[①]甚至可以采取从事前监管到事中、事后监管的引导措施,通过适当引入企业自评机制,提高监管的效能并达到目的,进而尽可能降低数据跨境传输成本和合规风险,减少涉外侵权发生的可能。

三、区分一般侵权与特殊侵权的法律适用规则

长期以来,私法公法化在涉外网络侵权法律适用中的影响和趋势越来越明显,各国也都逐步发现了该领域项下公私法交叉的相关问题。但综观世界各国,将跨境电商"网络用户隐私权"侵权法律适用归类为特殊侵权行为之债似乎并无太大争议。在这一问题上,即便我国严格落实了国家安全审查制度和跨境数据流动的相关规则,但倘若对"网络用户隐私权"侵权法律适用问题不加以重视,则或将直接导致我国公民的私权丧失殆尽。虽然我国《法律适用法》对互联网涉外侵权行为是否属于特殊侵权行为之债不置可否,但从第46条条款来看,立法机关似乎有意将其归类为特殊侵权行为之债。然而,单纯从"被侵权人经常居住地"这一条款本身予以解读,显然存在一定的法律及技术障碍。一方面,"被侵权人经常居住地"在准据法选定的这一问题上并没有全盘考虑平衡侵权人与被侵权人之间的关系。另一方面,其也无视了涉外网络人格权侵权兼顾的属人和属地要素的复杂性,在准据法发生空位和重叠时,并不能满足积极的调适要求。因此,其显然不足以囊括互联网上涉及涉外主体的全部侵权行为,与特殊侵权行为之债的特殊适用规则要求也存在较大落差。另外,在司法实践中各法院往往会依据法官自身素养和对立法目的的理解进行准据法的选择,许多法院甚至通过一般侵权行为之债的侵权行为地法规则简单化处

---

① See Reuben Binns & Dr. David Millard, Data Havens, *A Study of International Personal Data Transfers*, WebSci'14: ACM Web Science Conference, p. 273-274.

理有关跨境电商"网络用户隐私权"的涉外侵权问题,[①]但最终即便作出了相应司法文书,也极有可能被他国不予承认和执行。因此,虽然构建跨境电商"网络用户隐私权"侵权法律适用的规则并不能一蹴而就,但是将其归纳为特殊侵权行为之债实际上却是早已默认的话题,只有在法律明文将其作为特殊侵权行为之债予以看待的基础上,才能更系统和完整地衡量其侵权冲突的相关规范,并对公民的私权加以全面保护。

四、厘清侵权与合同之竞合关系

显而易见,跨境电商"网络用户隐私权"的保护实则涉及侵权和合同这两个领域的相关问题,海牙国际私法会议在20世纪90年代即已经注意到了这一现象,虽然其非常重视"网络用户隐私权"保护的法律适用相关问题,但是基于各成员国国内的立法进程各不相同,在很长一段时间内各国均没有达成相应共识。例如,我国2000年《国际私法示范法》曾试图将最密切联系原则作为侵权准据法的评判依据[②],但可惜并未被最终纳入《法律适用法》的条文中,而是通过对侵权和违约行为的绝对区分,进而对法律适用进行立法,这一做法与侵权冲突法的发展趋势显然是背道而驰的。众所周知,法律适用规则的目的就是要确定跨境电商"网络用户隐私权"保护的连结点,我国在面对此类问题时,应当充分考虑国际私法中各类规则的适用条件,从现实层面出发,厘清侵权和违约竞合在跨境电商"网络用户隐私权"法律适用中的界限,在正确识别法律关系的基础上,加强最密切联系原则在法律适用中的地位,并通过选定合理且必要的规则,最终确保法律适用的灵活性,保障当事人的合法权益能够得到应有救济。简言之,对于合同违约的法律适用应当沿用涉外合同中所遵循的一般规则处理,即重点审查当事人的意思自治以确定准据法,而在涉及侵权法律适用规则的问题上,除当事人属人法和侵权行为地法之外,还应当适当考虑最密切联系原则等其他法律选择方法。

五、明确法律适用的确定性和可预见性

美国法学家莱佛拉尔认为传统法律选择的方法已经跟不上时代发展的节奏和变化。因此,其曾就法律选择的方法和规则的制定提出了适格性、可预见性、政府利益优先性、司法便捷性以及国际秩序的衡平这五点参考基准。[③] 可惜的是,其并未提出一项准确且相对客观的规则制定标准,同时也遭受了来自

[①] 参见华倩:《我国电子商务管辖权制度的现状与完善》,载《天水行政学院学报》2011年第1期。

[②] 参见我国《国际私法示范法》第60、62条。

[③] 参见邓正来:《美国现代国际私法流派》,中国政法大学出版社2006年版,第161-164页。

各方的压力和诟病。笔者认为,其无法建立一套规则制定标准的根本原因在于案件之间存在巨大差异,即便同一类型的案件由于法律选择的不同也可能会产生截然不同的效果。同理,在跨境电商领域,我们应当深刻意识到互联网充满了不确定性,涉外网络侵权在法律适用中更具复杂性和特殊性。莱佛拉尔提出的方法为立法者提供了一定的参考,即需要对涉外网络侵权的法律适用予以全盘考量,进而发挥出当事人意思自治、侵权行为地法规则、最密切联系规则等法律选择规则的重要作用,并制定出可供落地和执行的适用方法和规则以满足现实需要。与此同时,跨境电商"网络用户隐私权"的法律适用显然也已经完全具备了相应成就条件,得以在确定性和可预测性两大方面制定出相对应的规则。

第一,我国《法律适用法》中的第44条和第46条显然并不能满足现实生活的需要,案件的发生和演变实则是一个相对动态的过程,仅仅适用"被侵权人经常居所地"法律,明显缺乏一定的确定性和可预见性,也不符合特殊侵权行为之债的法律适用形式。

第二,在侵权冲突规则的制定过程中,我们不仅需要分析跨境电商"网络用户隐私权"侵权的特性,还需要考虑强制性规则和公共秩序保留的适用问题。具体而言,应当强化有利原则在特殊侵权的法律适用中的规范化作用,而非单纯将其限定在弱者保护方面,即在确定准据法前,需要根据有利原则来判断案件是否涉及"国家安全"和"公共利益",并进而分析公共秩序保留适用的必要性,这是适用其他侵权冲突法规则的一大前提条件。

第三,所有的法律适用问题首先需要解决的就是对法律关系的定性问题,而法律关系的定性其实就是最密切联系原则所适用的一种过程和外在表现。在连结点的找寻过程中,人们一般习惯先行分析侵权行为特征,在归纳出所涉核心法域的基础上决定适用的规则和方法,特别是特殊侵权之债这类复杂的侵权行为更是尤为如此。许多人认为的最密切联系原则仅仅在侵权冲突法没有明确规定的情形下才发挥补充作用的观点是错误的。因此,我们应当意识到最密切联系原则应是决定和区分侵权法律适用方法和规则的一种重要手段,在解决侵权冲突法问题中具有极大的适用价值和意义。

第四,法律适用规则的界定是一个较为程序化的问题,在面对跨境电商"网络用户隐私权"侵权的法律适用问题时,只要法院认为当事人约定的法律规定并不违反双方任意一方所在国法律的强制性规定,则应当允许当事人通过有限意思自治的方式,在相关民事行为发生前后,在与案件有密切联系地的法律中选择裁判案件的准据法,以此来确保法律适用规则的预期性,进而减少当事人的诉讼成本和争端。此外,虽然传统准据法的选择范围并不包括行业规范,但是跨境电商领域出现众多法律适用的冲突,其内在的原因除了各国文化的差异外,还有很大一部分在于互联网的"无为而治"。实践中,这些行业规范不一定都需要体现在纸面上,甚至很多规范都是约定俗成的交易习惯,但正是这种交易习惯的存在,在一定程度上保证了即便准据法缺位也并未使跨境电商上的侵权行为产生较为严重的法律后果。另外从法理上来分析,当缺乏法律规定或者法律规定并不适用于跨境电商行业特性时,交易习惯及惯例等非成文法的优势则尽显无遗,其非但能够解决侵权法律冲突的局限性问题,也能更好地处理跨境电商领域的侵权事项。综上,各类行业规范作为法律习惯,可以称得上是侵权准据法适用的有效补充。因此,可以考虑将意思自治的范围扩展到非国家法的层面,即通过某一联盟或集合体内部达成的规范或规约予以广泛使用,这也是法律多元化发展的一种印证和形式。但对于那些明显违反其强制性法律规定的行业规范,应当及时叫停以确保当事人之间享有的诉讼权利不受不当准据法的干预。总的来说,我国应当在确保当事人意思自治的前提下,对共同属人法和最密切联系原则进行必要分析,依据案件的不同情况,合法且合理地选择侵权法律适用的规则,最终达到当事人之间权利义务的平衡。

第五,跨境电商"网络用户隐私权"侵害的客体是网络用户的隐私权,其归根溯源还是涉及人格权侵权的话题。此外,如果单纯适用侵权行为地法规则,则可能会导致法律的选择与当事人缺乏联系性,进而导致案件裁判产生偏差。因此应当选择共同国籍国法或住所地法等有关的属人连结点来解决该领域项下的侵权冲突问题和争端,只有在共同属人法不适用于特殊侵权案件时,侵权行为地法规则以及其他相应规则才能得以发挥其重要作用。

第六,基于各国对数据保护的技术要求截然不同,在探寻跨境电商"网络用户隐私权"侵权法律适用规则的过程中,我们既不应当忽视区分原则的作用,又不能对其过度依赖。因此我们需要权衡技术优先原则在侵权冲突法中的意义和价值,在对数据安全保护要求进行明确规定的同时,应当以跨界的眼光,结合国际法、国际贸易以及各国不同的国情和特色对侵权法律适用规则不断完善和调适。因此,有必要同时赋予技术优先适用原则在侵权法律适用中引导和参考的法律地位,即无论是在处理准据法的选择还是法院管辖权问题上都应当对当地技术保护的发达程度进行一定的考察,以解决案件纠纷为出发点,并将在数据安全保护技术领域相较于我国更为严格的国家和地区的法律作为一种准据法备选路径之一予以统筹考虑,从而使国际礼让这一国际冲突法解决的必然趋势能够被实际运用。此外,类似欧盟严格排除双重可诉规则,并仅适用法院地法规则的做法,我国对此应当谨慎对待。欧盟的这一做法实际上只能解决欧盟成员国公民之间的纠纷,并不能对欧盟成员国和非成员国公民之间的法律冲突产生影响,更不利于跨境电商的健康发展。

综上所述,笔者建议将我国《法律适用法》第46条修改为:"通过网络或者采用其他方式侵害姓名权、肖像权、名誉权、隐私权等人格权的,适用侵权行为地法律,但当事人有共同经常居所地的,适用共同经常居所地法律。侵权行为发生前后,当事人协议选择适用与案件有密切联系地的法律,按照其协议,但该法律不得违反当事人所在国法律的禁止性规定,中华人民共和国缔结或参加的国际条约另有规定的除外。"其中相关侵权法律适用逻辑见图4。

国际条约 → 有限的意思自治且不违反内国强行法 → 共同属人法 → 侵权行为地法

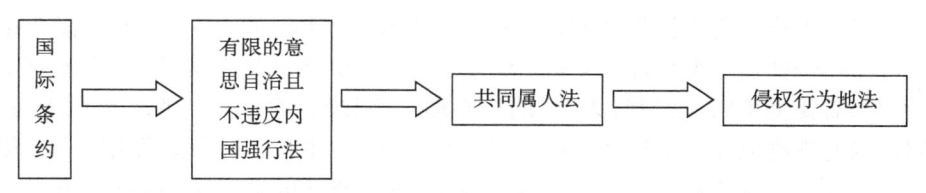

图4 跨境电商"网络用户隐私权"侵权法律适用

第四节 我国跨境电商"网络用户隐私权"保护的路径选择

随着互联网技术的不断发展,地域界限变得越发模糊,法律关系的复杂化在所难免。在跨境电商"网络用户隐私权"保护路径选择这一问题上,我国应当采取国内、国际并行的方式对相应问题进行调整。一方面,在完善国内立法的同时,我国需要清晰地认识到互联网浪潮冲击下没有哪一个国家可以独善其身,唯有在国内立法和技术上寻求新的突破才能使得自己在世界大格局下立于不败之地。另一方面,我国也需要意识到国际合作的重要意义,特别是在国际私法相关问题上,依靠国际社会的共同合作是一条切实可行的根本路径,即便国际组织达成共识并非一蹴而就,但正确面对国际组织的相关议题,抑或正确看待司法互助等问题都是完善治理保护路径的重要组成部分。因此,除了对跨境电商"网络用户隐私权"侵权法律适用规则进行完善,我国还应当秉持"合作共赢"的原则,在立法保护、技术革新、国际合作、司法互助等方面,系统性地构建相应治理路径,使原先较为碎片化的保护方式转而向更为直接且系统化的方法改进,通过自上而下的法律更迭、行业自律规范以及国际协作,达到跨境电商与"网络用户隐私权"保护的双向平衡,也只有在选择一条适合我国跨境电商发展之路的情形下,才能进一步减少与世界其他各国之间的差异,尽可能规避不必要的侵权冲突,并为规范行业市场,提升我国跨境电商在全球范围内的影响力发挥重要作用。

一、选择综合治理的路径

(一)跨境电商"网络用户隐私权"保护的趋势

1. 统一立法和实体规范

由于统一实体法规范在涉外案件中更容易达成案件的实质正义,也更能够规范超国家的利益关系。因此,虽然对侵权实体法和冲突法两者之间的关联性研究至关重要,但就跨境电商"网络用户隐私权"相关问题而言,进行统一立法却是我国网络数据安全最为积极和紧迫的一种保护方式,也是各国极力争取在该领域项下建立普适性规则的真正初衷。在确立实体法的过程中,我国需要结合行业特殊性建立系统性的规范,无论是在法律层面还是在法规、规章的制定层面都需要坚持"以消费者为本"的核心理念,坚决就隐私保护的基本原则、数据传输的规则以及救济途径等问题进行统一规定,并建立起一套网络隐私权侵权专门的民事责任承担方式。[①] 不仅如此,在有条件的情况下,还可以适当考虑国际协调因素,紧跟国际组织"网络用户隐私权"领域的研究成果,借鉴和细化其他国家或国际组织的先进立法,用以促进我国立法工作达到国际通行的保护标准,争取在未来就国际相关议题谈判提供建议并达成双边或多边协议,最终起到减少国家间立法冲突的作用。

2. 明确数据权利归属

跨境电商"网络用户隐私权"保护的另一大前提条件在于数据权利归属的明确,即只有在明确了网络数据的所有权和使用权的基础上,才能更好地确保数据被跨境电商合理使用,也更容易明确行为人实施侵权行为的判定标准。因此,其也势必成为将来立法的一大方向。具体而言,我国目前最新出台的《信息安全技术 个人信息安全规范》(2020年)仅仅就网络数据的使用规则和范围进行了较为原则性的规定,[②]这直接导致了跨境电商在制定其"隐私权保护政策"时存在千差万别的现象,甚至还可能出现收集完网络用户的个人数据后存在一定程度和空间上的滥用,还有的跨境电商将网络用户的个人数据随意分享、转让,极大侵害了网络用户的隐私权。另外,由于法律的滞后,网络用户通常也并不知道其向跨境电商平台披露相关信息后,是否仍保有该网络数据的所有权,或者是否有权继续在他处使用这些信息。这些现象都促使着我国必须制

---

① 参见饶传平:《网络法律制度》,人民法院出版社2005年版,第178页。
② 参见我国《信息安全技术 个人信息安全规范》(2020年)第4条。

定出相应法律法规来规范数据权属及相关使用细则,以妥善解决侵权认定难、数据保护弱等诸多问题。

3. 关注新兴领域对"国家安全"和"公共利益"的影响

在保护"网络用户隐私权"的同时,我国还需要关注类似跨境电商这类新兴产业和领域对"国家安全"和"公共利益"的影响,即在国际私法体系中协调考虑国际公法的因素。新兴领域相对于传统领域而言可能更具颠覆性,因此从某种程度上来论,其非常有可能影响一国的"国家安全"和"公共利益",也比较容易触发强制性规则的适用。跨境电商就是这类典型交叉涉及国际公法和私法两大板块的新兴领域。可见,对跨境电商"网络用户隐私权"的保护应当是构建在国际公法之上的,其与国际私法之间应当是相辅相成、互相协调的关系,两者并不能同时独立存在和适用,这也是世界各国将跨境电商"网络用户隐私权"保护相关问题复杂化的原因所在。

(二)跨境电商"网络用户隐私权"的治理路径

目前,美国的行业自律模式和欧盟的立法模式是全球两大主要的治理路径。在构建跨境电商"网络用户隐私权"治理路径的过程中,既要符合我国国情,又要从国际上吸收和借鉴先进经验。虽然我国互联网行业的发展极为迅猛,但相较于美国而言,无论是自律监管还是技术要求都仍存在较大差距。因而,若单纯采取美国式的行业自律监管,可能由于缺乏惩戒机制,实施效果并不尽如人意。[①] 此外,倘若通过立法的形式,选择高标准的技术要求,则又会打击跨境电商行业发展的积极性,使得跨境电商在与世界其他同行的竞争中失去话语权和商机。因此,唯有在尽可能满足国际协调利益的情况下,通过立法和行业自律形成一套独具我国特色的双重监管体系,才能强化我国跨境电商的核心竞争力,起到保护网络用户隐私权的推动作用。

1. 完善跨境电商"网络用户隐私权"保护的立法体系

需要明确的是,完善跨境电商"网络用户隐私权"保护的立法体系首先在于明确国际私法的属性。其原因在于,跨境电商、网络用户以及在平台上发生的法律关系都可能存在一定的涉外性。虽然《民法典》通过专章的形式就保护隐私权及个人信息予以了明确,但仍难以体现与"网络用户隐私权"保护的适用范围和基本原则等因素相关的内容。此外,随着大量国际条约的缔结,我国的立法体系建设和完善也应当符合国际上先进的立法经验,将这些国际条约的

---

① See Henry H. Perritt, *Regulatory Models for Protecting Privacy in the Internet*, in Privacy and Self-Regulations in the Information Age, U. S. Dept of Commerce, p. 105-107(1997).

缔约精神作为我国国际私法体系建设的重要法律渊源,能使得我国国际私法的立法趋势与国际社会更为同步。

2. 促进行业规范化发展,提升数据保护意识

随着互联网的高速发展,我国互联网行业的规范监管显然已经无法跟上相应节奏,加之中国互联网协会等全国性电子商务专属的行业自律组织仍存在空缺的现象,使得各地容易出现各自为政的局面。此外,现有的行业自律规范在一定程度上缺乏执行力,也没有充分借鉴已有的经验,许多跨境电商相对而言更尊崇于对经营利润的获取。这些现象都不利于跨境电商行业有序且规范化的发展,也直接导致了各地互联网协会的作用没有真正被予以发挥的不良后果。虽然行业自律在客观上难以完全取代和代替立法的功能和作用,但是不能否认其对行业规范化的推进作用。因此,我国不应忽视行业规范的实际价值,应当在立法和行业的两个维度实施双重监管,将跨境电商行业规范作为法律监管的补充,有效防止侵权行为的发生,进一步保护网络用户的隐私权。具体而言,首先,我国应当赋予行业协会一定的惩戒权来提高行业自律的主动性和高效性。其次,为了防止不必要的法律冲突,需要建立一套有效的投诉处理渠道,或可考虑将跨境电商行业协会作为争端解决机制的一部分来介入相关投诉处理,以减少互联网涉外侵权案件的数量。再次,有必要通过跨境电商协会的介入,不断引导和加强跨境电商技术保护的标准化、信息化和技术化,使得我国各地的跨境电商所适用的标准更为科学和统一。最后,我国可以适当考虑将网络社群原则作为准据法空白和缺失的补充予以适用,即基于行业规范的潜在监管职责,将其视为行业惯例进而作为准据法的一部分予以适用。但是为保证法律适用的确定性,应当对网络社群原则加以必要限制,例如,在对行业规范进行适用前,需要事先征得行业协会所在国立法及司法机关的认可或对其进行备案,来规范其适用的规则,以便更好地服务于网络社会。

二、及时修改现行法律

我国跨境电商"网络用户隐私权"保护在立法上存在"尚未形成一套完整的立法体系""法出多门且立法层级普遍较低""立法内容滞后缺乏必要的保障"等问题。虽然2021年正式施行的《民法典》将"网络用户隐私权"的保护进行了一定程度上的优化,但仍存在许多细则尚待商定和落实。此外,不同法律、法规及部门规章之间的冲突也依旧存在,这些都亟须形成一套相互配套的立法体系加以完善,甚至立法部门可以考虑制定一部专门性的法律规范对各地不一的规定予以统一整合,并在明确监管部门的前提下,对网络用户隐私的保障工作进行持续推进。此外,在侵权法律适用方面,首先,需要认识到"网络用户隐

私权"在跨境电商中的侵权法律适用中存在多面性的特点,因此并不能基于一般侵权行为之债对其简单加以区分,而需要结合"侵权行为地法""共同属人法""最密切联系原则""当事人意思自治原则"等一系列重要的法律适用规则来灵活调整该领域项下的侵权案件。其次,应通过多元化的法律选择方法,使跨境电商"网络用户隐私权"侵权法律适用的规则趋向一致。最后,还需要逐步规范强制性规则的适用范围和界限,在平衡各方当事人的权益的同时,避免侵权行为对"国家安全"和"公共利益"造成损失和破坏。

三、提升个人数据保护的技术监管

"网络用户隐私权"是基于互联网技术而引申出的一种人格权,尤其是跨境电商行业,更是需要将网络数据进行不断跨境传输并以此作为公司运营的基础。因此,为避免涉外侵权法律冲突的发生,明确隐私权在网络社会中所应遵循的国际规则,并提升个人数据保护的技术监管要求是极为重要的一项工作。实践中,各国往往会根据自身的国情,制定出不同"网络用户隐私权"保护的规则。例如,美国在其《个人隐私与国际信息基础结构》中就提出了许可原则、告知原则、参与原则和完整安全原则这四大基本原则。[①] 日本在其颁布的《个人信息保护法》中也列举了限制收集原则、主体参与原则、正确管理原则、限制利用原则以及自律监管原则等诸多规定。[②] 尤其是欧盟,其通过对"技术中立原则"的应用,制定出了网络数据保护技术的高标准,虽然在一定程度上保护了欧盟成员国公民的"网络用户隐私权"免受他人的不法侵害,同时也能减少法律冲突的发生,但严格的技术监管要求却在非欧盟成员国与欧盟成员国之间架设了一道难以逾越的鸿沟,也从客观上阻碍了跨境电商行业的整体发展。即便如此,我们并不能否认网络数据保护的技术标准对"网络用户隐私权"保护的意义;反之,应当以我国的国情为重要抓手,将国际上其他国家的已有先进经验作为立法参考,制定出既能保护我国网络用户的隐私权,又能在侵权法律冲突中被其他国家所承认和认可的个人数据保护技术要求,为我国参与修订侵权法律适用的相关国际条约奠定基础,增强话语权。

四、积极参与相关国际条约的制定工作

对跨境电商"网络用户隐私权"的保护需要各国政府、行业协会以及企业三方面的共同努力。在跨境电子交易活动中,面对一起涉外"网络用户隐私权"侵权案件,各国政府的首要任务是判断是否存在危害"国家安全"和"公共

---

① 参见张秀兰:《网络隐私权保护研究》,北京图书馆出版社2006年版,第69页。
② 参见日本《个人信息保护法》第15-18条。

利益"的可能,而行业协会和企业的自治行为一般多涉及对私法规则的指引。同时,跨境电商的全球特征也意味着对"网络用户隐私权"的保护可能还需要适用一些国际性的法律举措。多年以来,各国际组织已经充分感受到了跨境电商对传统零售业带来的巨大冲击,也认识到了在数字经济已经占据半壁江山的当下,应不断加强国际合作和联系,进而统一法律适用规则。因此,联合国国际贸易法委员会、经济与合作发展组织、国际消费者协会、国际商会、全球商业联盟、亚太经合组织、世界贸易组织等多个国际组织都开展了极其丰富的立法统一化运动,并取得了相对卓越的成绩。我国更应在完善现行法律、提升个人数据保护技术要求的基础上,积极关注国际立法局势和动态,尽可能在国际条约的修订这项工作上扩大自身影响力,为跨境电商在我国的发展奠定良好环境和坚实基础。

五、倡导国际司法协助与互惠原则

在完善立法及提高个人数据保护技术水平的同时,我国还应当加强和倡导跨境电商"网络用户隐私权"侵权案件中的司法协助与互惠。因为跨境电商的人格权侵权案件是具有一定涉外性和多发性的,这也就意味着随着互联网技术的迅猛发展,类似案件势必呈现逐年上升的趋势。因此,除个别涉及"国家安全"和"公共利益"的案件外,对于一般的涉外民事侵权案件,我国应当秉持着积极落实司法互惠的原则。这不仅是尊重他国法律的一种表现形式,更体现了我国极具包容性的国际形象。此外,遵守互惠原则还将为我国法院在他国的承认和执行奠定良好基础,客观上也能为中国特色的国际私法登上国际舞台谋得一席之地。

本章小结

虽然我国对跨境电商"网络用户隐私权"有着特有的保护方式,在侵权法律适用上也已自成体系。但是,无论是立法还是监管制度的设计上都仍存在一定的缺陷。本章讨论了我国侵权法律适用的立法与实践存在的相关问题,进而对我国跨境电商"网络用户隐私权"的保护路径进行探讨,就法律冲突的避免及减缓,提出了一系列可行性的方案和建议。

不可否认,我国法院仍习惯于沿用传统法律适用规则去处理类似案件。但数据保护治理的匮乏、对行业规范的忽视以及司法实践经验的缺失都将阻碍跨境电商行业发展,也将间接对网络用户的隐私权甚至是"国家安全"和"公共利益"带来潜在的影响。

本书认为,在完善侵权法律适用规则的过程中,我们应该采用"疏堵结合"的立法原则。所谓"疏"在于我们需要深刻认识到"网络用户隐私权"在跨境电商中的侵权案件是不可能完全规避的,其只会层出不穷,并不断积聚。因此,需要通过跨境电商行业规范的引导,来指引和平衡跨境电商对跨境数据保护和流动的合规治理工作。此外,在考虑我国国情的同时,还应当积极投身到有关国际条约的制定过程中去,并将互惠原则作为选择案件准据法的认定方式,提升中国特色国际私法在世界上的地位和形象。所谓"堵"在于我们需要通过法律规制的形式,在完善现有立法及侵权法律适用的相关规则的前提下,对强制性规则的适用条件和范围予以明确,并明确跨境电商"网络用户隐私权"侵权这一特殊侵权行为之债的法律地位,进而提升准据法适用的确定性和可预测性。可以说,"疏"和"堵"的背后实则体现了公法和私法、国际法和国内法、立法和行业监管、商业发展和私法保障等一系列因素互相影响和逐渐共融的一种过程,也正是因为"网络用户隐私权"在跨境电商中的侵权问题涉及诸多上述复杂问题,才使我们需要更为深层次地综合考虑其侵权的法律适用问题,这正是本书研究的意义和价值所在。

结 论

"网络用户隐私权"在跨境电商中的侵权法律适用问题是一个极其复杂且涉及多个领域的国际私法问题。深入研究侵权冲突法规则后不难发现,其涉及各国的国内法、国内行业规范、国家政策等问题,这使纯粹的国际私法侵权法律适用问题研究变得更为复杂。作为跨境电商这一新型商业模式下所演变出的侵权种类,无论是跨境电商的覆盖程度还是侵权行为的法律后果,其均有别于"一般隐私权"的侵权案件。虽然,大陆法系和英美法系的一些国家和地区,通过成文立法和行业监管模式在其国内取得了较为突出的效果。但截至目前,跨境电商"网络用户隐私权"的法律保护仍然尚未形成一套统一的国际规则。因此,面对越来越多的跨境电商"网络用户隐私权"侵权纠纷,法律适用的选择方法,以及在准据法选择时对国家、跨境电商以及网络用户之间权利义务关系相互间平衡的因素考量,已经成为各国所争相关注的话题。

本书通过研究发现,跨境电商的虚拟性实则强化了国际私法中属人连结点的特点,但是传统的属人法规则又难以对侵权准据法的选择造成实质性影响。因此,随着"网络新主权理论"的兴起,"网址""访问""服务器所在地"等混合连结点的适用逐渐受到关注,并被世界一些国家所采用。此外,现代侵权冲突法不再拘泥于仅仅追求冲突正义的现实价值,而是由其转向为更为科学且合理的实质正义。虽然法院地法规则、侵权行为地法规则仍是目前各国盛行的主要侵权法律适用规则,但是单纯依靠这些传统的侵权法律适用规范显然将使网络平台上的准据法的选择举步维艰。随着美国兴起的第三次冲突法重述,政府利益分析说、有利原则、最密切联系原则、当事人意思自治、侵权自体法规则等经典理论学说被大量运用于司法实践,赋予侵权冲突法规则新的活力。可见,现代侵权冲突法的理论体系已经变得更为多元化,传统的侵权法律选择方法并没有随着时代的变化被人们所摒弃。其在传统规则的基础上不断与现代法学理论学说相互融合且交织在一起,推动了侵权法律适用规则的新发展。因而,"以信息自由传播原则为基础""以有限当事人意思自治原则为前提""以有利原则为衡平""以来源国原则为补充""以区分原则为例外""以技术优先适用原则为参考"这六大侵权冲突法特殊规则在跨境电商"网络用户隐私权"侵权法律适用中的价值和意义显得尤为重要,也备受关注。

值得一提的是,本书在讨论"网络用户隐私权"侵权法律适用规则时还注意到公法对私法的影响。在创立相应规则的同时需要兼顾"国家安全"和"公共利益"、当事人间的合法权益以及国际司法协调等因素。互联网的存在提升了人们的物质生活水平,使手机定位、卫星地图等功能被广泛使用,但同时也更容易侵犯个人的隐私权。由此,我们需要用发展的眼光来看待立法与现实生活中出现的新问题,协调与平衡公权力与私权利的关系,科学、合理地处理侵犯"网络用户隐私权"的相似案件。同时,我们也要认识到国家安全审查制度、本地存储制度和跨境数据流动规则是侵权法律适用规则在制定过程中需要厘清的前提条件,这也是维护"国家安全"和"公共利益"的重要内容。综上所述,"疏堵结合"的立法原则应当成为数据保护治理的一种有效手段,我国现阶段对跨境电商"网络用户隐私权"的保护及法律适用规则,与其他先进国家的网络发展及其相关的立法与司法还存在一定的差距。笔者认为可以对《法律适用法》第46条进行必要的修改,进而增加网络侵权法律适用规则的可预见性和确定性。修改意见如下:"通过网络或者采用其他方式侵害姓名权、肖像权、名誉权、隐私权等人格权的,适用侵权行为地法律,但当事人有共同经常居所地的,适用共同经常居所地法律。侵权行为发生前后,当事人协议选择适用与案件有密切联系地的法律,按照其协议,但该法律不得违反当事人所在国法律的禁止性规定,中华人民共和国缔结或参加的国际条约另有规定的除外。"

综上所述,唯有完善立法、规范司法、引导规范跨境电商行业,才可能减少国家间"网络用户隐私权"侵权法律规则的冲突,在兼顾和平衡国家安全、行业发展和个人利益各方关系的同时,为明确我国跨境电商"网络用户隐私权"的各类侵权行为的法律适用规则提供真正具有现实参考意义和价值的中国方案,并为推动新时代下国际私法理论体系的建设作出相应的贡献!

附录 部分大陆法系国家侵权冲突法中连结点的选择对比表

序号	国家	连结点的选择
1	希腊、土耳其、俄罗斯、北马其顿、卡塔尔、泰国、埃及、约旦、阿尔及利亚、斯洛文尼亚	仅适用属地连结点
2	波兰、立陶宛	仅适用属人连结点
3	越南、蒙古、匈牙利、德国、瑞士、突尼斯	属地连结点+属人连结点
4	奥地利	允许当事人意思自治